杨廷宝 杨士莪

陈 泓 苏克勤 著

河南科学技术出版社
·郑州·

图书在版编目（CIP）数据

院士世家——杨廷宝·杨士莪 / 陈泓，苏克勤著. —郑州：河南科学技术出版社，2014.11(2024.5 重印)
ISBN 978-7-5349-6956-0

Ⅰ. ①院… Ⅱ. ①陈… ②苏… Ⅲ. ①杨廷宝（1901～1982）－生平事迹②杨士莪－生平事迹 Ⅳ. ①K820.7

中国版本图书馆CIP数据核字(2014)第117617号

院士世家——杨廷宝·杨士莪

策划编辑 冯俊杰
责任编辑 冯俊杰
责任校对 樊晓辉
书籍设计 赵 钧
杨丽军
责任印制 张 巍

出版发行 河南科学技术出版社
地　　址 郑州市郑东新区祥盛街27号
邮　　编 450016
电　　话 (0371) 65737028 65788686
网　　址 www.hnstp.cn
经　　销 全国新华书店
印　　刷 三河市同力彩印有限公司
开　　本 787 mm×1092 mm 1/16
字　　数 322千字
印　　张 19
版　　次 2014年11月第1版
印　　次 2024年5月第3次印刷
定　　价 76.00元

出版前言

司马迁在《史记》中说："二十八宿环北辰，三十辐共一毂，运行无穷，辅拂股肱之臣配焉，忠信行道，以奉主上，作三十世家。"可见世家是为特定的一类人立传的一种体裁。从《史记》中三十世家的具体篇目来看，绝大部分是诸侯的传记，但有一篇是孔老夫子的传记，叫《孔子世家》。考虑到《史记》撰写的时代——"罢黜百家，独尊儒术"，司马迁能将孔子提到与诸侯并列的地位，把文化人抬举得这么高，这无疑反映了大史学家的卓识。至于世家的本义，研究者谓"开国承家，世代相续"；后来又指门第高，世出达官显宦之家；现在也称以某种专长世代相承的家族为世家。

现代社会中，院士处在科学和技术的金字塔尖上，为经济和社会的发展提供强大的智力支撑，肯定称得上高级文化人。我们为何不能效仿古人，用"世家"这一体裁为之立传呢？顾及"世家"的本义和衍义，我们把院士迭出之家作为立传对象。也就是说，这套书不是记载单个院士的，而是以家为单元，记载这个家诞生的两个或多个院士。此即"院士世家"名称的由来。本着立足现实、尊重历史的原则，本套丛书遴选的对象既包括中国科学院、中国工程院院士和首批中央研究院院士，也包括中国科学院学部委员和海峡对岸的院士。

我国从首批院士选出至今不到七十年，在这短短的六十多年里，一家竟然出现了两三个院士，有的父子（女）相继，有的叔侄递承，有的兄弟（妹）同膺，有的夫妻俱冕，这不能不说是一个值得关注和值得深思的文化现象。本套书旨在通过介绍一家数个院士的成长、成才、成功历程，来揭示高级人才成长的家庭乃至家族文化因素。

鲁迅先生有语：读书人家的子弟熟悉笔墨，木匠的孩子会玩斧凿，兵家儿早识刀枪。家庭氛围、社会环境对人的成长影响很大。父子兄弟递相熏陶，便形成家庭或家族在行业习尚和道德规范等方面的独特风貌：或兽心禽行，不齿于乡里；或谋国利民，成一代师表。这些都是历史的真实，社会的真实。

忠厚传家久，诗书继世长。纵观院士家族，崇文重教，诗书传家，一心向学，厚基培优，当是共同特点。像钱穆家族宁可暂时受穷也要保留几颗读书的种子的坚定信念，冯友兰家族要求辈辈出秀才的传统，杨廷宝家族教育子女要有一技之长，要志在四方，守在家赌吃坐穿最没出息，这些都给人深刻印象。

一个家庭（族）是需要楷模的，推而广之，国家和社会亦需要楷模。如果通过本套丛书的出版，人们得以了解院士世家，认识到家庭教育和文化氛围的重要，神州大地，见贤思齐，岂不喜哉？尤其是在大力实施科教兴国的今天，倘使家家重视教育，人人都爱读书，形成万马奔腾、个个争先的局面，这时，千里马的出现不就顺理成章了吗？

是为出版前言，亦称编辑心语。不当之处，请大方之家予以教正。

河南科学技术出版社

二〇一四年元月

目　录

第四章　扬名华夏

第五章　战时流离

第六章　执教南工

第七章　建筑外交

第八章　风雨旅程

第九章　夕阳青山

杨廷宝家族世系图

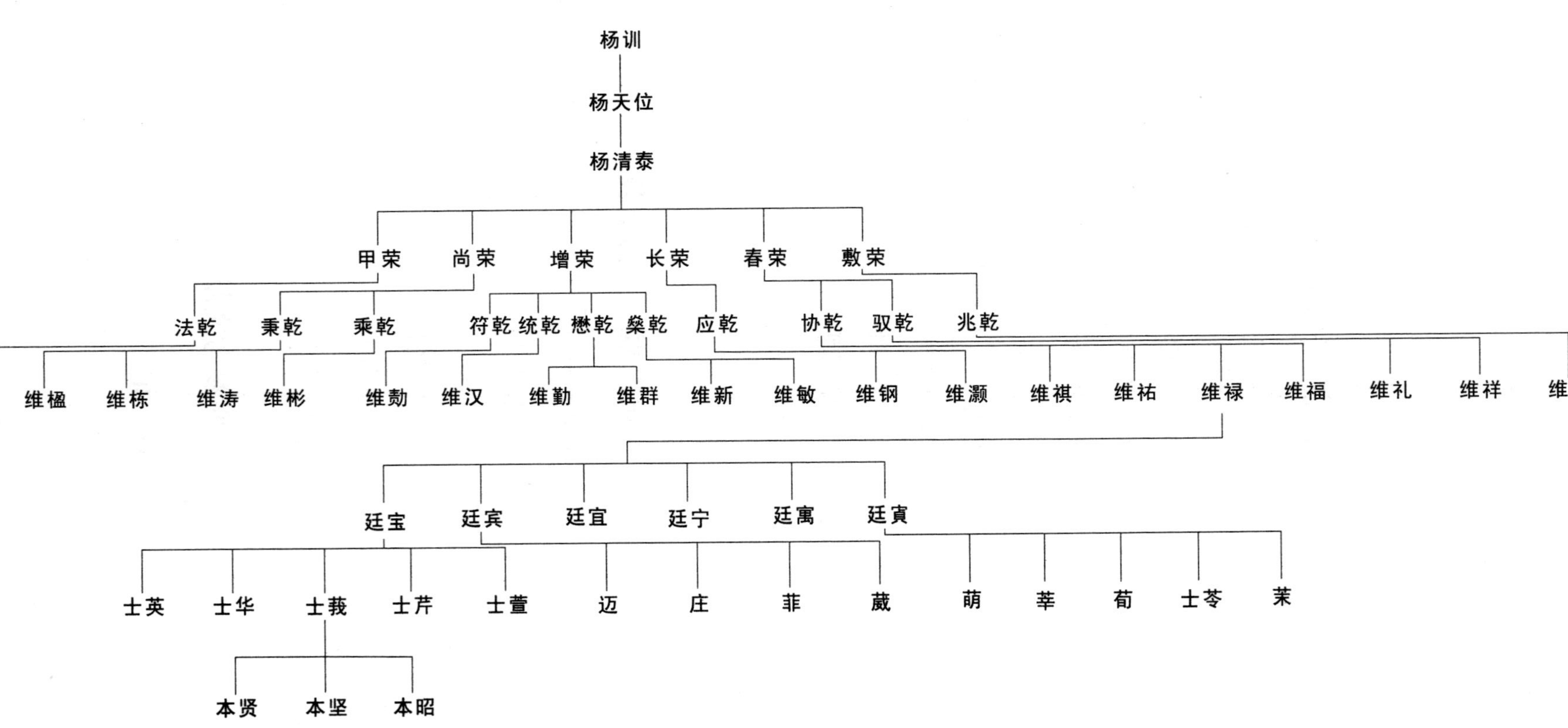

说明：本图系据《杨家第一碑》（清嘉庆八年，即1803年，系杨家后人为其祖杨成业所立之碑）、《杨家第二碑》（系杨鹤汀于1928年为其曾祖杨辅之所立之碑）等资料整理，并据杨廷献、杨廷蔚、杨廷寅搜集整理的《南阳杨氏家族概况》修订而成。

引　子

南阳杨家

大唐玄宗李隆基开元二十年（732年）深秋的一天，一位身材颀长、面容清俊的青年诗人来到了“白水真人”汉光武帝刘秀的故乡。这位诗人在一班朋友的簇拥之下，信步登上了葱郁秀丽的卧龙岗。众人环立岗上，俯视着脚下明净清澈的白河，青年诗人豪情万丈，满怀激情地放声吟诵起来：

南都信佳丽，武阙横西关。白水真人居，万商罗鄽阛。
高楼对紫陌，甲第连青山。此地多英豪，邈然不可攀。
陶朱与五羖，名播天壤间。丽华秀玉色，汉女娇朱颜。
清歌遏流云，艳舞有余闲。遨游盛宛洛，冠盖随风还。
走马红阳城，呼鹰白河湾。谁识卧龙客？长吟愁鬓斑。

这位傲岸不羁、即兴啸吟的诗人，便是诗仙李白，他吟诵的这首诗就是有名的《南都行》。诗中的“南都”，也即东汉开国皇帝刘秀的故乡——宛城南阳。在这首诗中，李白不但赞美了南阳的壮丽景色，也歌颂了南阳千百年来所哺育出来的范蠡、百里奚、刘秀、阴丽华、诸葛亮等历史名人，并以此抒发胸中的抱负和不平。

南阳，乃中土大郡，南与湖北省毗邻，西与陕西省接壤，其西、北、东三面皆有山相环，西是秦岭余脉，北为伏牛山，东有桐柏山，只有城南面临白河、汉水而开了一个缺口，宛似一只巨型的马蹄。中国古有水南山北为阴、水北山南为阳之俗，这里位于伏牛山之南、汉水之北，故被称为“南阳”。因其“南据荆襄，北屏汝洛”，交通便利，是中原地区通向中南和西南的交通要道，地理位置十分重要，历来是兵家必争之地，而被称为西南重镇。此外，因南阳盛产中草药，被誉为“中华药都”。早在春秋战国时代，这里就是全国最大的冶铁中心，以“大郡之都，连城数十” “商遍天下、富冠海内”之盛，与关内的六大都会齐名并称。

这是一座有两千八百年历史的文化名城。早在殷商时期，南阳称宛，地属吕国。西周时期，申国在此构筑城邑；春秋时期，地属楚国，又曰宛邑；周赧王四十三年（前272年），秦昭襄王伐楚收宛，“初置南阳郡，以汉水之北”，治所宛城。新朝王莽地皇四年（23年），刘玄在南阳城东南的白河滩上筑台称帝，建都宛城，年号更始，史称其为更始帝。光武帝刘秀，最初也起兵于此，后来平定诸雄，遂建国号东汉，他的“云台二十八将”也多为南阳郡人，故此地又被冠以“帝乡” “南都”。逮至隋朝，改南阳郡为南阳国；唐朝则辟宛地而为唐、邓二州。后历宋、元、明、清四朝，皆设南阳府，以治所辖。

千百年来，美丽而又古老的南阳不但以历史悠久、文化灿烂而著称于世，又以钟灵毓秀、人杰地灵而驰名中外。这里俊彦辈出、人文荟萃，涌现出了众多的历史文化名人，诸如范蠡、百里奚、张衡、张仲景等，特别是三国时期，杰出的政治家、军事家、一代名相诸葛亮，他早年所隐居的地方，就位于这座古城西南的卧龙岗上，27岁那年他从这里走向广阔的历史舞台，成就了一番震烁千古的伟业。

这些先辈精英激励和影响了一代又一代的南阳人，他们以先辈为荣，投身经世学问，取得了许许多多的重大成果，为中国乃至世界的科学、教育、文化艺术的发展做出了不可磨灭的贡献。

现在修复后的南阳府署（苏克勤摄）

当时间老人迈着蹒跚的脚步跨入20世纪的门槛时，古老的南阳出现了杨鹤汀、杨廷宝、杨士莪一家三代英才。

晚年时的杨鹤汀先生

杨鹤汀，反清猛士，南阳同盟会首领，民国时首任南阳知府，教育先驱，誉满中州的名流贤达。长子杨廷宝，是一代建筑宗师、学部委员；长孙杨士莪，是我国水声学科奠基者、中国工程院院士。从祖到孙三代人，在近百年的跨度里，形成了一个系列的传奇。这是风云激荡的大家气象，是令人目不暇接的流年盛宴，三代人的成长历程和辉煌业绩，脉联意合，堪称书香传世的典范。

在第二代中，长子杨廷宝是中国建筑史上与梁思成齐名的大师级人物；二子杨廷宾是延安时期的著名版画家；三子杨廷寊，在上海大夏大学读书时就加入中国共产党，后来担任河南省水利厅办公室主任、省高级人民法院《法院志》办公室负责人等职；长女杨廷宜，早年毕业于北平协和医学院，后在湖南林学院从医；次女杨廷宁，毕业于北京艺术专门学校，在家相夫教子；三女杨廷寓，毕业于河南大学，长期在南阳教书。

杨廷宝的夫人陈法青，河南省西平县人，父亲陈铭鉴是前清举人出身，进入民国后担任国会议员，是一位文史专家。陈法青先后毕业于北京女子师范学校和北平国立艺术专科学校，她与杨廷宝生育的五个儿女，成为南阳杨氏家族第三代，他们在教科文战线上均堪称杰出人才。南阳杨氏家族在中国科学、教育和文化艺术等方面所取得的不凡成就，引起了世人的关注和称评，被称之为“南阳杨家”“院士世家”，还有人称其为“一门双院士，满门科教才”[1]。

据南阳方志记载，清末民初之际，古城南阳有二十余户大地主，其中以“高、谢、杨、米”四大家族最有声望，占有土地达五六万亩之多。当时，南阳最富有的是高家，不但拥有众多的土地，且在城内开有许多商号，人称“高半城”。而最有权势的当数谢家，被称为“谢老道”的掌门人物谢宝胜，是清廷委派的驻宛总兵，掌握着河南全省几近三分之一的兵力，地位显赫，权势熏天，被称为“谢半天”。余下的米家、杨家等几家大户，各以耕读传家，虽在当地也有不小声望，但地位远逊于高、谢两家。杨廷宝的同父异母弟弟杨廷寊在《记南阳杨氏家族》一文中记载：

> 明清之际，南阳城内已逐渐形成了张、杨、米、谢四个大家族。有的说是高、杨、米、谢。实际上东关勇家（系蒙古族）也是一大姓。人们常说，南关杨家，东关勇家，白庄张家，孙坑米家，他们之间互相联姻，亲上加亲，形成一个家族姻亲网。清末至民国时期，四个大家族已相继败落。高家败落较早，米、谢两家虚有其名。传说米家系襄阳米芾家族的一支 。[2]

杨家开始住在赵营村。赵营位于南阳城东南，距城六里，是一个逾百户人口的大村庄。村的北边有一条弯弯曲曲的河流，名叫白河，古称淯水，浩然南流，清澈见底，当地人亲切地称为老白河。老白河发端于秦岭余脉的八百里伏牛山腹地，一路逶迤南下，流至湖北襄阳时汇入汉水，再流至武汉三镇的汉口汇入长江，最后直抵东海而融入浩瀚的太平洋。赵营是豫西南一个中等村落，村里原先居住的多是赵姓人家，故名“赵营”。逮至清末，赵家逐渐败落，后来居上的杨家成了这个村子里的最大富户，但村子仍称赵营。不过，赵家后来也出过一些名人，其中一位是稍后于杨廷宝的赵东宛，东宛，顾名思义，就是宛城以东之意，出生于1926年，曾任国务院劳动人事部部长兼党组书记、全国人大常委会科技文卫委员会主任委员等职。还有一位是考古学家赵青芳，是著名历史学家、考古学家郭宝钧的妻舅。新中国成立后赵青芳担任过多年的南京博物院副院长，曾先后三次主持对南京北阴阳营古文化遗址的发掘清理，20世纪50年代在淮安考察文物时率先提出了青莲岗文化，年龄比杨廷宝略小些，后来他们在南京时还以同乡有过往来。

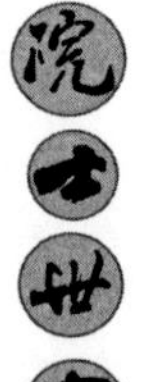

后来居上的杨家不但成了赵营村首屈一指的大户人家，而且在南阳一带声望卓著，闻名城乡。清末，杨家在赵营附近的张井、吕庄、瓦房庄、苏庄、刘营、常庄、杨新庄等村均有大片的田产。此外，南阳城南的圪垱店、城西的姚凹、城西北的麒麟岗等地，杨家也都有大片的田产。除了经营田产以外，杨家在南阳城内尚开有中药铺、粮行、钱庄和杂货店等商铺，是南阳城远近闻名的一方巨富。据杨廷寘先生在《记南阳杨氏家族》中回忆，仅杨家祖上在南阳城东关所遗下的泰兴元酱园糕点铺一处，就有各种房舍一百余间，从前到后均有前檐走廊，并且都有青石筑成的排水暗道，暴雨时也从未见过积水。从泰兴元的建筑规模布局，可以看出当时南阳城内商业繁荣的状况。

杨氏家族一面经营农耕，一面涉足商业，家境富裕，人口众多，人称“杨大户”。据传，南阳赵营村的杨氏家族是从山西迁来的。杨廷賓在《记南阳杨氏家族》中写道：“杨姓家族的历史没有详细的文字记载……但共同的传说是明末清初自山西迁来。……传说一世祖杨训是开染房的，以小手工业作坊起家，至某世祖成业公经商开始发家，至辅之公资产渐裕。当时南阳城内泰字号生意都是杨家开的，如泰兴元（酱菜、糕点）、泰兴祥（药店）、泰丰粮行、泰兴祯、泰兴东（钱庄）等。”杨廷賓先生的记录可能有误，其实“一世祖杨训”就是他所说的“某世祖成业公”，而“泰兴东”则应为“泰兴亨”。

另据杨鹤汀1928年为其曾祖杨辅之所立碑之碑文记载，他们这支杨氏于明朝成化年间从山西迁到南阳的南关。杨家族人素宗东汉名臣杨震，故其后裔皆秉承“四知堂”之名。而迁至南阳的这支杨氏，他们的开基祖为杨训。杨训，字成业，他是目前南阳杨氏家族有名可考的第一世，也是南阳杨氏家族的始迁第一世，族人世尊其为成业公。杨训与乃弟杨政率家迁到南阳后，在城里开设了一家染房店并传诸子孙。杨训生子杨天位，字子尚，勤俭持家，家境渐富；杨天位其生子杨清泰，字辅之，即杨鹤汀的曾祖，世称辅之公。到杨辅之这一辈，杨家“资产渐裕”，成了当地有名的巨富之家。杨辅之元配朱氏，继配崔氏，再配王氏，三妻的娘家皆是南阳一带有名富户。杨辅之育有六子，世称“老六门”，其第五子杨春荣育有二子，分别是协乾、驭乾，长子协乾便是杨鹤汀的父亲。杨春荣兄弟六人析产分家后，除在苏庄、瓦房庄所分得的房产外，他在南阳城东南的赵营村又独自建起了一处豪宅。杨春荣晚年时，他的两个儿子杨协乾与弟弟杨驭乾也分了家，杨协乾在析产时分得了赵营村的住房，虽然所得家业不少，但后来却在与人合伙经营时，被请来代管生意的“领东”史某等人暗中几乎抽光了股金，心有怨气而无处发泄，遂成了疯疯癫癫的模样，他虽为杨春荣的长子，但在大家族中排行第三，故人又称其为“杨三疯子”。

导致杨家衰败的另一个原因是杨氏家族的一些子弟，仰仗家中富有，养成了“好吃懒做”的毛病，更为甚者，沾染上了“嫖、赌、抽”的恶习，杨鹤汀1944年在《瑞鹤仙·富家郎》中痛斥其“仗先人遗产，最喜嫖爱赌，贪吃坐穿”。但杨鹤汀这一支，在杨家其他子弟慢慢滑向命运深渊时，却走出了没落腐朽的大门，毅然投向轰轰烈烈的辛亥革命洪流，不但改变了自己的命运，同时也改变了这一支杨家后人的整个命运。

杨家到了杨协乾这一辈时，虽然日趋败落，但瘦死的骆驼比马大，比一般的人家终究还是要好过得多，且杨家平时又出租田产和经营商业，故生活并无大碍。杨协乾育有四子，分别是维祺（字寿亭）、维祐（字敬亭）、维禄（字鹤亭，又字鹤汀）、维福（字万亭）。

看到几个儿子渐次长大成人，杨协乾颇觉得意与安慰。按照南阳当地“长门理家”的习俗，杨三疯子觉得长子寿亭为人质朴，老成厚道，于是就放开手脚，让他来管理家中的各项产业，并让次子敬亭协助长兄经营，自己当了甩手掌柜。四子万亭因生在富裕之家，性情浮躁，性格外向，且又是少子，从小娇生惯养，长大后便养成了许多不良习气，吃、喝、嫖、赌、抽等各项都是行家里手，最后当去了全部家产不说，还将自己的性命也早早搭了进去，弄得妻子儿女后来因生活无着只好住在杨廷宝的家中，这是后话。对于四子万亭的轻浮举止和荒唐行为，杨协乾平时没少数落他，惜乎其屡教不改，常气得在家中跺脚瞪眼，摔碗骂娘，慨叹其“败家不远”了。

三子维禄，生于清光绪三年（1877年）。甲午战争后，他有感于帝国主义列强侵占我国山东，愤而将“维禄”改为“维鲁”，改字“鹤亭”为“鹤汀”，并以字行世，人称其为“杨老爷”；辛亥鼎改以后，又尊其为“杨先生”。又因杨鹤汀在杨氏大家族的同辈排行第十四，故当地人又称其为“杨十四少”。

杨鹤汀从小天资聪颖，稍长又勤奋好学，对琴棋书画情有独钟，长大后又喜好吟诗作文，成年后更是出落得一表人才，气质高雅，风度翩翩，兼志向远大、抱负不凡，颇有名士之风。杨协乾觉得鹤汀性情耿直，富有正义感，里外应酬也算甚得人心，对其还算满意。但老先生琢磨不透的是，鹤汀虽说读了不少书，却终日与当地的王可亭等一班文人雅士为伍，交游唱和，视钱财如粪土，特别是在戊戌年的康梁变法之前，刚刚二十岁的鹤汀，又与城内一班新潮人士往来不断，高谈国事；维新变法失败后，谭嗣同等“六君子”被杀，鹤汀又常与那班年轻人聚在一起，大肆抨击清廷腐败无能，滥杀无辜，弄得国无宁日、人无生路。杨协乾身为一方巨富，早年也读过很多书，见过不少世面，自然晓得“清谈误国”的古训，虽说平时有些疯疯癫癫，大事却也不糊涂，对这个儿子越来越不放心。于是，杨老先生就私下托媒为鹤汀订下一门亲事，好让未来的媳妇能“绊住”儿子。杨协乾托人为鹤汀说的媳妇就是南阳城内有名的米家的姑娘。

米家世居南阳城内的孙坑（今南阳市新华北街），也是当地一大家族，名在南阳“四大家族”之列，虽是富贵人家，却又以书香门第而得人赞誉，声望卓著，显贵一方。世传，米氏家族是宋朝大书画家、襄阳籍人米芾的后裔，米芾后世的一支迁居南阳落脚下来，遂成巨富。米家姑娘性情温雅，秀外慧中，能书善画，才貌双全，是百里挑一的有名“才女”。米家对杨家三公子鹤汀也早有所闻，米、杨两家联姻，自然也是门当户对。所以杨鹤汀与米家姑娘的婚事经媒人一说，便水到渠成。就这样，如花似玉的米家姑娘在一阵鼓乐吹打声中嫁到了杨家，做了杨鹤汀的媳妇。

米氏嫁到杨家后，很快以知书达理而得到杨家老少赞扬，更兼以精于书画艺术而得乡邻称羡。初到杨家时，她还带来了自己精心绣制的刺绣和精心创作的书画作品。

杨鹤汀与米氏结婚后，夫唱妇随，恩爱非常，私下里常常诗文唱和，书画相娱，夫妻感情极是融洽，其乐也融融。

两年之后，杨鹤汀与米氏有了他们爱情的结晶——杨廷宝。

注释:

[1].《父子两院士 满门科教才》，盛夏、姚晨雨著，2011年9月1日《大河报》第28版。

[2].《八十忆往》，76页，杨廷寅著，未刊稿。

建筑大师——杨廷宝

杨廷宝

中国建筑学界一直有“北梁南杨”的说法，这里的杨就是指杨廷宝。他以其卓越的设计成就和高深的学术造诣居于二十世纪中国建筑学界的金字塔尖上。他是民国时期中国最大的建筑事务所的总工程师、中央大学的教授，是新中国的最高科学殿堂——中国科学院的首批学部委员，国家一级教授，是中国建筑学会的掌门人。他还是国际建筑师协会副主席，成为中国在世界建筑界深孚众望的代表人物。天坛的修缮工地，人民大会堂的设计现场，国际建筑师协会的会场，南京工学院的三尺讲台……都留下了他忙碌的身影。

下面让我们走进建筑大师杨廷宝的世界。

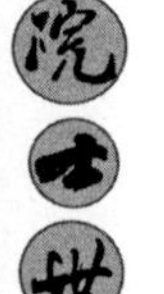

第一章　坎坷少年

1. 名门之后

清光绪二十七年，农历辛丑年，公元1901年。这一年，是20世纪的开纪之年，但对灾难深重的中华民族来说，却是一个雪上加霜的年头。

这年刚刚入秋的一个晚上，赵营村杨家三公子杨鹤汀从城里带回了一个不好的消息——庚子赔款协议订下了！

原来，这年农历七月二十五日（公历9月7日），由于清政府在与“八国联军”的交战中失败，被迫派代表奕劻、李鸿章与英、法、德、俄、美、意、日、西等西方十一国签订了丧权辱国的《辛丑条约》。

山河变色，大地生悲。清政府与西方列强签订的《辛丑条约》，是套在中华民族身上的一道无比沉重的枷锁，使生活在水深火热之中的中国人为此而丧失了人格尊严，并将进一步沦为亡国奴。

杨鹤汀带回的消息第二天就传遍了整个村子，全村一下子便闹腾起来。“庚子赔款”内容很多，别的不说，仅赔款就要花去九亿八千多万两白银，分摊到国人头上，每人足得二两半，平均每家十两有余，这可不是个小数目啊！许多老年人说着说着便号啕大哭：“这日子可咋叫人过啊，咱全家人忙乎一年也收不到几两银子啊！”

“庚子赔款”的事儿虽然很严重，但只暂时搁压在村民的心头。对于乡间的百姓来说，生计毕竟是头等大事，秋收秋种在即，时不我待。不过月余，赵营村就平静了下来。

然而就在“庚子赔款”掀起的波澜几近平复下来时，赵营村却再次轰动起来。这次的事儿不是来自村外，而是来自于本村的大户人家——杨家。

中秋节后的第五天，也就是农历八月二十日，上午，杨家传出了长孙出世的喜讯；中午，杨家又传出了男婴的母亲米氏产后身亡的噩耗；晚上，杨家的老当家“杨三疯子”也因久病不治而撒手尘寰！

杨家一下子出了这些大事，赵营村及周围村庄的人们都三五成群地聚在一起窃窃私语：奇了，怎么好事、坏事都叫杨家给撞上了？！怪了，在同一天怎么竟会发生这么多大事，落在杨家祖孙三代身上？！村里村外，老老少少，议论纷纷。

同一天里出了三桩大事，杨家上下既悲又喜：喜的是长孙诞生，悲的是两代人的离世。而杨家这个新生的男婴便是后来成为我国著名的建筑学家的杨廷宝先生。

成年后的杨廷宝，取字仁辉，因其出生地南阳城的北面横亘着“八百里伏牛山”，故他又自谦地为自己取了一个“伏牛山人”的雅号。作为中国现代建筑设计大师的杨廷宝，他还有许许多多的头衔，诸如国际建筑师协会副主席、中国建筑学会理事长、全国人大代表、全国政协委员、江苏省政协副主席、江苏省副省长、中科院学部委员，等等，不一而足。但谁也想不到，这样一个大师，竟有着这样悲惨的身世，他的出生竟然伴随着两个至亲的离世！

杨鹤汀与米氏婚后，因忙于城里各种事务，没有时间照顾有孕在身的妻子，米氏身体也未调理好，显得非常孱弱。

还是在中秋节的前夕，杨鹤汀知道妻子将要分娩，故早早就从城里赶回了老家。此时，杨鹤汀的父亲“杨三疯子”也因旧病复发而卧病在床，杨鹤汀又急急进城请来了医生。

这一天，医生刚给杨老先生搭上脉，那边就叫起来了：“夫人要临产了！”杨鹤汀赶到妻子身边，妻子疼痛难忍，辗转反侧，不停地呻吟；杨老夫人一边牵挂着老先生，一边又心疼临产的儿媳，担心着即将出生的杨家长孙，坐立不安。

请来的接生婆粗暴地撕扯着产妇，一番手忙脚乱后，一个婴儿随着微弱的哭声被抱到了杨老夫人的手里，婴儿的母亲却血流不止，几近昏迷，但她的心还系在孩子身上，焦急而虚弱地询问：“是男孩，还是女孩？”

“男孩！你快看看！”杨老夫人将新生的婴儿抱到了儿媳面前。

米氏挣扎着看了一眼这个沾满血迹的、小小的、虚弱的婴儿，便昏过去了。

1901年10月2日，小廷宝呱呱坠地。当天中午，他的母亲米氏因失血过多而离

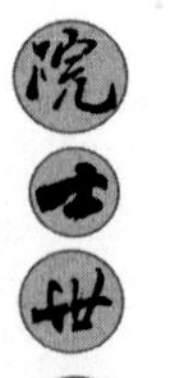

开人世，年仅21岁。同一天晚上，年迈的祖父也在病中驾鹤西去。这天是农历八月二十日，是杨廷宝的生日，也是他母亲和祖父的忌日，因为这个缘由，他一辈子从不过生日，也不让子女们和弟子们为自己操办生日或寿诞。

刚刚出生的小廷宝，就被村里迷信的老人称为“克星”。生母的早丧，祖父的去世，门庭的败落，生活的坎坷，这一切都在小廷宝幼小的心灵留下难以抹平的创伤，他长大后养成了沉默内向的性格，在一定程度上也是因为这个原因。杨廷賓在《记南阳杨氏家族》中写道：

> 廷宝兄1901年生于南阳东7里许白河岸边的赵营村，生母是南阳城内孙坑米家人氏，在生大哥时因产褥热大出血去世，大哥生日就是她的忌日，所以大哥是不过生日的。……大哥乳名“和尚”，性格内向，沉静寡言，可能与他早年丧母有关。他虽有抱负，却不露锋芒。他善于冷静地观察思考，小时即喜爱民间工艺美术，常用泥巴捏人头，描绘各种脸谱，涂上油彩后，惟妙惟肖。[1]

这个刚一出生就失去母亲的孩子，因没奶吃而长得异常地瘦弱，一天到晚哭个不停。家里为他请来了一个奶娘，但奶水仍然不足。看着哭个不停、生下就没娘的小孙子，杨老夫人心疼得不得了，只好抱着他四处寻些奶充饥。那些刚生过孩子的婶婶、大妈和长嫂们，看到小廷宝饿得实在可怜，也都会满足他几口。就这样，东家要几口，西家吃几口，小廷宝活了下来。等到小廷宝稍微长大一些，老祖母就抚着他的头说：“和尚，你是吃村里百家奶长大的，以后可要记着感恩哪！”小廷宝听后，默默地点了点头。

虽然有老祖母的百般疼爱，小廷宝还是因奶水不足而营养不良，长得非常瘦弱矮小，病恹恹的，每年大病小病总要折腾上几场，弄得全家人提心吊胆。年迈的老祖母担心小孙儿养不大，于是抱着小廷宝到南阳城东关的庙里，烧香拜佛，求佛祖保佑，并让庙里的住持给小孙儿请了个“和尚”的小名，期冀小孙儿能顺利平安地长大成人。

儿子廷宝出生的当天，爱妻米氏便香消玉殒，使性情中人杨鹤汀痛不欲生。俗话说“一日夫妻百日恩，百日夫妻似海深”，杨鹤汀与米氏结婚后，两人相亲相爱，夫妇感情非常深厚。自爱妻去世以后，杨鹤汀便决意不再续娶，借以表达对爱妻的一片深情。但杨鹤汀又是一个疏放的人，平时连自己都不会照顾，更何况一个刚出生的婴儿？再者，他自己也还有许多的事情要做，每天东奔西跑，忙得不可开交，对于没了娘亲的儿子，杨鹤汀只能让老母亲代为照看。

等到儿子慢慢长大，会牙牙学语了，也会慢慢走路了，老母亲和族里的长辈这才与鹤汀议起他再婚的事儿。鹤汀心想母亲的年纪毕竟也大了，老人家自己还得别人服侍，还要照管小孙子，每次回到家中看到这一老一少，总觉得心有不忍。于是，他答应母亲和同族长辈，续娶一房，以使儿子顺利成长，他所续娶的夫人是南阳城北南召县核桃园的李家姑娘。

李夫人的娘家也是个大户人家，在当地很有声望。李姑娘嫁到杨家后，对小廷宝视若己出，尽心呵护。看到儿子身上变得干净了，穿着打扮也变靓了，生活有人照顾，老母亲得以稍微解脱，杨鹤汀这才放下心来。

2. 爱上书画

清光绪二十八年（1902年），杨鹤汀带着行装和母亲的嘱托，前往北京准备入京师大学堂预备政科（1906年更名为京师法政学堂）读书。

负笈京师，走出了家乡，见到了世面，杨鹤汀的眼光变得开阔了，更明白了许多救国救民的大道理，思想也更加活跃起来。其间，他与一些具有进步倾向的同学一道，秘密加入了孙中山先生领导的同盟会，并“立志从事教育，开发民智，育才救国，实业兴邦”。

清光绪三十二年（1906年），杨鹤汀从京师法政学堂毕业。毕业之后，杨鹤汀回到河南，在省会开封，被省立中州公学聘为教习，并在担任教习期间参与了河南农业专科学校的筹建工作。一年半后，杨鹤汀看到新式教育蒸蒸日上，实乃救国救民之大计，于是决定按照北京和省会开封的办学模式，在家乡南阳创设新式学堂，为家乡的文化、教育、实业做点贡献，造福桑梓。主意既定，他就去找同在该校任教的同盟会会员罗飞声私下商量。

罗飞声，字锐青，笔名蜚声、非声等，生于清光绪五年（1879年），南阳府新野县城关镇人，年龄比杨鹤汀小两岁，秀才出身，此时刚毕业于河南优级师范学堂理化科。杨、罗二人一拍即合，决定联袂回宛，创办学堂，育才救国。河南省会开封优级师范学堂几名宛籍毕业生听说后，也决心效仿杨鹤汀、罗飞声两位先生，加盟到回宛办学的行列。

清光绪三十四年（1908年）三月，在张嘉谋、王可亭等南阳当地士绅的支持下，杨鹤汀与罗飞声在南阳府城的东关书院创办了一所新式学堂——南阳公学。公学开学后，杨鹤汀自任监督（相当于后来的校长），罗飞声担任教务长，并在校内设立了初级简易师范班。新式学堂日见声色，受到社会各界的广泛好评。民国建立后，南阳公学易名为河南省立第五中学，新中国建立后易名为南阳中学，改革开放后又易名为南阳市第一中学，是南阳市辖区内最好的一所中学。这是后话。

幼年时的杨廷宝

1906年，杨廷宝虚龄六岁。杨鹤汀从京师法政学堂毕业到省会开封任教前，回了一趟南阳老家，先将儿子廷宝送进了杨氏家族办的私塾读书。

杨家私塾设在杨鹤汀家隔壁西侧的三间祠堂里。与小廷宝一起读书的大都是杨家“廷”字辈的堂兄弟及表兄弟们，共有二十来个。家塾的老师是从南阳城里请来的张先生。张先生读过不少诗书，在当地颇有些名望，长着瘦高的个儿，下巴上还留着一撮小山羊胡子，平时对孩子们要求很严格，但因过于严肃而显得呆板。孩子们看来，张先生的小山羊胡子外表有些滑稽，他那种严肃劲儿，让他们感到害怕。

杨廷宝在杨氏家族的大排行中为第四，堂兄弟们都称他为“四哥”或“四弟”。他刚进家塾时，张先生只开了国文、书法两门课。国文课以识字为主，兼以读、背《百家姓》《三字经》《千字文》等启蒙读本，以及《诗经》《论语》《孟子》等古文；书法课学的则是大楷、小楷，先是描红，后是临帖，所临摹练习的字帖一律都从正楷、魏碑等字体入手，尤其是楷书，首先学的是唐颜真卿的“颜体”。

那时的旧塾，孩子们学的大多是这些，功课单调枯燥，但经过若干年的背诵和练习，古文和书法能打下一定的基础。

廷宝从小失去母亲，缺少营养，身体十分虚弱，记性也不是太好；再加上他平时不喜欢死记硬背，所以，每当张先生要他背书时，他根本不能完成先生布置的课堂作业，几乎每天都要挨张先生的训斥，有时被打手心，有时则被罚站墙角。

每天上午，孩子们先是跟着张先生诵读，然后再自己念，念熟之后再背诵。认为自己能背出来了，就一个挨一个到张先生面前去背，谁先背出来谁就先回家，否则，不但不能回家吃午饭，还得接受惩罚。小廷宝的那些堂兄弟、表兄弟背完之后，得到张先生的应允便三三两两地离开家塾，最后留下的往往只有小廷宝在内的两三个孩子。

小廷宝仍然站在张先生的桌旁，结结巴巴、断断续续地背着："子曰：君子食无求饱，居无求安……敏于……敏于……"

"敏于事而慎于言。"躲在窗户外面等他回家的好朋友们悄声提醒他。

可小廷宝实在太紧张了，不知道是没听见还是没听清，小脸涨得通红，小手不停地揉着衣角，就是没有下文。

"去，回座位上重念，念熟了再过来背！"半个时辰又过去了，小廷宝再来，仍旧是卡壳，到底还是背不全先生要求的文章。张先生见小廷宝人长得瘦瘦小小，记忆力那么差，又贪玩不肯用功，气得对人说："我看这孩子的样子，将来出息不了，也成不了什么宝！"

每天的结果往往是：小廷宝多半挨了打，流着泪，一直等到赶来的杨老夫人好说歹说地向张先生求情，小廷宝才被恩准回家吃午饭。

就这样，小廷宝在私塾里待了一段时间，张先生认为这孩子太笨，又不肯用功，坚决不肯留下他，执意让杨鹤汀把儿子接回去。杨鹤汀从城里回来到家塾时，张先生摊着手，对杨鹤汀说："孩子岁数太小，我实在教不了，十四少您还是把儿子先带回去，等他再大些再入学；要是您自己能教就教，教不了也就先随他。"对于童年时代进家塾读书的经历，杨廷宝多年后在《童年的回忆》中说：

> 记得五六岁时，家人曾带我上过私塾，那儿老先生看了我那瘦小、病体的模样，不想要我，拜学的那天要向老师叩头。他要我背《三字经》、《千家诗》，我几乎每天都背不上来，还要挨手心板。看了厚厚的几篇文章，我着慌了，远远望到老师就赶紧避开，我很不喜欢这种教学方法。我常常因为背不上书，留在老师书房里，不时被他打手心和挨骂，使我很伤心。我有时看着别的孩子一个个地回家，只留下了我，想着也很惭愧。终于，那位私塾老师对家父不客气地说："我不能再收这孩子！"[2]

杨鹤汀的思想倒是很开明，毕竟进过京城的洋学堂，心知儿子的弱点，既不责怪先生，也不责怪儿子，谢过先生，带着儿子回家了。他还在旁一个劲地鼓励儿子说："和尚，别灰心，咱先养好了身子，慢慢来，有空自己在家临临帖、练练字，等过一阵子，我带你进城去读书！"小廷宝见父亲不但不责骂自己，还要带自己到城里去，马上就忘了张先生的批评与责难，高兴得跳起来。

1909年，杨廷宝在南阳与父亲杨鹤汀的合影

杨鹤汀没有对瘦弱的儿子失去信心，他决定等南阳城里的洋学堂开学后再送儿子去接受新式教育。

弯弯曲曲、清澈见底的老白河，是杨廷宝和伙伴们的乐园。冬天，孩子们在结了厚厚的冰的河上溜冰，或者破冰捉鱼；夏天，孩子们在白河里游泳、戏水。河边有大片茂密的树林，出没着野兔、野鸡，以及各种小鸟儿，孩子们在那里捉迷藏、玩耍。然而，当与杨廷宝年龄相仿的同族兄弟、邻里伙伴都被家长要求收心了，送进家塾读书时，小廷宝一个人在河边玩已经无趣。小伙伴们都羡慕廷宝不用挨张先生的戒尺和训斥，其实不知道小廷宝更伤心，没人与自己一同玩耍，只好一天到晚待在家里，每天自己找玩的，自娱自乐。

待在家里，小廷宝看到母亲生前留下的东西都在房间里，就随便翻来翻去。翻到的东西，多是一幅幅字，抑或是一幅幅画，以及笔墨纸砚。小廷宝觉得很好玩，母亲画的这些有山有水有树的画很有趣，他开始学着随手写写画画。很快，小廷宝就入了迷，母亲的画箱子就像一个宝库，深深地吸引着他，他越来越喜欢，每天观赏着、品味着、比画着，一笔一画地临摹着。

小廷宝对书画有了兴趣，整个儿人就沉了进去。他憋足了劲儿，好像在跟谁赌气似的，每天在房间里写啊画啊，一张张大字，一页页小楷，一幅幅山水画和花鸟画，他忘我地临着写着，觉得有趣的，他就多临几遍。母亲留下的那些字画，很快就被他临了个遍。

也不知什么时候，小伙伴们放学了，来叫他出去玩他也不去；天黑了，到了该吃饭的时候，继母、奶奶叫他吃饭了他也不放在心上，叫了几遍他都不动。他整个心儿都沉浸在书画当中，根本就听不见别人的招呼。奶奶看到小孙子如此用功，心里既高兴，又不忍心，就端着饭菜送到小廷宝的房间里，在一旁等着，直到看着小孙子把饭菜吃完，她这才站起来颤巍巍地端着饭碗走了出去。

奶奶刚走出小廷宝的房间，就兴奋地对儿媳妇唠叨："谁说咱和尚没出息，谁说他不用功读书？我咋瞧他那用功的劲儿，咱全村再也找不到第二个！"其实，对于小廷宝的举动，李氏都看在眼中，听了婆婆的话，心里也不禁乐开了花，想要将这消息快点带信给在外边的杨鹤汀，好让丈夫早点知道，高兴高兴。

听到奶奶、继母和大人们的夸奖，小廷宝受到了莫大的鼓励，对绘画更加充满信心，从母亲那里遗传的绘画天赋仿佛一下子被激发了出来。功夫不负有心人。一晃大半年时间过去了，小廷宝的书画技艺有了很大的进步。

鹤汀先生从外地回到家中，看到儿子的作品，不禁真诚地连声夸奖儿子，为他感到高兴；就连那个过去对小廷宝颇为不屑的张先生，看了小廷宝的书画习作后也赞许有加：小廷宝的书法作品一丝不苟，笔画力足气盛，结构匀称，字迹工整；画作已与临摹之作大体形似，虽功力不足，但神韵已到，如有高手点拨，必成大器。张先生说，这样的水平即使自己教的十四五岁的孩子也达不到。张先生还特意说自己过去看走了眼，一个劲地声称："古人云'士别三日，当刮目相看'。照此发展下去，这孩子将来必能成大器！"

在大家的一片赞赏声中，小廷宝开始朦胧地懂得，一个人要自立自强，才能被别人瞧得起。同时，他也真正地爱上了书画，并终其一生与书画尤其是绘画相伴。

3．逃难途中

1910年，待南阳公学诸事稍加安定后，杨鹤汀将儿子廷宝接到南阳城，送入一个刚刚开办的新式小学堂读书。此后，小廷宝便与父亲和继母同住在南阳城泰兴元酱园内。是年，杨廷宝的大弟出生于此。直至1923年，杨家才迁居东关粮行街的一座四合院里。

南阳城像一块磁石一样吸引着杨廷宝。满街雕琢玉器的小店，以及小巷中那些吹糖人的、捏面人的、塑泥人头的，都会引起他十足的兴趣。他常常在街头一站就是几个时辰，看着艺人们怎么弄的，回家了再模仿学着做。他把捏的一个个泥人头像，描画上了油彩，然后小心翼翼、整整齐齐地装在小木箱子里。

新进的小学堂不像过去的家塾，写字背书不是学习的主要内容，除了国文课以外，学生还要学修身、数学、历史、地理、格致、美术、体操、手工等课。小廷宝觉得这些课比过去背书有意思多了，学生成绩不好，老师也不会让学生立壁角、打手心，而是耐心地给学生们讲道理。小廷宝觉得自己就像一只井底之蛙，一下子跳到了井外，看到了另一个全新的世界。

“我们中华有着五千年的文明，有着丰饶的资源，但是，帝国主义列强却登堂入室，抢我们的钱财，烧我们的古迹，还分割着我们的土地，中华母亲多灾多难，百姓苦不堪言，天下兴亡，匹夫有责，我们必须要努力学习科学知识，救我们的国家于水深火热中！”老师的话深深地印在了小廷宝的脑海里，“科学救国”的种子播撒进幼小的心灵，影响了他的一生。

杨廷宝在这所学校读书时，遇到了两个对他的绘画影响很大的人，一个是同住一室的学兄陈兰，另一个则是学校的美术教师吴先生。

陈兰的年岁略大于廷宝，有深厚的书画功底，喜欢画花卉、山水和人物等，他见廷宝也喜欢画画，就经常点拨指导他，怎样用笔、怎样用墨、怎样结构布局等，把自己的心得倾囊教给廷宝。陈兰后来成为有名的国画家。

美术教师吴先生，平时非常严厉，因而被学生们私下称为“虎老伯”。吴先生上美术课时，首先将花草虫鱼、树木房屋、小桥流水等，都一一画在黑板上，简单教授学生们在线条、构图、着色的技巧后，就要求学生们自己临摹，并要求当堂交卷，画得不好的学生会受到斥责。以前廷宝学画是自学，虽已临摹得较好，但总有些不是很明白的地方，现在经过陈兰学兄和吴先生的精心指点，一下子像是开了窍，不仅画法更加熟练、精进，对画画的兴趣也越加浓厚，对绘画艺术更加热爱。

除了读书以外，在这个名人辈出、风景秀丽的南阳城里，廷宝也有了一片新的天地。他和新朋友们在河里捉鱼，元宵节赏灯，去卧龙岗捉迷藏，爬独山，游医圣祠、玄妙观……这里的生活充满了乐趣，廷宝迷在了大自然里，迷在了南阳形形色色的历史文化和传说中。

杨廷宝对童年在家乡生活的这段美好时光异常留恋。1980年，在生命的晚年，他接受弟子齐康的采访时，特别提到城西卧龙岗：

卧龙岗是伏牛山脉的一条余脉，连绵到这儿已经不太高了，只是一个小小的山坡头，远远地眺望可以见到一座古塔，名叫奎（魁）星塔，那儿还有口井，武侯祠就坐落在这里。武侯祠的石坊上有块横匾，写着“三代上人”几个大字。它边上还有石柱石亭。记得进了山门后，拜殿上有座大台子，古柏交柯，苍劲葱郁。大殿后，一边是古柏亭，一边是野云庵，再往后堆砌着假山石，还有个不太大的石洞。我们几个小朋友时常爬进爬出，玩捉迷藏，十分有趣，这是我童年生活生动的一页。假山石被长廊环抱，对着前面的茅庐，山后是这群建筑的终点——抱膝长吟。这组建筑群周围还布置了关张殿和诸葛书院，关张的塑像在童年时看来十分高大，栩栩如生……[3]

但平静而又快乐的时光很快因为父亲杨鹤汀密谋反清而被打断。

杨鹤汀与罗飞声等人回乡创办南阳公学后，以南阳公学为基地，借教师的合法身份，投身于反清革命，杨鹤汀还被推为南阳同盟会的负责人。他们一面教书育人，一面联络社会各界进步人士，与湖北武汉三镇的革命党建立联系，以《大汉报》和《民立报》为阵地，进行反清革命宣传，积极组织地下武装，准备起义。在杨鹤汀、罗飞声等人的积极活动下，仅南阳公学的教师和学生中，就发展了100余名同盟会会员，成为南阳城里反清革命最集中的一支力量。清宣统三年（1911年）秋，辛亥革命前夕，杨鹤汀、罗飞声等人秘密购置枪支，待机起义。岂料事机不密，被南阳知县文策发觉，消息泄露，枪支也被文策派兵扣留。

南阳镇总兵谢宝胜得知杨鹤汀、罗飞声等人在他的地盘上密谋起义，觉得立功的时候到了，火速下了一道通缉令，准备秘密逮捕杨、罗等革命党人。未等通缉令发出，杨、罗等人已接到秘密通知，要他们赶紧外出避险。杨鹤汀被迫与几位同盟会骨干化装南下，赴湖北襄阳避难。而罗飞声与另外几个同盟会会员北上省城开封隐蔽，没有暴露身份的同盟会会员则仍然坚守原地等候时机。

因为事急，杨鹤汀来不及回家，他担心会连累家人，外逃之前悄悄派人赶回赵营，通知杨家老小迅速外出暂避。

接到凶信，杨廷宝的二伯父杨敬亭急忙张罗全家出逃。为安全起见，全家人分作几路，有的往东，有的往西，纷纷到各自亲友家避难。奶奶因年纪大了，不肯离开老家，仍守于家中，小廷宝的继母，一手拉扯着不到两岁的廷宾，一手抱

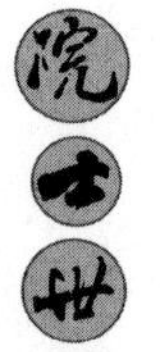

着刚满月的杨廷宜，逃往娘家南召县核桃园。伯父杨敬亭则带着侄子杨廷宝、杨廷寀，逃往城东南的刘老村避难。

刘老村距南阳城六十来里路，地属南阳府唐县（今唐河县），是杨廷宝的堂弟杨廷寀的舅家。十岁的杨廷宝和九岁的堂弟杨廷寀，一人背一个小包袱，随着杨敬亭直奔东南。

刚上路时，廷宝和堂弟廷寀还觉得很好玩，一路上蹦蹦跳跳，追追打打，可走了两个时辰后，两个人慢慢没了力气，开始无精打采。因为避难，害怕查问，所以三人不敢走大道官路，更不敢乘坐马车，只能沿着乡间小路抄近逃难。两个孩子累了想稍事休息一会，二伯父马上不停地催着小哥俩快走，连哄带吓，连拖带拉。两个孩子跑跑走走，累得直喘粗气，一不小心，掉到了路边的水沟里，连爬出来的力气都没有。好不容易到了舅舅家，两人马上像一堆稀泥似的，瘫倒在了床上。

到了舅舅家后，廷宝和廷寀小哥俩，依从伯父和舅舅的意思，暂时改称刘姓，在刘老村住了下来。一直到马云卿率领的奋勇军光复南阳为止，前后住了将近四个月时间。

这期间，国内的政治形势发生了急剧的变化。在杨鹤汀一家逃亡后不久，就传来了武昌革命军起义成功的消息。湖北革命军政府成立后，为了不断扩大战果，湖北军政府都督黎元洪迅速派遣马云卿、马碧瑞等率革命军挥戈北上，向河南进军。

奋勇军首领马云卿，字克印，与杨鹤汀同岁，南阳府新野县人。马家是书香门第，在当地颇有名望，其曾祖马名驹是举人出身，祖父马一山是拔贡，父亲读书科举不第，只好在家以设馆课徒为生。清光绪三十年（1904年），湖广总督张之洞在武汉三镇创办新军第八镇，派属下张彪等人到湖北襄阳招募学员，看中了识文断字、颇有才识的马云卿，将其招募至帐下。

1911年10月10日晚，武昌新军举行起义，并一举攻占了湖广总督府。战斗中，马云卿左臂受伤，仍坚持战斗。黎元洪到参加起义的新军中慰问时，马云卿被其看中任命为湖北军政府稽查长，不久，又被任命为军务部长，受命招募武装队伍入豫作战，扩大战果。

于是，马云卿与同乡族人马碧瑞等人一道，与时在湖北的河南籍官兵、青年学生和革命志士，在武昌城的中州会馆集会，发起并成立了“河南共和会”，同时决定成立“河南旅鄂奋勇军”的新式武装，北上支持老家的革命斗争。没几天河南旅鄂奋勇军就招募了两千余人。马云卿任统领，刘凤桐任参谋长，旋即引军北上，直逼豫境。1912年元月下旬，马云卿与逃亡到襄阳的杨鹤汀、郑襄亭等人会合。接着，继续挥戈北上，进入河南省新野县境内，当地革命志士鲁礼玉等率数十人携枪前来迎接并加入奋勇军。驻守于新野的清军第八镇第八营统领张家臣和新野知县汪云荪等人自感不敌，弃城逃逸，奋勇军遂占新野。与此同时，季雨霖等也率军攻占了新野的西邻邓州。是年2月14日，马云卿、杨鹤汀等所率的奋勇军与季雨霖的北伐军在新野会师。接着，杨鹤汀、马云卿等乘胜继续北上。

2月17日，这一天是农历除夕，奋勇军直逼豫西南重镇南阳。杨鹤汀及奋勇军首领马云卿，与前来迎接的族兄杨汉汀（又名杨汉亭）等人，联名致信南阳守城将士，规劝他们认清形势，向革命军投诚。

第二天，就是大年初一。南阳城内的男女老少都在庆祝新年到来，但知府徐承焜却被革命军的声势吓破了胆，一大早就带着家人和少数随从逃到了城外。紧接着，部分南阳守军也在革命党的策划下哗变，倒向了革命。次日早上，南阳知县文策在得知上司徐承焜逃逸和部分守军哗变的消息，慑于革命军声威，命随从仓促砸开城墙，带着家人狼狈北逃。

革命军占领了武昌，反清活动风起云涌，南阳总兵谢宝胜眼看大势已去，既不敢力敌，又不愿投降，只得带着家人弃城北去。行至南阳城北的方城县独树店时，谢宝胜自忖即使逃到了省城开封或京师北京，等待自己的也绝不会有好下场，绝望之下，趁家人和随从不备，在夜间悬梁自缢。

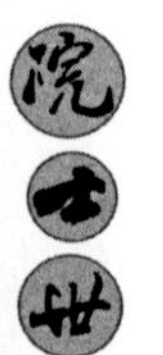

南阳重镇不战而克，革命军声势大振。奋勇军进城之后，马云卿立即向武昌革命政府通电告捷，并着手稳定社会秩序，恢复发展生产，建立革命政权。杨鹤汀由于声望卓著而被推举为南阳知府。这一天是1912年2月20日，也就是农历新年的第三天。

正在避难的杨廷宝、杨廷寀兄弟，听说奋勇军赶跑了清军总兵谢老道，杨鹤汀也骑着高头大马回到了老家，还做了南阳的父母官——南阳知府，小哥俩的心情甭提有多高兴了，于是直嚷着要舅舅赶紧收拾东西，快点送他们回老家去。

几天之后，逃亡在外的杨氏家人，纷纷从四面八方陆续回到赵营。劫后重逢，杨家年长者在高兴之余，不免有恍如隔世之感，可是杨廷宝带着一帮不懂事的弟弟妹妹们，早已沉浸在鞭炮声中，无忧无虑地过起了新年。

不久，南北“议和”成功，孙中山先生辞去了中华民国临时大总统的职务，大总统一职由袁世凯担任。但袁世凯在执掌了民国政权之后，感到反对派特别是南方的革命党对自己的统治潜存着巨大的威胁，于是暗中密谋策划，企图用打拉结合的办法，分化革命力量，剪除异己，稳固自己的地位。

袁世凯的老家是河南项城，他觉得要想稳固政权就必须先稳固河南，于是任命亲信张镇芳担任河南都督。张镇芳是袁世凯的表弟，唯袁氏之命是从，他先以“业已统一”为由遣散奋勇军，不久又以“诬良为匪，勒索六万两”之罪名，嫁祸于赋闲京师的马云卿，并于1913年秋将其杀害。不久，张镇芳又将担任《民立报》主编的罗飞声公开枪杀于河南省会开封。

马、罗被杀，舆论大哗，激起了人们对袁氏一党的无比愤慨。杨鹤汀、马碧瑞等正直人士觉得马云卿、罗飞声都是光复南阳、新野、邓县（1913年由邓州改）的有功之臣，立身正派，刚正不阿，声望卓著，却反遭杀戮，于是愤而辞职。杨鹤汀辞去了南阳知府；马碧瑞则辞去了军职，并易名为马戢武，戢武，也就是决心从此退出是非官场、弃武修文之意。自杨鹤汀从襄阳回到南阳并被推为南阳知府，到辞去该职，前后还不到半年时间。

为了安抚杨鹤汀等人，袁世凯特地授意张镇芳，要对杨鹤汀予以重用，还派人给杨鹤汀送来重金，试图拉他下水。但杨鹤汀看透了袁氏一党的险恶用心，不为所动，断然拒绝。张镇芳见拉拢利诱不成，便将杨鹤汀视若眼中钉、肉中刺，急欲除之而后快，但鉴于杨鹤汀在南阳的威望，他不敢再次公开动武，私下签署了一道密令，准备将杨鹤汀逮捕。

杨鹤汀再次遭到通缉，刚安顿下来不久的杨家人踏上了第二次逃难的旅程，再次过上了背井离乡的生活。

袁世凯见排挤杨鹤汀等人的目的也已达到，很快取消了对杨鹤汀的通缉，一面送给杨鹤汀以河南省参议员的虚衔，一面任命杨鹤汀为河南省立中学校长。此时，杨家老少才得以重返故里。

杨家在第二次逃难期间，也正是各路军阀争权夺利相互混战之时。日渐长大的小廷宝在逃难途中，看到了荒芜的田野、倒塌的村舍，以及成群结队的难民。尤其是许多跟他年龄差不多大的孩子，背井离乡，破衣烂衫，挨家要饭，被讨要的人家也穷得连锅都揭不开，哪有什么给他们的，只好驱赶他们，这些孩子长期被饥饿折磨着，面如菜色，骨瘦如柴。看到这些，杨廷宝心中老大不忍，将自己带的干粮拿出来送给这些小朋友，廷寀也学着廷宝的样子，拿出了自己的一些干粮。

与此同时，小廷宝也看到因自己家庭变故而带来的人情冷暖：有些亲友在他们逃难的时候，大门紧闭，仿佛他们带着瘟疫与病毒；有的亲友却不顾自己的安危，帮助他们，救济他们，一次次地帮助他们渡过难关。

对于少年时代的逃难经历，杨廷宝多年后在《童年的回忆》中说：

> 回乡的途中，那位农人带着我们两个小孩，带了几个鸡蛋、馒头，在步行的归途上，因为年幼才七八岁，走着走着就走不动了。我们来到一座破庙，庙里住着几个要饭的，我们借他们的破锅和柴草，煮鸡蛋热馒头，还分着给他们吃。路途的艰辛、恐惧、惊吓，每回忆起，还历历在目。[4]

经过两次逃难，年少的廷宝仿佛一下子长大了许多。

4. 宛城拜师

少年时期的两次逃难，使杨廷宝的学业一再中断。重返南阳后，小廷宝就辍学在家，没再回学校去。有一段时间，小廷宝在父亲的一位姓黄的好友家中住。他是位有学问的老先生，让小廷宝明白了许多人世间的道理，也教给了小廷宝不少知识。黄家有个不大的庭园，有廊有亭，建造虽不算精致，但环境还算优美，秀丽宜人，只是廷宝一个人住在这里，心中不免感觉孤独。后来，小廷宝被父亲接回家，在家自己看看书，学学以前的知识，再练习练习书画。

这时，一位传奇式的人物走进了小廷宝的生活：王可亭。王可亭是南阳城南三十里屯人，离赵营村仅有二十来里路。王先生号圜白，前清秀才出身，早年进过私塾，发愤读书，长大后满腹经纶，思想开通，与杨鹤汀亦师亦友。他虽然个头不高，但为人质朴老成，显得精明强干，在当地颇有人缘，是南阳一带的“闻人”。他性情豪爽，诙谐幽默，素有名士之风。论文，他上知天文，下知地理，四书五经，音律书画，无不知晓，特别是讲起南阳的历史掌故、风土人情，往往口若悬河，不能自已；论武，他是远近闻名的武术高手，刀、枪、剑、戟、棍、棒、斧、叉等十八般兵器，几乎样样通晓，尤其是善于气功和猴拳。

早在杨鹤汀与罗飞声等人创办南阳公学之前，王可亭便立下了“使世界应有

之科学，吾宛人皆居第一；世界称著之学府，皆有我宛学者之讲座”的宏愿，与宛城人张嘉谋等积极创办各种学堂，兴办教育，开发民智，提倡科学，发展实业，先后参与并创办了敬业学堂、劝忠堂、端阃女学堂，后又创办国学专修馆等，为南阳近代教育开辟了新纪元，奠定了南阳近现代教育的基础。民国时，他还担任过河南通志馆协修，主编地理志中的山脉水系部分。

当穿着灰布长衫的可亭先生走进杨家时，立即像一块磁石吸引了少年廷宝。然而内向的性格，使廷宝对于眼前这位传奇式的人物，又感到敬畏，不敢面对。每逢可亭先生到家中做客，小廷宝就躲在角落里，听他与父亲谈天说地，吟诗作对；也有的时候，他会偷偷打开一道门缝，看可亭先生在院子里舞枪弄棍，他既希望能接近这位可亭先生，又腼腆羞涩不敢走近。

“过来！孩子！”有一次，可亭先生打完了拳，看到站在远处的小廷宝正准备溜走，就叫住了他。

“你喜欢打拳吗？”可亭先生问他。

“喜欢。”小廷宝一个劲儿地点头，可他又不好意思，头一直低着，不敢直视可亭先生。

“把头抬起来。看看你，面黄肌瘦病歪歪的，是要练练，也好强身健体。来，我教你，先扎个马步，你看，这样……对，对，就这样……”

杨鹤汀得知可亭先生要教儿子习武，甭提有多高兴了，这孩子从小身子骨弱，老是生病，把奶奶心疼得不得了，要是能习武真是巴不得的好事。廷宝也兴奋得几夜没睡着，这么个传奇人物竟肯收自己为徒？！就像做梦一样！要是小伙伴们知道了该会怎么崇拜自己呀！他捏着小拳头，心想，“我一定要好好练！”

此后，小廷宝就跟可亭先生练开了。师傅认真教，徒弟认真学，很快廷宝就学会了少林拳、形意拳、猴拳……刀、枪、剑、棍也学了点皮毛，日久天长，小廷宝的身板一天天结实起来了，脸色也红润了。奶奶看在眼里，笑得合不拢嘴：“和尚，你可要听可亭先生的话呀，好好练！”

这次习武的经历影响了杨廷宝的一生，这个从小多病的少年长大后体格健壮、武艺过人。他常年坚持习武，在他从事教育工作后，每逢元旦迎新，在盛大的师生联欢会上，一定有他的舞剑、太极拳或翻筋斗等节目……绘画、习武，成为建筑之外他终生的两大兴趣爱好。

除习武外，小廷宝特别喜欢听可亭先生讲述南阳名人的故事，诸如范蠡助越灭吴，百里奚相秦，张衡发明浑天仪、地动仪、候风仪；张仲景当长沙太守时坚持坐堂为百姓看病，并写下了著名的《伤寒论》等医书；刘备三顾茅庐，请出了卧龙岗上27岁的诸葛亮打天下……这些人、这些事都发生在南阳，身为南阳人，小廷宝觉得分外骄傲与自豪。

自从跟着可亭先生学文习武后，杨廷宝的身体日渐变得硬朗起来，学识也不断增长。可亭先生不但文武全才，而且风趣幽默，小廷宝很喜欢他。见小廷宝兴趣广泛，可亭先生也向他讲些数理、机械、语言、音韵、天文、地理等方面的知识，这些对年幼的杨廷宝产生了不小的影响，使他长大后曾一度想专攻机械。

1912年6月，虚岁12岁的杨廷宝第一次离开家乡南阳，一路坐马车换火车，随同父亲来到河南省会开封。

到开封后，正值河南省留学欧美预备学校招生，杨鹤汀就让儿子去报考，又担心儿子考不上。考虑到儿子没有正规上过几年学，八股文不在行，于是又特地把王可亭请到省城，让他辅导儿子的国文等课，尤其是教授写作八股文。

这次考试是个大场面，在杨廷宝看来，这虽然和小时在私塾读书时完全不一样，但他紧张、不安的心情却和站在张先生面前结结巴巴背不出文章是一样的。

秋天，考试结果发榜，杨廷宝觉得自己考中的把握不大，不敢去看榜。但又经不住人劝说，总想看个究竟，于是惴惴不安地来到十字街头，只见红榜之下，挤满了前来观榜的各色人等，不少人急得踮起脚，瞪着大眼，仰首张望。

"呀！有我，有我！"前面一个小伙子大声叫着，兴奋得像范进中举。杨廷宝立在稍远处细观，眼睛瞄着"杨廷宝"三字，第一行没有，第二行也没有……一直将正取生的录取名额看完，杨廷宝还是没有看到自己的名字——40个正取生中根本就没有他的名字。再看榜下的20个备取生名额，才在最后一行看到自己的名字。原来，杨廷宝只考了个备取生，而且还是备取生的倒数第二名。

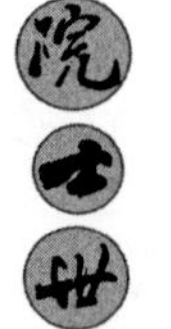

"唉，希望是没有的了！"杨廷宝像个泄了气的皮球，无精打采地回到家中。杨廷宝没进过几年学堂，书也读得不多，此次能考个备取生，相对来说也算考得不错。父亲安慰他，回头找个其他中学让他读。但他总认为自己没有名列正榜，不免遗憾。

谁知，天上掉下了馅饼，时来运转，虽然杨廷宝只考了备取生的倒数第二名，但被录取了！原来在备取生中有个家里有权势的孩子，为了照顾他，当局就干脆又办了个'丙'班，将所有的备取生都录取了。杨廷宝幸运地进入这所学校。“对这件事我曾想：运气是个古怪的事，有时在人生的激流里，会把你推上岸边……”[5]晚年，杨廷宝回忆说。

就这样，杨廷宝进了河南留学欧美预备学校，开始了他人生一个新的阶段。这所中原名校即河南大学的前身。

注释:

[1].《八十忆往》，84 页，杨廷寅著，未刊稿。

[2][3][4][5].《杨廷宝谈建筑》，91 页，齐康记述，中国建筑工业出版社，1991 年。

第二章　预备留学

1. 读书汴梁

河南留学欧美预备学校是1912年创建的一所中西结合的新式学校，校长是林伯襄，校址在河南省省会开封市区中心。

林伯襄， 河南商城人，生于清光绪四年（1878年）。幼时随秀才出身的父亲诵读经史，14岁参加河南省汝宁府考试名列第二。后来，他目睹西方列强入侵，产生教育救国思想，主张“以教育致国家于富强，以科学开发民智”，于1903年弃举子之业，与同乡知己林维镐在林家祠堂创办“明强学堂”。甲午战争后，考入河南优级师范学堂，一年后又考入上海公学，与胡适同班。1908年，修业期满返回故乡，仍在明强学堂任教。他知识渊博，治学严谨，育人谨严，威信很高，人称其为“圣人”。1910年，林伯襄应邀赴开封任河南优级师范学堂教习，翌年又被任命为河南省教育司科长。

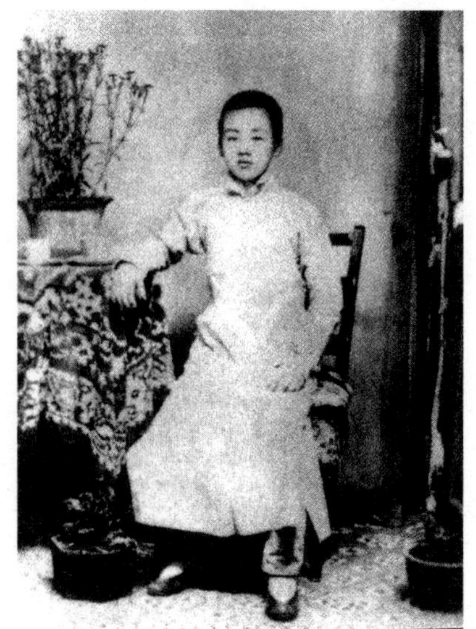

杨廷宝12岁在开封读书时的留影

1912年4月29日，林维镐与王敬芳、王印川等联名提出“筹备留学欧美预备学校公启”的倡议，后经河南都督张镇芳提议和河南省临时议会决议，筹设一所主学外语并以派遣赴欧美留学生为主的预备学校，并委林伯襄为校长，择定开封铁塔以南的历代河南乡试重地河南贡院旧址的东半部为校址。8月25日，河南省发布《河南提学司招考留学欧美预科学生广告》，招考身体健全，国文、算学皆佳的12至16岁高小毕业生，毕业后择优公费派往欧美各国留学。9月下旬，首届新生入学。

当时，河南留学欧美预备学校的各项规章制度非常严格，不但严禁学生平时外出，晚上还要查房。学校的功课比一般的学校要深得多，由于学生将来要留学欧美，所以特别注重外语教学，聘请了不少外籍教员，不少课是全英语授课。杨廷宝的正规小学上得断断续续，许多知识点没有学过，学起来有些吃力，加上男生贪玩，起初不太用功。加上丙班的学生又都是备取生，是别的学生嘲笑的“差班”生，班级里学习的氛围也不太浓。

杨廷宝在《童年的回忆》中回忆说：

> 我们这群孩子，住在一座明朝地主的大院里，这儿也是个考场。起始，我是个不懂事的孩子，玩线团球、风筝，闲散时，有时挤在人群中看娶新娘子拜堂的闹劲儿。进了这学堂我开始爱好点运动，打打拳，玩玩球，我的身体慢慢地健壮起来。假期回家我还跟伯父们常去池塘游泳，游泳训练了我的胆量。记得后来在清华学堂考体育课，在考核游泳时，一次就达到了标准，这不能不说是儿时的“基础”。[1]

开封是一座历史悠久的文化名城，位于河南中部广袤的豫东平原上，坐落于黄河的南岸，是河南省的政治、经济、文化、交通和军事中心，古称大梁，又名汴梁或汴京，有近两千八百年的历史。“开封”一名，最早始于春秋时期，是郑国国君郑庄公取“开拓封疆”之意所起的。开封又是闻名中外的大都会，曾做过战国时期的魏国与五代时期的后梁、后晋、后汉、后周和北宋、金国的国都，故号称“七朝都会”。北宋著名画家张择端所绘的《清明上河图》，反映出了宋朝都城开封的繁荣景象。虽然清末民初之际的开封早已失去了往日的繁华，但作为河南省的省会和中州一带最大的都市，这里仍然要比其他一些城市热闹得多，尤其是众多的名胜古迹，吸引着远近的游客前来观光。

开封佑国寺塔

初入河南留学欧美预备学校，杨廷宝感到从未有过的自由，所以就铆着劲儿与班上的几个同学一起，去开封城各处的名胜古迹游玩，为此耽误了不少的学习时间。一个学期下来，大名鼎鼎的龙亭，金碧辉煌的相国寺，风景优美的包公湖、潘家湖和杨家湖，还有坐落于城东北的巍峨铁塔、城东南的禹王台，以及开封城南郊数十里外的朱仙镇，黄河以北的陈桥古驿等城外风景名胜，他与同学们都一一留下了足迹。杨鹤汀看儿子未将读书放在心上，就郑重地对廷宝说："看看名胜古迹很增长知识，这固然是件好事，但不能为此耽误了功课。对于你这个年纪的年轻人来说，读书是第一重要的事。少壮不努力，老大徒伤悲，现在浪费时间，以后会后悔的。能进预备学校，你凭的是运气，你不能指望一辈子凭运气。"听了父亲一席话，杨廷宝很惭愧，觉得自己的确太贪玩了，为了迎头赶上成绩好的同学，他听从父亲的劝告，将全副心思都转到了读书上。

林伯襄校长不仅是一位德高望重的教育家，也是一个著名的爱国者。在他的言传身教下，学生都努力进取，素质不断提高，参加出国留学考试成绩出色，这些学生毕业后有的出国留学，有的考取国内其他大学继续深造，后来大都成了国家的栋梁之材，不少人成为国内外知名的教授、学者、作家、艺术家和革命家。他对杨廷宝的成长产生了很大的影响。

此时正值民国肇始之际，作为一名学识渊博的爱国教育家，林校长经常通过历史故事对学生进行爱国主义教育，鼓励弟子们为振兴中华而树立远大的理想抱负。汉代青年爱国将领霍去病发出"匈奴不灭，无以家为！"的豪迈誓言；宋代名将岳飞的母亲在他背上刺下"精忠报国"四个大字；民族英雄文天祥的"人生自古谁无死，留取丹心照汗青"的诗句；明朝戚继光一次次的抗倭斗争；忠直之士史可法和左光斗的故事；清初郑成功率军收复台湾；还有林则徐的禁烟抗英斗争……林校长对弟子们讲了一个又一个历史人物，用这些精彩的故事打动弟子们的心。杨廷宝每次听完校长的课后都会心潮澎湃，心中久久不能平静，暗自发誓要好好学习，立志长大后报效国家。

在杨廷宝和同学们的心中，林校长不但是一个开明的教育家，更是一个慈祥仁厚的长者。有一次，林校长身体不适，但硬是强打着精神给有事外出的老师代课。课堂上，豆大的汗珠从林校长蜡黄的脸上滚落下来，他却坚持着给学生们讲课，这一幕令杨廷宝和同学们特别感动，觉得自己一定要努力学习，决不辜负林校长的期望。

从那时起，杨廷宝开始勤奋学习，奋发向上，平时除了画画、练武术外，他几乎将全部时间都投入到学习之中，起早贪黑，放弃游山玩水、聊天打闹，从一个不大懂事的幼童一下子成长为懂事用功的少年。在留学欧美学校，有个大杨廷宝几岁的学长，学习特别用功，不仅天不亮就起来读书、背书，而且在熄灯之后，还用手在肚皮上默写单词。杨廷宝和学长暗暗地较起了劲，早上学长起得早，他起得更早；晚上，学长睡得晚，他睡得更晚。上课时，他认真听讲，老师讲的一个字也不肯放过；下课后，预习和复习，演算加习题，他都坚持一丝不苟地完成。

经过一番刻苦努力，在短短两年时间，杨廷宝的学习成绩直线上升，因为优秀而由丙班转入甲班，并且挺进了甲班的前五名。成年后，他不无感慨地说："丙班是淘汰班，不然的话，我今天不知又在何方。"

1915年，杨廷宝进入河南留学欧美预备学校两年半，学校因经费拮据等原因，计划要缩小规模，鼓励学生们直接报考北京的清华留美预备学校。林校长将杨廷宝等七名成绩优秀的学生叫到自己的办公室，对他们讲了学校当前的困难，建议说："北京有个清华学堂，办得很不错，在国内算是首屈一指的了，你们如果考上，既可直接进入清华赴美留学，还可减轻本省的负担，我建议你们报名一试。希望你们都能考上！"于是杨廷宝等同学一齐报了名。

清华学校当时的考试有以下三个步骤：一是考试之前由各省重点学校进行推荐；二是在本省参加初试，清华学校专门派员到各省的考场进行监考；三是各省初试录取的学生到清华学校之后，再进行复试。以上三项全部合格，才能真正成为清华留美预备学校的注册学生。

因为清华学校是为将来预备留美打基础的，故此次考试的主要功课便是英文。担任河南省主考的老师一位是唱诗班的牧师，还有一位是杨廷宝的英语老师Hargrove（哈格罗夫）。哈格罗夫老师了解杨廷宝的英语水平，对他说："You don't be examined for your English ."（你的英语，不必考了。）

这次河南省考试的结果是：杨廷宝以初试、复试均居全省第一的好成绩被清华留美预备学校正式录取，与他一起参加考试的其他几位学生也全部被录取。

王可亨听到杨廷宝考中的消息后，马上喜滋滋地跑到杨家，兴奋地对着杨鹤汀夸奖起自己的学生来。

儿子以全省第一的成绩顺利被清华学校录取，杨鹤汀颇感意外。早在两年前，他还不时责怪儿子贪玩不懂事，读书不用功，让家人多有操心，可转眼之间儿子竟长大成人，懂事了，而且马上要成为一个留学生，能出国留洋！雄鹰终要展翅飞翔了！

“有志者事竟成！”

杨廷宝从考入学校的最后几名，毕业时一跃成为全省第一名，这次靠的不再是运气，而是杨廷宝的志气，外加他的勤奋和努力！

2．水木清华

1915年，虚龄15岁的杨廷宝来到北京，踏进了清华学校的大门。从此，他在这所花园般的学校里住了整整六年。清华学校，后来与北京大学、中央大学一起成为全国最有名的高等学府。

清华园位于千年古都北京城西北，原为清康熙年间所建的熙春园的一部分，由工字厅、怡春院、胡堂（亦名古月堂）三部分组成，取晋代大诗人谢混《游西池》中的“景昃鸣禽集，水木湛清华”之句意，美其名曰“水木清华”，简称“清华园”。清华园起初是清朝皇帝的别墅，至今已有两百余年的历史，是一座典型的东方花园式建筑群落。咸丰皇帝亲题“清华园”三字匾额。清光绪二十六年（农历庚子年，公元1900年），清政府与八国联军交战失败，被迫于翌年9月签订了丧权辱国的《辛丑条约》。条约规定：中国共向西方列强赔款银4.5亿两，分39年还清，本、利共9.82亿两。这笔赔款是因庚子年义和团事件而起，故称为“庚子赔款”。从1904年开始的四年内，中国驻美公使梁诚多次向美国政府交涉并积极在美国国会游说，要求美国政府退还不实赔款。其间，美国一些上层人士也多次向美国总统西奥多•罗斯福建议，退还部分庚子赔款以资助清国学生来美留学，造就一批从知识和精神上为美国支配中国的新的领袖。不管出于什么考虑，利用退还的庚子赔款办教育的主张得到了美国国会的批准。1908年美国国会通过退款议案，允诺从1909年1月1日起退还庚子赔款美国所得的剩余款项，逐年按月退还给中国。于是，清宣统元年（1909年）清政府在京师设立游美学务处，附设“游美肄业馆”，馆址即选定在“清华园”，职责是“为选取各生未赴美国之先，暂留学习而设”，即后来所称的预科学校。1911年，肄业馆改称清华学堂。清室贵胄、大学士那桐为学堂题写了“清华园”三字。辛亥革命后，学堂易名为清华学校。1925年，学校设立大学部，开始招收四年制大学生。1928年南京

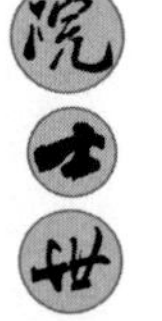

国民政府接管清华学校，将校名改为国立清华大学。

杨廷宝在清华学校读书时的校长周诒春

杨廷宝进入清华学校时，校长为周诒春，字寄梅。周校长德才兼备，为人谦和，是一位颇具爱国心与独立教育思想的学者。他早年毕业于圣约翰书院，受教于颜惠庆和卜航济等人，后赴美留学于耶鲁大学和威斯康星大学，归国后曾任南京临时政府外交部及孙中山的英文秘书，1912年改任清华学校副校长兼教务长，翌年10月升任校长，他当清华校长有五年时间，在各任校长中算时间较长的，因此有人认为他对清华的发展影响仅次于后来的梅贻琦。周寄梅在担任清华学校校长期间，尊重教员，爱护学生，积极培育人才，重视学校发展，深受师生们的爱戴。1937年春，在宁的清华大学校友在南京市区的秣陵路与莫愁路交会处，购得地皮2700平方米，拟建一幢供校友活动的俱乐部，并命名为"寄梅堂"，借以纪念老校长周寄梅。杨廷宝当仁不让地担纲设计。但可惜的是，侵华日军悍然发动"卢沟桥事变"，全面抗战爆发，拟建"寄梅堂"一事遂行搁浅，杨廷宝仅留下了一纸设计图稿。此事可见杨廷宝等清华学子们对周校长的感恩之心和敬师之情。

1915年9月13日，清华学校举行新生始业式典礼，周诒春校长登台发表演讲，对新生的到来表示祝贺，希望学子们为了祖国要好好读书，力争长大成为国家的有用之材，并以"自治自爱、有始有终"八字赠予各位学子。周校长号召学子们培养节俭的习惯，要体贴父母，学会感恩，希望学子们每两周给自己的家长写一封信，借以告慰家乡的亲人。

当时的清华学校，分中等科、高等科两种，学制各为四年，学习内容分为国学、西学两大部分。所学的课程中，除了国文课外，几乎全用英语上课，甚至连校内张贴的各种布告、出版的年刊等，也全都用英文。中等科主要是英语训练，另有世界地理、数学、化学、卫生和音乐等课程，每天四五节课。高等科有数学、物理、化学、政治、经济、美国史、英国文学等课程，此外还包括第二外语等。杨廷宝进入高年级以后，选修了德语作为第二外语。学校还将体育课列为必修课，如体育课考试不及格，不能毕业，更不能出国。教师当中，既有中国人，也有美国等外国人。对于清华学校当时的课程安排，苏云峰先生在《从清华学堂到清华大学1911—1929》一书中这样写道：

> 在清华的八年学程中，依学生学科程度分为中等科和高等科两个阶段，各为四年。基本上所实施的是通识教育（Liberal education）。1911年“清华学堂章程”所开课程分为下列十类，每类学科课程均分为“通修”与“专修”两种。“通修”学科期其博赅，“专修”学科期其精深，均采学分制。惟在这十类课程中，以“通修”课程为主，“专修”课程则视学生志趣能力及程度，在高等科最后两年才逐渐开设。十类学科名称如下：一、哲学教育类，二、本国文学类，三、世界文学类，四、美术音乐类，五、史学政治类，六、数学天文类，七、物理化学类，八、动植生理类，九、地文地质类，十、体育手工类。[2]

杨廷宝入学后，由于学习成绩突出，尤其是外语成绩特别优秀，学校根据他的成绩，将他插入二年级，之后又跳到三年级，因此与比他早入学两年的闻一多成为同班同学。当时，学校老师曾建议杨廷宝插入中等科四年级，但杨廷宝担心学习负担过重，就上了三年级。

在清华学校读书时的杨廷宝

杨廷宝在清华学校时，起初最感兴趣的课是数理课，因此选学了相当多的数理课程，结果选的课程太多，上课时间时有冲突，有的课上不了，常常被老师叫到备课间单独补课。当时教物理的是从美国留学归国的梅贻琦先生，他不要求自己的学生死背公式，却对公式的由来讲得很清楚。杨廷宝虽然能听懂，却常常记不住公式。每次考试遇到公式时，他就临时推导，一般也能推得出来，而且考的成绩也不错。有一次在上物理实验课时，杨廷宝领来了物理实验仪器，接着就按书本上的步骤进行试

验，最后却得到了与教科书上相反的结论，他认真地将自己的实验过程检查了一遍，觉得自己的操作程序并没有问题，于是非常自信。当梅先生惊奇地问他为什么与教科书上得到的结果会有不同，他大声回答："我是按步骤做的！"梅先生听后，亲自拿起仪器，一边实验，一边校对，等他做完，笑着对杨廷宝说："你的答数错啦，但试验是对的！"在梅贻琦先生的不断鼓励下，本来就对物理学有兴趣的杨廷宝更加爱学物理了。

美丽而又古老的清华园，自清末改成新式学校以后，成为一个群英荟萃之地，通过美式教育，清华留美预科班培养了一大批杰出人才。后来，这些留美学生绝大多数成了中国社会各界的一流学者，诸如科学家钱学森、叶企孙、顾毓琇、周培源，教育学家陈鹤琴，社会学家罗隆基、潘光旦，考古学家李济，哲学家金岳霖、贺麟、汤用彤，文学家闻一多、梁实秋，戏剧家洪深，化学家曾昭抡、侯德榜，军事家孙立人，建筑学家庄俊、茅以升、杨廷宝、梁思成、童寯，语言学家赵元任、李方桂等，此外还有陈岱孙、吴宓等著名专家学者。在清华读书期间，因为有着共同的兴趣爱好——绘画，杨廷宝和闻一多、梁思成等同学结成了要好的伙伴。尤其是和闻一多，成为形影不离的好朋友，相互之间最为知心。

闻一多原名闻家骅，是湖北省浠水县人，年长杨廷宝两岁，1913年考入清华学校。在美丽的清华园里，闻一多以多才多艺而闻名全校，在书法、绘画、诗歌、戏剧、文艺评论、舞台设计等各方面都有突出的表现，是学校社团的红人和文艺骨干，堪称清华学校的风云人物。在绘画方面，闻一多曾夺得清华全年级的冠军，他所绘的水彩画在学校展出之后，还于1915年被送到美国参加巴拿马万国博览会展出，为国家和学校争得了荣誉。

闻一多年轻时的留影

杨廷宝刚一迈进清华园就听到闻一多的大名，几乎可以说如雷贯耳。两人相识之后，很快惺惺相惜，互相欣赏，成为挚友。闻一多以正直、豪爽、豁达的性格感染杨廷宝，杨廷宝谦虚勤奋的学习态度也让闻一多佩服。当时，闻一多担任学校《清华周刊》编委和《清华学报》编辑，他知道杨廷宝绘画基础不错，热情地邀他担任这些刊物的美术和策划工作。闻一多在组织学校的戏剧演出时，让杨廷宝一起参与舞台美术设计。他们除了共同为校报设计版面外，还时常利用闲暇时间外出写生，两人的关系越来越亲密，同进同出，形影不离。此外，闻一多还与杨廷宝、梁思成等人，在清华园里组织了一个研究“艺术及人生关系”的团体——“缪斯”社。

少年时代的杨廷宝，在中国画和书法上已有一定的基本功。他在清华学校选修了美籍女教师斯达尔（Florence Starr）的铅笔素描、水彩等课程，这使他对空间、色彩有了新的认识，加上又常与闻一多等同学共同切磋，美术功底长进不少。清华学校的美术学习为他后来学习建筑打下了坚实的基础。

斯达尔女士是美国人，1899年毕业于美国的Ohio Wesleyan University（俄亥俄卫斯理大学），获文学学士学位，毕业后曾在一所中学任高中教员，不久又到卫斯理大学教授美术，1911年被聘为清华学校美术教员，1914年兼任《清华年报》顾问，1922年还兼任过燕京女校等校的教务。斯达尔女士对西方文艺复兴时的艺术颇有研究，是当时美国在清华学校任教的17名教员之一。她善识英才，在清华学校任教时就发现了闻一多、杨廷宝和梁思成等学生的美术潜能，并善加辅导和鼓励，指导他们组织缪斯社和美术社，研究艺术和人生；后又成立“特别图画班”，让学子们充分发挥自己的特长，鼓励学子们毕业时报考艺术专业。但是，杨廷宝赴美后却进入宾夕法尼亚大学改学建筑，闻一多到美国芝加哥后改学了戏

杨廷宝（立者左八）在清华学校读书时与闻一多、梁思成等美术社的同学与美术指导老师斯达尔女士合影

1921年杨廷宝绘制的“清华八景”——学校门

剧。此是后话。

早些时候，斯达尔女士在清华园曾组织过一个校外写生团，闻一多、潘光旦、方来等学生都是写生团的成员。写生团解散后，斯达尔女士又与杨廷宝、闻一多等学生借助美术社，常在一起研读中外美术作品，练习各种绘画技艺。斯达尔女士还常请学生们到自己的家中吃饭，师生之间的关系非常融洽。有一次，正是丁香花盛开的季节，杨廷宝在教室里对着鲜花作画，画兴正浓时，下课的铃声突然响起。他就像没听到，照旧用功作画，甚至连吃饭也忘记了。斯达尔女士看到自己的学生如此勤奋，非常感动，于是让家里的厨师做了饭菜，送去给杨廷宝吃。

此时的杨廷宝，对美术的偏爱已极为明显，他尤其对铅笔画、炭画及水彩画感兴趣。这一时期，他不仅画了圆明园遗址、北京郊外的村庄、古老的寺庙，还画了清华园的每个重要角落，特别是他用钢笔速写笔法所画的“清华八景”的组画：那古色古香的工字厅、镌刻着清华学堂字样的一院大楼、巍峨的大礼堂及前面的草坪等，将面山临水的“水木清华”画得惟妙惟肖，1921年度的《清华年鉴》特别刊登了他的这一组画。这些经历，对杨廷宝后来学习建筑以及成年后重修清华园等都帮助不小。而同学之间的相互切磋，老师的亲切指点，频繁的写生活动，以及美术课上的学术研讨，等等，无不让杨廷宝大开眼界，画技突飞猛进，成为清华园里人尽皆知的小画家。

清华学校师生虽然不多，但因受西方教育的影响，各种学会、社团很多，学生参加社团的积极性很高，有的学生甚至同时参加了好几个社团。据《清华周刊》记载，学校1916年11月有23个会社，规模较大的如孔教会、国学研究会、达德学会、文学会、文友会、仁友会、青年会、体育会、丽泽会、科学会、辞社、游艺社、摄影社、达辞社、物理研究社、竞进会、演习辞令会等。到了后来，五四运动爆发后，学校的社团增加到50余个。尽管这些社团大小不一，人数不等，久暂不同，但师生们都积极参加，活跃而且认真。

按清华学校当时的规制，杨廷宝要读完中等科、高等科各四年才能毕业，但他连跳两级，所以在清华只读了六年就毕业了。这六年中，他的学习成绩一直十分优秀，特别是英文、书法、绘画、物理等课，成绩更是出类拔萃。此外，杨廷宝还有一项“绝技”——武术。每当清晨、日暮或闲暇之时，他常在清华园里，挥拳踢脚，腾挪跳跃，吸引了不少师生驻足观看。这时，内向腼腆的杨廷宝显露出豪迈的英武之气。由于杨廷宝在学校的武术比赛中多次大显身手，因而被同学们推为“清华武术队”的队长。

杨廷宝目前保存最早的一张画，画面是他南阳老家的住室

暑假期间，杨廷宝回到故乡南阳，将风景如画的豫西南风光搬上了他的画本。古朴的医圣祠，肃穆的张衡墓，传奇的三顾亭，蜿蜒的白河滩，一望无际的田野，都一一展现在他的笔下。现在，他保存下来最早的画，是他为家中居室所作的一张写实画。

他最喜欢的是东北距南阳不到百里的赊旗古镇。赊旗镇又称赊店，原名佘店，是一座驰名南北的古镇，有着六百余年的历史。赊店镇街道密布，商铺林立，早在明朝中期就是豫西南的“巨镇”，这里“地濒赭水，北走汴洛，南船北马，总集百货”。古镇上分布着大大小小的七十二条街道，纵横交错如棋，商铺林立，是一处远近闻名的水旱码头。镇上街道之间分工精细，有山货街、骡店街、铜器街等，尤在明清之际最为繁华。这里的古朴淳厚之风吸引了东西南北的商贾，尤其是在北方商人中还流传着一句“走遍九州十八县，独有赊店待人宽”的口语，特别是山西、陕西的巨商们，他们不远千里，来此做买卖，并用了近百年时间在古镇上兴建了一座雄壮宽敞、富丽堂皇的山陕会馆，其宏伟气势和精巧工艺堪比帝王宫殿。

山陕会馆第一进院内，正中矗立着一根高达十丈的旗杆，旗杆下则为一座镌雕精美的“九龙照壁”，再往里走又并立着三座高楼，依次为悬鉴楼、鼓楼和钟楼。悬鉴楼也高逾十丈，为演戏的大舞台，因其规制而被人称为“中州第一大戏台”。会馆的第二进大院则为“大拜殿”，殿上镌刻着《十八学士朝瀛洲》等古画。会馆的第三进大院则为闻名远近的“春秋楼”。旧时，各处的山陕会馆规模较一般会馆都大得多，往往称得上豪华的建筑群落，并与关帝庙合为一处，会馆内也因关羽生前爱读《春秋》而建有“春秋楼”。而山陕会馆内的这座春秋楼显得更为巍峨雄壮，故当地还有“赊店有座春秋楼，半截还在天里头”的俗语，可见其之高大。

杨廷宝有位堂姐叫杨廷秀，成年后嫁到赊店古镇的孙家，这使他有机会多次到古镇。杨廷宝每次到赊店，都要到古镇的山陕会馆去参观，经常在此作画，画全景、画钟楼、画院落、画石狮……由于用心太过，经常会忘了吃饭，忘了休息，忘了会馆关门的时间，这个炫目的古建筑群落简直让他着迷，使他沉浸在无限的遐想之中。

天道酬勤，功夫不负有心人。杨廷宝的勤奋好学，使他在清华学校的学生中脱颖而出。他的同学陈植于1979年11月12日在接受齐康采访时，回忆说：

> 我和杨老同窗7年，在清华学校6年，在宾夕法尼亚大学1年，以后几年他在克芮建筑师事务所工作时亦常往来。他在清华的1921级是全校八个班级中爱好绘画的学生最多的，除他以外，还有闻一多、吴泽霖、方来。杨老与一多成绩出众齐名全校。他从钢笔素描着手转而绘水彩，从“水木清华”的校景到邻近的圆明园和较远的颐和园。自强不息为他带来的优良成绩使他选择建筑作为赴美学习的专业。他在费城宾校所在地的5年中常在周末到郊外写生。1927年他和赵深同赴欧洲考察时及返国后的50多年中，基本上未曾停笔。他的水彩画明净脱俗、浑厚雅淡，绘静物的细致，室外写生的潇洒，令人赞佩。[3]

3. 选学建筑

少年时代的杨廷宝，对绘画有着非同一般的兴趣，但后来他却走上了建筑之路。他是如何爱上建筑的呢?

杨廷宝进入清华园时，他的美籍教师斯达尔女士见他对绘画如此迷恋，又画得十分出色，希望这位弟子将来能到美国去学习绘画，杨廷宝的好友闻一多，也劝他到美国后两人共同攻读绘画。但是，杨廷宝后来却出人意料地选择了建筑学这个专业。

打杨廷宝记事开始，父亲杨鹤汀就一直以维新思想教育他，希望他从小立志，长大成材，能成为一个对国家有用的人。虽然杨廷宝童年、少年时期在书法、绘画上都有长足的进步，父亲对此感到十分欣慰，但若真的选择书法或者绘画，作为未来的专业以及以后谋生的职业，父亲却未必同意。杨鹤汀痛感于家族中一些子弟因游手好闲、坐吃山空而败家，常常告诫子女："要有一技之长，要志在四方，守在家睛吃坐穿最没出息！"所以，他真切希望自己的几个子女长大后都能学到真本领，靠自己的本事吃饭。

在杨鹤汀看来，书法、绘画这些所谓的艺术只不过是些雕虫小技，是人们茶余饭后的消遣，既不能救国救民于水深火热之中，甚至连个饭碗也端不上。当时，杨家家境日渐没落，杨廷宝的两个弟弟、三个妹妹也都开始读书，所用开销是个大数目，能供给杨廷宝的仅仅是普通的穿着，上学的费用有时还要向亲友筹借，所读的书也多是接受别人使用过的，河南省每年给每个学生的津贴只有15块大洋，如以后学习美术，日常开销肯定很大，令人忧虑。

而且受当时大环境的影响，特别是入学前的辛亥革命、入学后的五四运动的影响，包括杨廷宝在内的大多数学生都受知识救国、科学救国、教育救国和实业救国思想的影响，大多希望自己将来能掌握一技之长，对国家和家庭有所帮助。

因此，杨廷宝在清华学校毕业前夕，一直在考虑自己的未来。但怎样才能找到一条既与自己的兴趣爱好相关，又能报效祖国的道路呢？这的确是杨廷宝心中的一件大事。

这一时期，杨廷宝先后对天文、机械、哲学、物理和美术不同程度地有过兴趣。小时候，王可亭先生曾多次对他讲过张衡的故事。张衡墓就在南阳城北三十多里处，距他继母的娘家不远，姑母的婆家也住在附近。那时，杨廷宝到外婆家或姑母家时，常常带着弟弟妹妹们去玩，觉得天上星宿实在是个奇妙的未知世界，听可亭先生讲候风仪、地动仪，他也希望自己做一个张衡这样的天文学家。在清华学校读书期间，他渐渐又喜欢上了物理课，梅贻琦先生非常喜欢他，每次考试，他都能取得优异的成绩，梅先生鼓励他到美国后学习物理，将来成为一个物理学家。哲学让他学会思考，画画是他最喜欢的，物理将来能有所为……但到底选择什么专业，以后从事什么职业？这着实让杨廷宝纠结。

巧的是，当时正值清华校园重新规划，对校园进行扩建改造，建造包括图书馆、大礼堂、科学馆等设施，扩建改造的设计工作由美国著名建筑师墨菲（Henry. K. Murphy）担任，负责监造的是刚从美国伊利诺伊大学建筑工程系毕业的庄俊。正在杨廷宝纠结的时候，他认识了庄俊。

墨菲是对中国现代建筑影响最大的一位西方专业建筑师。墨菲生于1877年，1899年毕业于耶鲁大学，1908年开办自己的建筑事务所，1914年来到中国。为给湖南长沙湘雅医学院做建筑设计，他特意从南方赶赴北京考察中国的古典建筑，尤其是皇家宫殿等建筑。清华学校正准备对清华园进行重新规划，便热情地邀请他为清华校园做设计规划。墨菲应允了，结果，他到中国的第一个建筑设计作品就是清华学校的扩建工程，并为清华学校制定了第一个校园规划，留下了清华早期四大建筑——大礼堂、科学馆、图书馆和体育馆。

这时，庄俊来到清华学校任教。庄俊是浙江人，生于清光绪十四年（1888年），于宣统二年（1910年）考入清华庚款留美第二批预备班，被派往美国留学，成为中国第一个系统接受西方教育的建筑师，1914年毕业并获建筑工程学士学位。作为中国第一位获得建筑工程学位和第一位取得“建筑师”职称的庄俊，归国后，被母校清华学校聘用任教，适值母校扩建，被任命为工地建筑师，协助墨菲制定清华学校总体规划和设计首批建设项目，同时担任工程的监造。当时，庄俊工作的地方就在清华学校工字厅里。

基于对美术的偏好和兴趣，杨廷宝也逐渐爱上了建筑。他常到庄俊那儿去看他画图，也到工地上了解打桩、基础等工程知识。在施工以外，庄俊也画一些建筑现场速写和建筑水彩画等，杨廷宝常被这些画所吸引。即将毕业时，杨廷宝又去拜访庄俊先生，当庄先生告诉他建筑是应用科学和应用美术的结合时，杨廷宝不觉眼前一亮，他对两者都非常有兴趣，本来就想或学机械或学美术，建筑既然是这二者的结合，那就最适合自己了，一方面可以发挥自己的绘画特长，另一方

庄俊先生70岁时在上海留影

面又能为国家增添各类雄伟的建筑，还能符合父亲的心愿。“对，就到美国去学建筑！”杨廷宝豁然开朗，几个月来心头一直纠结的难题就这样解决了。

在杨廷宝赴美留学期间，庄俊圆满地完成了清华学校的扩建工程。1923年，他受清华学校委派，率近百名学子赴美留学，他本人则到哥伦比亚大学研究生院进修。1924年归国，翌年在上海创办了自己的建筑事务所，他打入上海建筑业的第一部设计作品是上海金城银行大楼，以不凡的现代风格一炮走红，从此以从事金融行业建筑设计为主。

对杨廷宝选择专业一事，后来也成为建筑学家的其幼子杨士萱认为：“一个20岁左右的青年，在选择志愿时，能综合考虑到感情、兴趣、国家、现实生活等诸多因素，在当时是很不容易的。”[4]

杨廷宝下定了决心要学习建筑。对于他的这一决定，了解他的同学都十分赞同，只有他的美术老师斯达尔觉得特别遗憾。她非常沮丧，眼泪几乎要落下来，她认为杨廷宝若能到美国去攻读美术，将来定会成为一个了不起的大画家。但杨廷宝志向已定，她只能用沉默的眼光望着他。后来，杨廷宝在美国留学期间，还不远千里专程到业已归国的斯达尔居住的俄亥俄州乡下，去看望这位曾欣赏自己艺术天赋的异国恩师。

在去美国留学前，杨廷宝回了趟老家，听说杨廷宝要到美国学习建筑，奶奶和继母好奇地问廷宝：“什么是建筑？”

“就是造房子。”杨廷宝回答说。

“噢，学泥瓦匠呀，学个泥瓦匠还要留洋？咱南阳城不就能学吗？”奶奶问。

妹妹廷宜在一边插话说：“哥哥回来是要盖高楼大厦，是北平、上海的那种大洋房噢！”

4. 结缘法青

19岁的杨廷宝到了情窦初开的年龄，这一年，他遇到了后来成为他终身伴侣的陈法青女士。

陈法青，生于清光绪二十七年农历二月二十七日（公元1901年4月15日），比杨廷宝稍长数月。其籍贯河南省西平县权寨镇，距南阳不到三百里地。

陈法青的父亲陈铭鉴，字子衡，室名啸月山房，自号榴园居士，复号莲友。生于清光绪三年，即公元1877年。7岁入塾，18岁入县学，嗜书成癖，清光绪二十九年中癸卯科举人。入民国后曾任参议院议员、宪法起草委员会委员和政府政事堂政治咨议等职，也是河南省的知名人士。陈铭鉴任议员时，倡议“论复古专政之非，力请实行共和立宪政治，恢复议会，大赦党人”；及至袁世凯掌权，帝制议论沉渣泛起，陈铭鉴因持有异议，遂为避难而退隐，旋南渡江淮而游南京、苏州、上海、武汉等地。道穷思返，自忖宦途不通，政界失意，乃承祖、父纂修县志之宿愿，寓居京师，闭门著书，编、著有《啸月山房文集》六卷、《诗集》六卷、《古榴斋诗话》四卷，《莲友偶笔》三卷、《西平县志》、《西平县权寨镇陈氏家乘》六卷、《权寨镇风土志》一卷及《古榴斋尺牍日记》等书。陈铭鉴在开封居住时，有一处宽大的老宅，院中还有一株巨大的石榴树，遂将其书斋命名为“古榴斋”。

1915年秋，当杨廷宝考进清华留美预备学校时，陈法青也考入北京女子高等师范学校，与杨廷宝的堂姐杨廷隽、表姐郝超薰为同班同学。当时，陈法青与杨廷隽在一个自修室，看到杨廷隽的自修桌书架横格上钉着一幅水彩画，景物清晰，色彩饱满。那个时代，大家多见的是中国山水、花卉的写意画，水彩画并不多见。陈法青看后很是羡慕，当她得知这幅画出自杨廷隽正在清华学校读书的堂弟杨廷宝之手时，不禁对这个少年心有向往。

1919年春天，北京女子高等师范学校组织学生到清华校园参观。在这风景如画的校园里，陈法青和郝超薰正好碰到了刚刚下课的杨廷宝。晚年，陈法青在《忆廷宝》中记述了她与杨廷宝的初次相见：

1919 年春天，学校组织我们全班同学去清华学校参观。我们学校的老师领着我们一边参观，一边介绍，当走到工字厅门口，恰逢廷宝下课，向门外走来。他身穿长衫，手里拿着厚厚的几本洋文书，显得是那么潇洒、英俊。遇到我们这队嘁嘁喳喳的女学生，他默然地闪到路边走了过去。郝超薰指着他告诉我说：“这就是廷宝表弟。”我天真地脱口而出：“你表弟真不错呀！”[5]

与杨廷宝初次相见，漂亮而又泼辣的陈法青，一点也不拘谨，她大大方方地打量着杨廷宝，一双忽闪忽闪的眼睛仿佛会说话，而不善言辞的杨廷宝则一脸的窘态，只是默然地闪到路边。一旁的郝超薰看出了陈法青对廷宝表弟心存好感，回头就问陈法青：“我这个表弟品学兼优，人又端正，就是不爱讲话。你看他这个人怎么样？”陈法青很直爽地说：“我看挺好的。”

当时，杨鹤汀正为儿子的婚事发愁，他担心儿子到美国后很可能会带个洋媳妇回来，这是中国传统家庭所不能接受的，所以就四处托人为儿子说媒。

杨廷宝在开封河南留学欧美预备学校读书时，学校里的一位英籍教师，知道杨廷宝出身于官宦之家，又是书香门第，长得一表人才，而且人品端正，有心将女儿嫁给他，多次言语间希望玉成女儿与杨廷宝的婚事。后来，他还让夫人将女儿带到开封，居住在校内的一幢小别墅里。然后以补习功课为由让杨廷宝到家中练习英语对话，让女儿与杨廷宝一起会话和玩耍。通过这些，杨廷宝的英语水平提高了不少，后来的成绩也一直很优秀，但他的父亲杨鹤汀得知那位英籍教师要将女儿嫁给自己的儿子时，心中老大不悦，郑重地告诫儿子不能再去那个英语老师家。

其后，曾担任过新野县县长的周希孟，退职后居住于省会开封。周先生原是杨鹤汀任南阳知府时的下属，就时常到杨家来，见廷宝长得越来越英俊，便向杨廷宝介绍了一位鲁姑娘。鲁姑娘是新野县的一个大家闺秀，也是周先生的亲戚，当时也在北京女子高等师范学校读书。但杨廷宝的表姐郝超薰认识她，又是河南同乡，经常有往来，她心想鲁姑娘脸上有雀斑不说，还缠着小脚，在当时领全国女界风气之先的北京女师也不相宜，与廷宝表弟更不般配，暗自抱怨周大人好心未必办成好事，于是就向杨鹤汀直言，建议推却这门亲事。最终，此事作罢。

杨鹤汀于是就托廷宝的表姐郝超薰帮儿子物色对象。郝超薰对表弟的婚事也算是上心，她一连物色了几个，都觉得不太满意。这次，她与陈法青一起到清华学校参观，觉得陈法青对表弟很有倾慕之意，当下心中不觉一动：想找的人岂不是就在眼前？她越看，越觉得两人般配！郝超薰晓得法青出身于大户人家，不但人长得好，而且性格外向，与内向性格的表弟正可形成互补！有了这种想法，郝

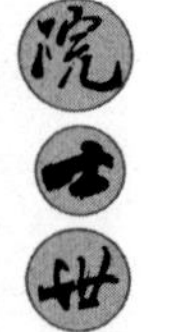

超薰开始有意撮合表弟与陈法青。

于是她找到表弟，询问他对终身伴侣的要求。杨廷宝未曾对自己的婚姻做过认真的考虑，听了表姐的话后，沉思良久，才缓缓地说：“其实也没啥条件，只有两条就可以了，一是人要朴实，二是身体健康。”郝超薰听后，便心知其意。

郝超薰马上将自己的想法告诉了杨鹤汀，老先生听后也觉得挺满意。此后，郝超薰又前往家住北京宣武门外的陈家，征求陈法青父亲的意见。她对陈先生直言：“廷宝品学兼优，如老伯同意，我可以做媒。”作为来自河南的国会议员，陈铭鉴在开封居住时与杨鹤汀原就熟稔，两人有过不少交往。杨鹤汀也时常应邀到他的“榴园”和“古榴斋”中会饮，有时还带着自己的儿子廷宝前往，陈先生对少年廷宝有些印象，因此对这门亲事也颇满意，一口应允。

杨、陈两家大人及陈法青都对这门婚事很满意，反倒是杨廷宝最后一个才知晓。郝超薰向表弟杨廷宝“摊牌”，杨廷宝原本没有考虑过这类事情，只在清华校园见过陈法青一面，现在从表姐处得到了陈法青的玉照，又听了表姐的介绍，虽然没有交往，但法青能干、大方的处事态度，让他颇觉满意。

大家都满意，杨、陈两家决定在杨廷宝出国前将两人的婚事给订下来。订婚前，陈老先生特地邀请杨廷宝到家里做客。

第一天，杨廷宝在表姐郝超薰的陪同下一起去了陈家。他与法青在客厅里见了面，法青刚踏进客厅，杨廷宝就客气地站了起来，拘谨地朝她笑了笑，眼睛却上上下下把未婚妻打量了一番。两人分别坐下后，他不爱说话的性格就表现出来了。见他默默地老不开口，法青觉得很不自然，但想到这是两个人难得的相见相处的机会，只得先开口说话，问他兄弟姐妹几个，等等。法青问一句，他答一句，不问就不开口，只是腼腆地微笑。第二天，陈家又请杨廷宝去吃饭，欢送他赴美留学。杨廷宝忐忑不安地来到陈家，法青落落大方地接待他，陈铭鉴与未来的女婿一边品茶，一边聊天，谈得也算投机。虽然杨廷宝的话不多，除了回答陈老先生问话外再无多言。但他这几年在清华校园里磨砺了几年，言谈举止虽拘束，却很有见地，陈老先生不住点头，喜滋滋地暗称“后生可畏”。陈法青在一旁，本来非常不安，担心父亲会不喜欢杨廷宝，看到父亲眯着眼睛，捋着胡子，一副满意的样子，才把一颗心放了下来。吃饭的时候，陈家上下一个劲儿地向杨廷宝的碗里夹菜，让他多吃点。他态度很斯文礼貌，但有些拘谨。当着长辈的面，陈法青也不好意多跟他谈话。从陈家临别出来，陈铭鉴特意赠给了杨廷宝一大摞书，包括他自己撰写的《古榴斋诗话》《啸月山房文集》，还有陈家的家谱及书画用品等物。后来，杨廷宝在美国留学期间，时常给陈法青写信，她的爷爷看了信后，打趣地向孙女夸奖说："论廷宝的人品、学识和容貌，他可是个状元人才呀！"

杨廷宝告别陈家兴冲冲地回到了家中，在家候信的杨鹤汀便问儿子对法青的印象。杨廷宝回答说："法青比我能干，人又大方，很好！"父亲听了，心中也颇为高兴。

然而，就在杨廷宝与陈法青确定婚事前，陈法青的母亲突然生病住进了医院，稍后又因手术失败不幸辞世。陈先生因家遭突变心绪败坏，对于女儿毕业后出国的事，不再予以支持。而法青更是忧心忡忡，担心不能与杨廷宝一同赴美留学而有分手的可能，不安地问郝超薰该怎么办。杨廷宝刚出生就失去了母亲，对法青突遭丧母之痛非常同情，他理解法青的心境，回说："法青丧母，与我同病相怜。她出国与否，我并不在意。否则她是独女，我还不一定能与她成亲呢。"陈法青得知杨廷宝的这番情意，才将心放下。

杨廷宝返回南阳时，陈法青到火车站给他送行。见到法青，杨廷宝十分激动，脸上流露出几分歉意，似乎在说：你要一个人在国内等我五六年，实在抱歉。但一直到分手，两个人都没有说一句话，甚至连"再见"都没有说，更没有其他亲密的行为。万般柔情尽在不言中，这也许就是二十年代彼此相许的年轻情侣的表达方式吧。

杨廷宝1921年赴美后，陈法青于次年从北京女师毕业，杨廷宝写信劝她改学美术。陈法青喜爱化学，在女师毕业时曾与同学商议想报考北平的工科院校，但为了能与杨廷宝有更多的共同语言，听从杨廷宝的意见，放弃了原来的打算，特地补习了美术等课，并于1923年考取了北平国立艺术专科学校图案系，学习西洋画、国画、图案画等。为了在专业上向杨廷宝靠拢，她又特别选修了建筑方面的一些课程，以弥补自己在这方面的不足。杨廷宝在清华学校的同学兼好友闻一多，当时已提前从美国留学归国，并被这所学校聘为美术教师，曾当过陈法青的老师。

杨廷宝在美留学的几年当中，陈法青与他鸿雁传书，交换学习情况，互相勉励，杨廷宝将其在美国获得的设计奖、水彩奖奖状都寄给法青分享。

应该说，杨廷宝一生的成就与夫人陈法青女士的支持协助是分不开的。陈法青是一位贤惠坚强的知识型新女性，她陪伴杨廷宝一生，为他生养五个儿女。平时，杨廷宝在外工作，家务、培养子女等全靠她一人承担。特别是在抗日战争全面爆发后，她独自带着子女逃回南阳，又随杨廷宝搬到重庆住在歌乐山上，以坚韧、能干操持着一大家子。她一生为丈夫和子女操劳，支持丈夫的事业，教育和培养子女。除此，陈法青对杨廷宝先生的绘画作品的保存付出了很多心血。杨先生本人对其绘画作品经常随手放置，不是很珍惜，全靠夫人的整理和收集，才得以保留下来。

注释:

[1].《杨廷宝谈建筑》，92 页，齐康记述，中国建筑工业出版社，1991 年。

[2].《从清华学堂到清华大学 1911—1929》，162 页，苏云峰著，生活•读书•新知三联书店，2001 年。

[3].《陈植谈话录》，齐康、杨永生记述，载《建筑师》第 72 期。

[4].《温故而知新——为父亲杨廷宝百年诞辰而作》，杨士萱著，载《建筑学报》2002 年第 3 期。

[5].《忆廷宝》，陈法青著，载《广厦魂》，232 页，刘向东、吴友松著，江苏科学技术出版社，1986 年。

第三章　负笈美国

1. 留学宾大

1921年8月，杨廷宝离开家乡，经上海远渡重洋，前往美国费城宾夕法尼亚大学艺术学院建筑系留学。临走之时，他的继母特意用家乡的紫布条土布，为他做了一件薄被，被子里面小心翼翼地包了一面五色国旗。

在杨廷宝临行前，南阳一带下了场连绵不断的大雨，京汉铁路被大水冲坏了，火车停开，一连数日不见畅通。杨廷宝因担心误了行程，只好听从朋友的劝告改走水路。离开家乡时，乡亲们有的煮了鸡蛋，有的蒸了馒头，给他留在路上吃；有的还给了钱，钱虽不多，三五元不等，但这浓浓的乡情却使杨廷宝感受到

杨廷宝所在的清华学校1921届全体赴美留学生合影

了家乡的温暖，使他不管走到哪里，心中都眷恋着故土和乡亲们。

离开家乡时，杨廷宝独自一人，带着简单的行李，坐木船沿白河南下，直到湖北襄阳才改乘小火轮到达汉口，在汉口又改换轮船沿江东下，最后终于按期到达上海。在赴美留学事务部，门厅的警卫见杨廷宝背着被子大布包，土里土气的一副乡下人模样，便拦着他不让进门。一个西装革履的官员旁若无人地在那里吞云吐雾，乜斜着眼对他不屑一顾。平素温和的杨廷宝被激怒了，他故意踱着方步，用流利的英语说："我是清华毕业生，来此办理留美手续，有劳先生大驾。"流利的英语和不亢不卑的态度，一下子把傲慢的官员给镇住了，于是马上换了副笑脸，点头哈腰地接待他，为他办理相关手续。

在吴淞港口，杨廷宝与同期赴美留学的同伴们站在甲板上面，等待着开船。这时，不知是哪个富家子弟要赴美，正巧赶来登船，跟着一大家人，老少大小有几十人之多，后面还跟着一队溜须拍马的官员，几乎将整个码头入口都占据了。后面的客人急着登船，这边却一直堵着，言语间起了摩擦，几乎要打斗起来，幸好海轮起航前发出了"呜呜呜"的鸣叫声提醒了他们，那些送行的官员这才急急下船，后面的客人方才上船了事。

随着一声汽笛的长鸣，开船了！直到船行了老远，杨廷宝在甲板上还看到刚才那些闹哄哄的人在岸上摆手"再见"。

江海岸边鳞次栉比的高楼大厦，虽然显得非常壮观，但没有一座是中国人自己设计的。杨廷宝暗自下定决心：等学成归来以后，一定要像庄俊先生一样，为祖国自主设计出高楼大厦！

在碧波苍茫、辽阔无垠的大海上，站在甲板上的杨廷宝，凝望着上下翻飞、自由翱翔的海鸥，他的心潮也像海鸥一样澎湃起伏，他又情不自禁地想起了曾与自己朝夕相处的同学闻一多。

还是在今年的六月三日，北京十五所学校的数百名学生及八校的教职员工为索薪而到新华门请愿，遭到反动军警的镇压，其中学生十余人被军警当场打成重伤，酿成了"六三惨案"。十一日，为了声援教职员工的正义斗争，清华学校全体学生大会决议集体罢课。时值期终大考，清华学校校长金邦正与学校董事会决议：凡届时不赴大考者，一律留级一年。但是，清华学校的大多数学生仍坚持罢课而拒绝参加十三日的年终大考，并于十四日决定"罢课终止后要求学校实行补考"，但校方未予采纳而仍持原议。

本来，闻一多应在这一年与杨廷宝一同赴美留学的，却因他支持以李大钊、马叙伦等为首的北京八校教授的索薪请愿团，要求北洋政府保障教育经费、补发欠薪等，站在罢课斗争的最前列，而被校董事会和校长金邦正借故做出“留级一年，以观后效”的处罚。杨廷宝虽然一心闭门读书，对政治不太关心，但对闻一多等学友的正义斗争却寄予了极大的同情，并为闻一多不能与自己一道赴美留学而感到深深的惋惜。

经过二十余天的航行，轮船终于顺利地抵达美国。上岸之后，杨廷宝乘车前往美国费城的宾夕法尼亚大学报到。

宾夕法尼亚大学是一座历史悠久的大学，坐落在美国第五大城市费城，始创于18世纪，是美国第一所从事科学技术和人文教育的现代高等学校。这里依山傍水，环境幽静，具有深厚的学术底蕴和民主气氛。到宾大后，杨廷宝在几位学长的引导下办好了入学手续，进入建筑系就读。20世纪20年代初，美国宾大建筑系正处于良性发展的黄金时代，可以说是美国最为著名的建筑院校。该校聘请了不少来自巴黎美术学院培养出来的建筑师，这些教师受鲍扎式教育思想（鲍扎是巴黎美术学院建筑部对培养职业建筑师所建立完整教学体系的叫法，是法国20世纪60年代前建筑教育的基础模式，为全球范围内很多学校建筑系办学提供了原型）影响，遵循古典传统，将建筑看作是一门艺术，注重对学生艺术修养的培养。他们还打破惯例，将设计列为一门主课，使艺术水平高的学生能在设计课上取得较好的成绩。

宾夕法尼亚大学所在地费城，是一座具有光荣历史传统的文化名城，美国历史上最著名的大陆会议和独立宣言，均在此召开和宣读，故有美利坚合众国“助产婆”的美称，这里还是当时中国留美学生最为集中的地区。在费城宾大读书的中国留学生中，朱彬是最早进入该校攻读建筑的，稍后范文照于1921年毕业并荣获建筑学学士学位，赵深则于1923年毕业并获得硕士学位。此后，杨廷宝、童寯、陈植、梁思成、林徽因、谭垣、吴景奇、黄耀伟、李杨安、卢树森、哈雄文等一大批中国留学生，先后在此求学并获不同学位，他们归国后在中国建筑领域里开辟出一片崭新的天地，成为中国现代建筑的第一批中坚。因此，宾夕法尼亚大学可称得上是培养中国建筑师的摇篮。1980年，杨廷宝对弟子齐康回忆说：

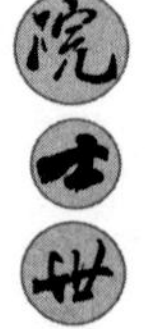
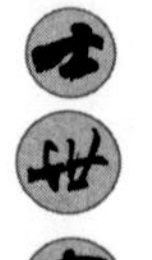

到美国，我进了宾夕法尼亚大学建筑系。为什么选上这个学校呢？朱彬

是第一个上那个大学的，他的成绩优异；以后，范文照、赵深也去了，他们是二年级制，特别班，对工程技术偏重一些。他们开了路，学习成绩都很好，给校方留下了良好的印象。而我在出国时举目无亲，有了这几位学长为先导，自然地选上了这个学校。[1]

在杨廷宝进入宾大后的几年中，陈植、梁思成、童寯等人分别于1923年、1924年和1925年漂洋过海，陆续来到这所大学的建筑系就读。梁思成是清末民初闻人梁启超之长子，与杨廷宝同岁，与杨廷宝同一年进入清华学校读书，但因杨廷宝进入清华学校后连跳两级，此后梁思成又因腿受伤而耽误一年，因此他比杨廷宝晚三年在清华学校毕业并赴美留学。因受未婚妻林徽因影响，于1924年6月赴美入宾夕法尼亚大学建筑系学习。早年，林徽因跟随父亲林长民游历欧洲，在伦敦受到女建筑师房东的影响，立下了攻读建筑学的志向。但当她与梁思成一同来到宾大时，才知道宾大建筑系仅招收男生，林徽因只好进了该校的艺术学院改学美术，1927年又入耶鲁大学戏剧学院学习舞台设计。不过，林徽因在宾夕法尼亚大学和耶鲁大学学习期间，一直都选修建筑系的课程，并以优秀的成绩得到师生们的好评，后来还被聘为建筑设计课的助教、讲师。梁思成于1927年2月在宾大建筑系毕业获得学士学位，同年7月获得硕士学位。林徽因同样以优异的成绩获艺术学院学士学位。

稍后于梁、林进入宾大的童寯，1900年出生于辽宁沈阳，字伯潜，满族后裔，其父恩格曾留学日本，归国后担任过辽宁省教育厅厅长。童寯早年在沈阳一中学读书，后转入天津新学书院，毕业后考入清华学校。他在清华学校毕业前夕，曾致信时在宾大建筑系读书的杨廷宝，向其询问该校建筑专业的情况及入学

1924年杨廷宝（右一）在美国宾夕法尼亚大学建筑系留学时与同学合影

事宜，杨廷宝接信后当即给他回了信，促使童寯最后选择进入宾大学习，并于1925年赴美。

入宾大建筑系后，为了节省生活开支，杨廷宝与中国留学生赵深合租的地方位于费城第三十八街226号，距宾大所在的第三十四街很近，只隔三条小街。房东是位慈眉善目的老太太，受过中等教育，丈夫早已去世，三个女儿均已大学毕业，大女儿学的是化学，小女儿学的是钢琴，二女儿学的是历史，并且还嫁给了一位中国留学生。

杨廷宝、赵深住的是一幢二层小楼，房东老太太一家住在楼下，将楼上的两间腾出来让杨廷宝、赵深住，一间作卧室，一间作简易书房。房东老太太热爱东方文化，待人非常热情，对前来做客的中国留学生彬彬有礼。她特别喜欢杨廷宝的画，每逢廷宝从外面背着画夹回到住处，她都要对廷宝的新作欣赏一番，夸奖他多才多艺。

杨廷宝的水彩画——《费城汉米尔顿公馆》

费城郊外有一所叫斯瓦斯摩尔的大学，地处城郊，有着田园风貌的校园，非常美丽，充满诗情画意。杨廷宝到郊区写生作画时，常到这所大学去，总是被那里的风景所吸引。他在作画时还结识了该校的一位美国职员，这位职员时常热情地邀杨廷宝到他的家中做客，杨廷宝因故不能赶回费城时，就住在这位朋友的家中。这一时期，杨廷宝画了许多画，诸如《费城汉米尔顿公馆》《农村山坡建筑群》《费城美术馆夏令营》和《公鸡》等作品。

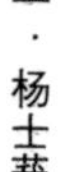

在宾大留学期间，每学期有两个多月的假期，杨廷宝经常利用这些闲暇时间，到一个名叫Academy of Fine Arts Summer School（美术学院暑期学校）的地方学习雕刻，借以培养和提高自己对艺术鉴赏的能力。

在宾大期间，杨廷宝学习十分刻苦，基础美术课如素描、水彩、绘画史、雕刻史等课，应用学科如力学、结构、木工、手工等课，他都非常喜欢。他认同建筑师们奉为金科玉律的“建筑三要素”——适用、坚固、美观，并有很好的把握，同时建立起自己独特的美学理念。他努力从古典建筑、西班牙建筑等样式中，去探求建筑造型上的新设计理念。这一时期，杨廷宝对“建筑是融应用科学和应用美术而成为一种应用学问”的“双重性”有了深刻的理解。他深受“建筑师的画应是写实而准确的，所以明朗轻快、光影清新、细致准确”的理念影响，并形成他水彩画的一贯风格。而他在美学上的造诣，也成就了他日后在建筑设计上与众不同的建筑美感。

1923年，杨廷宝的室友赵深，因与中国姑娘孙熙明谈恋爱从住处搬了出去，刚到宾大建筑系留学的陈植便搬来与杨廷宝同住。1926年上半年，孙熙明结束在宾大的课程进修准备回国，邀杨廷宝同行，杨廷宝答应与赵、孙夫妇一同归国，梁思成便搬到这里与陈植同住。在前后五年当中，杨廷宝所住的这两间房子竟住了四位在宾大建筑系留学的中国留学生。这四位留学生，后来都成为中国现代建筑史上赫赫有名的大师，他们的友谊也保持了数十年，直到生命终结，在中国现代建筑史上留下了一段佳话。有人说，与其说美国费城的宾夕法尼亚大学建筑系是培养中国现代建筑师的摇篮，倒不如说杨廷宝他们住的这两间房子是“中国现代建筑师的摇篮”更为恰当。二十年后，当杨廷宝随同国民政府资源委员会科学考察团赴美考察期间，他还抽时间到当年曾经居住过的房东家探望。只不过，当年那个慈祥善良的房东老太太和她的两个女儿已病故，只剩下那个学历史的女儿健在了。杨廷宝在与房东的女儿相见时，两人不免都有往日不再的感慨。

在宾大时，曾与杨廷宝同居一室的陈植先生，后来忆及自己与杨廷宝、梁思成等人在宾大留学时的情形，提及杨廷宝常与几个中国留学生往来，一起“出入图书室，为设计课题的需要或为理论的探讨而阅读、摘录、临图”。这几位建筑系的中国留学生，学习成绩都非常优秀，被美国学生称之为“中国小分队”，并赞赏他们说：“这些中国人真棒！”[2]

在费城这个具有光荣传统的名城里，受到建筑设计上崭新理念的熏陶，再加上中国留学生之间的相互鼓励，他们日后都成为中国现代建筑史上卓有建树的一代大师，而杨廷宝可以说是继建筑大师吕彦直之后又一位出类拔萃的建筑设计精英。这也正如杨廷宝后来所说的那样：“一个人的理想、志向，往往与环境的熏陶分不开。”[3]

建筑是一门技术，是科学与艺术的结合，同时又是一个时代的映射，而一个时代的建筑特征反过来又直接或间接地影响着文化教育。20世纪20年代初期的美国，开始受到欧洲新艺术运动和前卫的现代派建筑的影响，但古典主义对学院派的影响仍根深蒂固，所以建筑的探新运动没有形成与古典主义截然分离的状态，相反利用新结构、新材料、新技术，温和地进行新旧建筑的风格转变，采用古典比例和装饰，结合新的功能，建造了大批“折中主义”建筑。建筑师们不断地做出多种探索，现代建筑和仿古建筑交替进行，各种建筑思想、造型、形式也都纷纷登台上演。美国一些著名建筑师的作品及设计处理方法，也自然地反映到学校的教学中来，并对学生产生了很大的影响。

西方特别是美国现代建筑师们对于古典主义与现代主义相结合的探索，对杨廷宝产生了相当大的影响，使他回国后在设计建筑时既对东西文化融合有相当大的兴趣，同时也注重采用现代手法，不断创新，尝试全新的设计风格，因而将中国建筑推向一个新的高度。“连我的老师也不得不向新建筑转”，这是他后来常对人说的话，也是他经常思考的一个重要问题。

2. 连获殊荣

杨廷宝常说：“善于利用时间，抓紧时间的人，会比一般人容易得到成功。”进入宾大后，他将整个身心都倾注到学习上，把一切可以利用的时间用在学习上，并进行合理的分配使用；他给自己制订了一个严格的学习计划，按部就班地认真执行，决不懈怠。刚进入宾大时，那些白皮肤、黄头发的欧美籍学生，根本瞧不起杨廷宝他们这些土里土气的中国小个子，但杨廷宝并不在意，他忘不了临出国前，父亲曾对他说的话：“孩子，中国人能有这样的机会不容易，你一定要给咱们中国人争气！”所以，当一些同学玩的玩、逃课的逃课、谈恋爱的谈恋爱时，他却独自一人在宿舍、教室，或在图书馆里，认真看书、写作业，完全沉浸在建筑学带给他的快乐之中。梁思成后来提到杨廷宝的作业和笔记时，曾称赞说，杨先生的作业就像他本人一样，非常工整，赏心悦目，是同学们的范本，“内韧外秀，厚积薄发”。

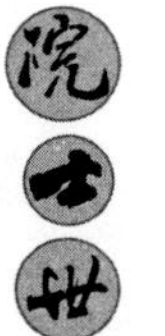

建筑学就像是一座美丽而又神奇的宫殿，当推门进入时，豁然发现里面竟是一个如此缤纷的美丽世界。杨廷宝此前所学过的那些数学、几何、物理、美术等科目，都完美地结合在一起，组合成一幅幅美丽的画卷，不仅让他流连忘返，更让他感到神奇万分，如同小时候手中玩的七巧板一样，可以拼出各种五彩缤纷的

图案与形状，然而又远比七巧板拼出的图案和形状丰富。杨廷宝越学越觉得自己选择学建筑是一个明智之举，学习的劲头也更足。

在宾大读书期间，杨廷宝从未缺过一节课，也不放过老师所讲的每一个细节，尤其对老师布置的设计图作业格外认真，认为这是自己最好的学习机会，常常刚画完一张，又有了新主意，觉得或者那样也不错，就再画上一张，画完之后又觉得还可以在原来的图上添加一些新的元素，这样下来，不知不觉地就画了若干张。上课时，等老师讲完课，他马上拿出自己的几个设计方案，请老师点评，倾听老师的意见。老师对认真的学生往往有所偏爱，因此对他的设计作业点评得最认真、最仔细。这样一节课，杨廷宝等于学了别人几倍的东西。在老师讲评其他学生的设计图时，他还会在一旁认真倾听并吸收其中优秀的部分，对于那些失败的教训他牢记在心，避免自己以后犯同样的错误。很快，曾想冷眼看笑话的那些欧美籍学生，再也不敢小瞧这个“乡巴佬”了，并且遇到问题时还时常向他请教，他对此也不客气，帮这些同学画图、改作业、修改图案，在老师的支持下，他甚至还时常帮三四年级的学长修改渲染图。在当时的宾大建筑系，提起这个品学兼优的中国留学生杨廷宝，可以说无人不知、无人不晓。

1921年9月，进入宾大后不久，杨廷宝就因成绩突出而直接插班到二年级。他虽然学习刻苦勤奋，却从不“废寝忘食”，每天坚持八小时睡眠，严格作息，从不熬夜，更不睡懒觉。他坚持每个周末假日都要到郊外去写生作画。这是他的兴趣所在，既增加他的建筑艺术修养，又是他最好的消遣和休息方式。

留学期间，杨廷宝的生活非常清苦，每月的公费数量有限，稍不留意便会入不敷出。为了节约用钱，也为了节省时间，杨廷宝时常简单吃点面包就打发了一餐，最多在面包上涂点黄油，偶尔为了增加营养，喝些牛奶，吃些中国菜，作为必要的生活改善，但绝不浪费奢侈。

尽管生活上比较清苦，但杨廷宝在学习上绝不吝惜，尤其是在绘画用品上，他总是尽量购买最好的材料，以达到最佳效果。当时，美国特别是费城正流行一种名叫“温赛•牛顿”的绘画颜料，这个牌子的产品来自英国，价格昂贵，质量好，不易褪色，杨廷宝特别喜欢使用这种颜料。学弟陈植见他每每如此，笑着说：“你吃最便宜的饭菜，却用最好的颜料！”

宾大采取的是学分制，学生只要按规定修完所学专业的学分即可毕业。1924年2月，杨廷宝只用两年半时间就完成了四学年的全部课程，获得90个专

杨廷宝在宾大时扮演轩辕黄帝的剧照

业学分，25个非专业学分，被宾大授予学士学位，时任建筑系主任的赖尔德（W．P．Laird）先生，称他是本校才华最出众的学生之一，杨廷宝为此荣获了学士学位的最高荣誉奖——“Senior Honors”，当时《费城晚报》为此专发了一条消息——《中国学生获得宾大殊荣——杨廷宝不到三年就完成了建筑课程》，并配发了杨廷宝一张英俊潇洒的近照。杨廷宝将这张报纸邮寄回家，父亲杨鹤汀看了激动得老泪纵横，全家人也都为他感到高兴。

本科毕业后，杨廷宝顺利地升入研究生阶段的学习，之后仅用一年时间拿到了硕士学位。1925年秋，在杨廷宝毕业前夕，宾大建筑系举办了一次别开生面的化装表演。欧美籍学生有的扮演国王，有的扮演王子或公主；中国留学生有的扮成老寿星，有的扮成仙女，而杨廷宝别出心裁，扮演成中国人的始祖——轩辕黄帝。演出时，他穿戴着自己精心设计的具有鲜明中国古典特色的衣、帽子，乘着自己设计的龙车，气宇轩昂，大义凛然……杨廷宝的表演获得了师生们的一致好评。

当时，美国每年要举办建筑系大学生设计竞赛，当中有全国性的，也有全州性的，还有某一城市或地区性的，规模最大的是全美国家级竞赛。在宾大期间，杨廷宝多次参加各类全国性和地区性的建筑设计竞赛，借以提高自己的设计水平，获奖次数也很多。其中，两次荣获金牌，多次荣获铜牌。1924年杨廷宝在全美建筑系学生设计竞赛中荣获爱默生奖一等金奖。此奖又名美国政府艺术社团

杨廷宝在美国留学时获得的建筑设计金质奖章

1924年杨廷宝在美国宾夕法尼亚大学时的获奖作品

奖，是全美大学生比赛的最高奖项。杨廷宝这项参赛作品设计的主题是教堂内一座巨大的柱式屏风，分层分格，布满了精美的雕塑。同年，杨廷宝还荣获费城市政艺术协会奖一等金奖。他设计的作品是一座大型综合性商场，设计方案解决了当时副食供应分门别类的难题，他将中国古典建筑与西方建筑相融合，把商场放在河岸边，形似U字，一座圆形的餐馆在最中间，两边是对称的四坡顶房，两层重叠，里面是各种小市场。餐馆和四坡顶房将一座方形的院子围起，院中绿树环绕，回廊雅致，可供顾客休息，临河还可停泊船只。整个建筑体形稳健，层次分明，式样古典，尤其莲花式的窗格带有明显的中国建筑风格。比赛成绩公布后，《费城晚报》在1925年9月2日头版刊登了这样一则消息——《中国学生获得头奖》，文章的副标题更为有趣：《男孩不喜欢吃米饭》，旁边配有一张杨廷宝的照片。[4]文中称费城宾大建筑系的中国留学生杨廷宝，如何如何地勤奋学习，并在数百名竞赛者中出类拔萃，荣摘桂冠。该文还援引宾大建筑系主任赖尔德对杨廷宝的评价：“杨廷宝是最优秀的学生之一……这几年来他取得的个人奖项比任何其他学生都要多。”[5]

这两件作品不仅在评奖活动中受到了高度的评价，而且还被美国1927年出版的《建筑设计习作》一书选载，此书名为习作，其实是欧美大学建筑系学生重要的参考书，选材非常严格，中国留学生中唯有杨廷宝的作品入选，这本书也成为20世纪三四十年代美国和欧洲许多国家建筑系的通用教科书。杨廷宝以出类拔萃的设计才能，为中华民族争了光，杨廷宝这个名字也因此传向全世界。

此外，杨廷宝还荣获了全美科技最高荣誉奖Sigma Xi（科学研究会名称）金钥匙，当获奖消息传来，建筑系一片欢呼声，但他却毫无自鸣得意之态。同学们向他祝贺，他只是略带微笑地说："谢谢！"杨廷宝对待荣誉向来默然处之，对此奖项他从未宣扬过，故此事迄今鲜为人知。[6]

因为获得多种奖励，杨廷宝得到了不菲的奖金。他用这些奖金买了渴望已久的照相机，此外，还购买了许多笔、墨、染料等学习用品。但他的生活没有丝毫的变化，仍像往常一样艰苦，其中部分节余下来的钱，他毫不犹豫地用来救济那些生活贫困的中国留学生。此时的杨廷宝，胸襟变得更宽广，他胸中所装的不仅仅是自己，而是更多和他一样远渡重洋的穷学生。

3. 恩师克芮

宾夕法尼亚大学建筑系在赖尔德（W.P.Laird）任系主任期间，获得了快速的发展，成为全美建筑系中的佼佼者。赖尔德认为，建筑师作为专业人士比过去的艺术家多了些"工程师"与"业务经营者"成分，但即便如此，"艺术家"的角色还是应放在首位，所培养的建筑师应当是一个有修养的人。他提出了一系列的办学举措，将重点放在建筑设计、学生的认识与想象力、创造力的发展，以及美的欣赏和建筑杰作的熟悉上，将专业课分为设计、绘画、营造、历史与制图五部分，各部分的主讲教师均是学识渊博的大师。[7]因此，在宾夕法尼亚大学建筑系读书期间，杨廷宝遇到了许多优秀的老师，其中不少是世界一流的画家和建筑设计师，这些老师使他受益匪浅，收获良多。

教杨廷宝建筑史的老师是赫伯特•爱德华•埃弗雷特（Herbert Edward Everett）。埃弗雷特先生长得身高体胖，幽默风趣，建筑历史知识非常丰富，经常讲一些令人发笑的建筑史上的故事，学生们非常爱听他的课。

教授设计课的是斯登•弗德（Sten Ferd）先生。他的设计手法很现代，在古典建筑艺术上造诣同样深厚，很得学生们的好评。这位老师教过杨廷宝，后来成为陈植的指导老师。

有一位教授人体写生的老师，是个壁画家，在人物画方面也相当出色。这位老师得知杨廷宝绘画基础不错，就教他画人体素描，使用木炭条和铅笔，画头像、胸像的石膏画，以及画人体的轮廓和大块的阴暗，从这些实践中，杨廷宝学会了透视、阴影等绘画技巧。杨廷宝还跟他学画建筑装饰画和水彩画。

教授水彩画的是位大师级的画家，名叫瓦尔特•道森（Ceorge Walter Dawson）。道森先生的水彩画在当时的美国颇负盛名，大英百科全书上有他的名字。道森先生曾游历过许多国家，到过很多地方，特别是在西班牙、意大利等地，创作了很多作品，其中尤以花卉最为有名，也最为人称道。他重视渲染之法，认为建筑师的画应当写实而且准确。道森先生为人和善，对中国留学生也十分友好。1979年4月26日，张镈先生曾回忆说："瓦尔特•道森训练他们时，用红、黄、蓝三色分别画出不同色质的红、黄、蓝的变化。这样分析色泽，可以对客观事物有准确的把握。"[8]

在水彩画的创作上，道森先生对杨廷宝的影响很大。不过遗憾的是，因为道森先生觉得杨廷宝当时的水彩画基础已非常扎实，远远超出过去他教授的那些优秀毕业生的水平，因此色彩学这门基础课就让他免修。尽管道森先生是一番好意，但杨廷宝对此一直后悔不迭。1936年，杨廷宝在与张镈闲谈时特别提及此事，深有感慨地说："缺了这课就不能较准确地抓住色彩学中的微妙变化。"[9]

在绘画方面，杨廷宝还学习了其他画家，诸如卢梭•弗林特（Russell Flint）、约翰•辛格•萨金特（John Singer Sargent）和伯渠•伯德特•朗（Birch Burdette Long）的技巧与画风，最终形成了自己用色明快简洁、色彩鲜亮的水彩画风格。

在建筑设计专业方面，对杨廷宝影响最大的是美籍法人保尔•克芮（Paul Cret）。克芮是当时美国建筑界的大师级人物，也是美国古典主义建筑学派的代表人物，故有人称他为美国现代"复古主义"建筑流派的鼻祖。作为杨廷宝在建筑专业上的指导老师，他影响着杨廷宝一生的建筑设计理念与建筑设计风格。在宾夕法尼亚大学，能遇到这位学术造诣高深、教学认真的老师，是杨廷宝一生最大的幸运。

1924年，杨廷宝与其导师克芮一家在美国费城郊外旅游时的合影

克芮先生原是法国人，早年曾就读于法国里昂美术学院和巴黎美术学院，获得过“法国国家建筑师”的称号。后应邀到美国宾夕法尼亚大学任教，并在费城开了一家建筑事务所。第一次世界大战爆发后，克芮基于对祖国法兰西的热爱，毅然回到法国，应征入伍参加战争，但不幸的是，他的耳朵在战争中被震坏，成了聋子。

“建筑老师在建筑设计课上给学生的熏陶是十分重要的。教师的启蒙，热忱的指导，教学的环境，以及社会上的建筑实践与建筑思潮对培养一名建筑师和建筑人才都至关紧要。”这是杨廷宝在1980年接受弟子齐康采访时说的。而博学多才的克芮先生，就是杨廷宝在建筑学上的启蒙老师。杨廷宝说：“这位老师人品很好，为人淳厚、纯朴……业务确是出类拔萃的。他的建筑设计、建筑绘画深深地影响了我，是一位值得尊敬的老师。他有点脾气，即使被他骂过的学生也尊重他，当然美国建筑界也是尊重他的。他的铅笔画、水彩画都有相当的造诣。”[10]

克芮先生是个理论、实践都过得硬的建筑学家，他能快速流畅地勾画出结构简洁、异常漂亮的各种建筑的透视图，所著的《建筑构图》一书颇受好评；在建筑设计上他的才华同样非凡和出色，他所设计的建筑作品很多，具有独特的建筑设计风格，诸如泛美联盟大楼、联邦储备局大楼、底特律艺术学院等，这些作品至今仍是美国现代建筑中的经典。《美国建筑大百科全书》一书对克芮评价说：“克芮是一位极有才华的折中主义建筑师，他以伟大的建筑风格为依据设计出优秀的作品……全部思想源于巴黎美院的传统。他按学院派的方法传授学院派设计，并用同样的方法进行创作。他不是一位革新者，全部事业并不入后来现代建筑之流，但他设计了许多不同风格的作品，至今不失佳誉，他传授给学生建筑知识和设计好的建筑敏感。”[11]

杨廷宝说：“我的老师对于每一个细部也不肯轻易放过，必须是在足尺大样上再三推敲，然后才定下来。做铁门大样时，就把铁门专家请到事务所，共同讨论修改方案。设计一座普通铺面，也要用颜色钢笔画成渲染图，以便考虑建成之后的艺术效果。”[12]

事实上，杨廷宝后来所做的与老师一样，他将克芮在宾大建筑系的教学体系带回了祖国，纵观杨廷宝后来在中央大学建筑系任教，再到他执掌南京大学建筑系、南京工学院建筑系，在长达四十余年的教学生涯中，他采用的正是老师克芮的教学体系，为中国培养了众多优秀的建筑人才。从这一点来说，克芮对杨廷宝

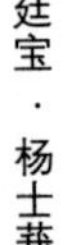

的影响巨大。同时与克芮先生一样，杨廷宝既是一个成功的建筑学家，也是一个优秀的建筑教育家。

在导师克芮先生的指导下，杨廷宝细致全面地学习了西方不同历史时期的古典建筑，从古希腊、古罗马、拜占庭、哥特到文艺复兴……完整地接受了学院派的艺术熏陶，这些在他后来的建筑作品中都得到较好的反映。克芮先生没有孩子，他所有的生活都围着建筑转，上午到事务所工作，下午到学校指导学生改图。他特别喜欢这个学习认真的中国留学生，对他的设计作业也讲评得最为认真。他欣赏杨廷宝勤奋主动的好学精神，看中杨廷宝的才华与潜能，后来杨廷宝是唯一进入他的研究生班的中国学生。他还时常将杨廷宝带在身边，让杨为同学们修改渲染图。

杨廷宝在美国宾夕法尼亚大学毕业时的留影

1924年秋季的一天，宾夕法尼亚大学这一年的毕业典礼如期举行。在隆重的毕业典礼上，伴随着一阵热烈的掌声，德高望重的保尔·克芮先生，将一顶黑色的硕士帽郑重地戴到杨廷宝的头上，他伏在杨廷宝的耳边，轻声地对自己的得意门生说："到我的建筑事务所工作吧？！"

杨廷宝激动得一时不知该说什么才好。他深知，克芮先生的建筑事务所在当时的美国乃至欧洲都享有盛誉，到他那里工作是很多学建筑的学子梦寐以求的，而克芮先生能在数百个毕业生中选中自己，足见这位建筑大师对自己的欣赏和器重，杨廷宝情不自禁地点了点头……

一毕业，杨廷宝就直接到恩师保尔·克芮先生的建筑事务所上班了。陈植先生晚年回忆说："杨老在宾校建筑系三年，先后得学士、硕士学位，后几年师从建筑大师及系主任克芮。他的全力以赴、持之以恒的精神，反复思考、多方推敲的作风，细腻精致的手法，谦虚谨慎的品格倍受克芮的欣赏，使他成为当时唯一的中国学生选入克芮的教学班。平日沉默寡言的克芮在杨老的图桌旁常常待较长时间，边讲话、边改图。……克芮邀他到自己的事务所工作不是偶然的。"[13]

在克芮先生的建筑事务所工作期间，杨廷宝又得到了恩师的进一步指导。后来，杨廷宝在《学生时代》一文中真切地回忆说：

我先是在那儿设计一座铺面，是改造面样的装饰工程，之后参加了Detroit Meuseum的详图工作。这座建筑在当时是出名的。建筑前面有三个圆，有内庭院……这座Spanish Style工程的铁花格门的详图是我亲自到加工厂Samuel Yallon（当时是欧洲人移民开的工场）看着师傅们做才清楚。使我懂得了，施工详图的工作必须和有实践经验的工人共同研究来付诸实现。记得Paul Gret曾对我说："建筑材料用在什么地方，你就要熟悉那材料的性能，放在你最合理而又合适的地方。"……纪念美国建国150周年的展览馆，该建筑于1925年建造，我也曾参加了一些施工图的工作。克芮那时也试验设计一些新建筑，他也跳不出那个时代的潮流和建筑思想。总之，我认为一位建筑师要经历一段施工图的实际训练。这对他的实际创作十分有益，那项工程Larson也参加的，他也是克芮的得意门生。[14]

杨廷宝所说的Larson，就是他宾大同学Louis Kahn，也是他要好的一位异国朋友，汉文名叫路易•康。路易•康是宾大建筑系学生中学习成绩最出色的一个，他出生于贫寒之家，读书时常到校外打零工以弥补生活费用不足，还曾为生活费而到夜总会去弹奏钢琴，为电影配奏琴曲等。毕业时，也被克芮先生招到事务所

杨廷宝（第三排右三）在宾大留学时与路易·康（第三排右五）等同班同学合影

工作。在克芮事务所共事期间，路易•康与杨廷宝合作设计过不少作品，有的建筑作品还获得设计奖项并在报上登载。后来，路易•康在美国开了一家大型建筑事务所，他本人成为美国建筑界声望很高的现代主义大师，十余年后杨廷宝随中国科学考察团赴美考察期间，与这位异国好友有过重聚。

在克芮建筑事务所工作期间，杨廷宝还结识了另一位异国朋友——J.F.哈伯森（John Frederick Harbeson），是事务所的专业设计师，后来与杨廷宝成为亲密同事。若干年后，J.F.哈伯森编写出版了一本《建筑设计研究》（*The Study of Architecture Design*）的教材，成为20世纪20年代美国最流行的鲍扎教学指导性建筑设计的参考用书，书中收录有杨廷宝在克芮建筑事务所工作期间的两件作品。

杨廷宝在克芮事务所工作期间，勤勤恳恳，踏踏实实，从最基本的绘图员干起，熟练后再做初步设计，很快克芮先生就让他独立完成较复杂的设计工作。杨廷宝成了老师的得力助手之一，拿到丰厚的薪水，设计了不少优秀的作品。在此期间他参加了老师所设计的闻名一时的俄亥俄州克利夫兰城博物馆。此外，他参与设计的建筑作品有：底特律美术学院、富兰克林大桥桥头堡、罗丹艺术馆展览大厅、亨利大桥、港务局办公楼等，这些建筑的设计和施工都非常精细，无论是比例、尺度、功能，还是细部和材料的选择，都经过了反复推敲，精心琢磨，至今仍是所在城市的著名建筑物，保存完整，吸引着游客。[15]

杨廷宝在与老师、学长们一起承接业务，共同探讨设计中的疑难问题的过程中，积累了不少实践经验，取得了长足的进步，在费城建筑业内的名气逐渐响亮起来。费城的不少建筑事务所开始关注这个中国小伙子，认为杨廷宝是中国最年轻、最有前途的建筑设计师，希望杨廷宝能加入到他们的团队中，有的许以重金，有的许以前程。但是，在这繁花似锦的人生道路上，杨廷宝的心却不能安定下来。终于有一天，杨廷宝向恩师保尔•克芮先生提出了准备回国的想法。

保尔•克芮先生乍一听说，觉得颇为奇怪，问他："在这里不是很好吗？跟我在一起不好吗？"

杨廷宝回答说："先生，能跟您学习是我一生中最幸运的事。美国好，老师好，同事们也好，可我是个中国人，我的国家需要我，我每天夜里都仿佛能听到父母的呼唤，听到祖国的呼唤。"

从杨廷宝凝重的眼神里，克芮先生读懂了这位异国弟子的决心，这眼神这心情应该跟他几十年前急切地回到法国奔赴战场是一样的。克芮先生拍了拍杨廷宝的肩膀，对他说："好孩子，我理解你。你已经26岁了，家中还有美丽的陈女士在等着你，你不能陪伴着我这个老头子一辈子。回去吧，我祝你成功！"

其实，杨廷宝又何尝不想在恩师身边多待些时日啊，好将恩师的全副本领都学到手！但每当他一想到自己的祖国，或者一提到回国，马上就会想起自己曾对奶奶、对继母所承诺的泥瓦匠的梦想，想起离开祖国时黄浦江边竖立的那些外国人建造的高楼大厦，想起父亲与老师们"科学救国"的教诲，以及耐心地等待着他的未婚妻陈法青……一刻也不能等了，他要尽快回到自己眷恋的祖国，用自己的实力与外国建筑师进行一番较量，在外国建筑师统治中国建筑设计业的土地上杀出一条路来，设计出更多更美的建筑杰作，为中国人争光！

4. 圣迹之旅

1926年秋季，杨廷宝离开美丽的费城，告别恩师保尔•克芮先生和亲爱的同学们，踏上了被他称为"圣迹之旅"的归国航轮。

离开美国前，杨廷宝特地去探望了在清华读书时的美术老师斯达尔女士。此时，斯达尔已归国数年，因无工作而住在俄亥俄州的哥哥家中。

再次见到斯达尔女士时，杨廷宝简直不敢相信自己的眼睛：老师的精神与当年大相径庭，皱纹也已提前挂上了她昔日漂亮的容颜，"正跪着擦地，人也衰老了"。对于弟子的到来，斯达尔女士高兴得不知说什么才好，她为这位异国弟子的出色成绩而感到宽慰。临别之时，杨廷宝特意拿出自己精心创作的一幅画送给老师作为纪念，但斯达尔女士执意不收，她真诚地对杨廷宝说："我留着不如让你带回国办展览用。"

后来，杨廷宝对恩师多有忆及，不无遗憾地说："从此，我再也没有见过她，她的形影常留在我的记忆中。"

在回国之前，杨廷宝将手中的余钱做了合理分配，计划用这些钱到欧洲进行一番顺路考察。他想，在宾大读书期间余下的竞赛奖金，加上在克芮建筑事务所工作积攒下来的薪水，应该足够欧洲之行的费用。于是，便与好友赵深、孙熙明夫妇结伴而行，决定用半年或更多的时间到欧洲的英、法、意等国观光旅游，考察沿途各国的城市建设和古典建筑。

赵深是江苏无锡人，字渊如，比杨廷宝大三岁，清宣统三年（1911年）考入

清华学校，1919年毕业，翌年赴美国宾夕法尼亚大学建筑系留学，1923年毕业获硕士学位。在美国期间，他曾参与芝加哥大学摩天教学大楼的设计工作。

当时，研究考察欧洲尤其是意大利的古典建筑艺术，是每个学建筑的学生毕业后的向往，这是一种人生经历，也是一种学习方式。

在欧洲考察期间，杨廷宝和赵深都画了大量的水彩画和素描画，这种实地考察对他们后来从事建筑工作大有裨益，在美国接受了宾大老师的西方古典主义美学思想，对于西方古典建筑有所了解后，能到西方古建筑发祥地进行实地考察，观看伦敦、巴黎、罗马、佛罗伦萨、威尼斯等历史名城的辉煌建筑，非常有意义，使他们对建筑史、建筑设计有了更深层的接触，对设计理念也有了更深的理解。

杨廷宝后来回忆这次欧洲观光考察时说："住在小旅馆里，定出每天的考察学习计划，凡是第二天要去看的，前一天晚上在旅馆里拿出弗莱彻的《比较世界建筑史》，找出有关章节，把要去看的建筑物的历史、社会背景、艺术特征，以及平面图、立面图、剖面图以至装饰细部反复阅读，一直到全部记得烂熟，然后第二天才去实地考察和对证。"[16] 这样，能把从课本上学的知识都消化掉，对古典建筑的认识也更深刻。

杨廷宝和赵深、孙熙明夫妇进入欧洲的第一站是英国的首都伦敦。

伦敦是一座历史悠久的古城，因常年多雾而有"雾都"之称。杨、赵、孙三人一踏进伦敦，便被这里的标志性建筑——泰晤士河北岸的伦敦塔和塔上的塔桥所倾倒。伦敦塔是由英王威廉一世为镇压当地民众反抗和保卫伦敦城而于1078年动工兴建的，前后历时20余年，堪称英国中世纪的经典城堡。13世纪，其外围又增建了13座塔楼，形成一圈环拱的卫城，使伦敦塔成了一座坚固的兵营城堡，又可看作是一座富丽堂皇的宫殿，里面还有天文台、监狱、教堂、刑场、动物园、小码头等附属建筑。整个建筑群落占地面积100余亩，高达27.45米的白塔稳居中心，连同四周的13座小塔，远远望去颇似停泊在河畔的一艘巨型战舰。

在伦敦期间，杨廷宝遍访当地的名胜古迹，上至富丽堂皇的白金汉王宫，中至举世闻名的牛津大学、剑桥大学等老牌大学，下至伦敦城外郊区的乡村，对英国不同风格的建筑流派进行了细心的观察和研究，特别是伦敦式风格的建筑，并画了不少速写和水彩画。他认为，建筑师画水彩要写实，而不是用写意的方法，建筑师不同于美术家，美术家在一幅画中可以将人物、屋宇环境在尺度上画得不完全一致，重在表达某种特别的意境，而建筑师作画则要求透视、轮廓、线条都准确到位。当然，有时为了达到建筑绘画上的某种“意境”，适当地夸大或缩小实际尺度也并非绝对不可，但大体上应与实际相差不远。杨廷宝在伦敦画的水彩速写画《英国牛津大学一角》，后被收录于《杨廷宝水彩画选》当中。这幅画表现的是牛津大学校园一个较为偏僻的角落，温和宜人的暖色调中分布着二三层建筑，背景是一座并不太高的小楼，周围则附着低低的围栏，使这所古老的大学显得生意盎然，美轮美奂。

杨廷宝和赵、孙夫妇进入欧洲的第二站是法国的首都巴黎。

巴黎素有“艺术之都”的美誉，艺术氛围极其浓郁，千百年来一直以其固有的时尚和深厚的文化底蕴成为一个多棱角的立体水晶。凡尔赛宫、巴黎圣母院、凯旋门、罗浮宫、巴黎公社社员墙、协和广场、巴士底广场等众多的名胜古迹，都是杨廷宝耳熟能详又欲一睹为快的建筑群落。其中，著名的凡尔赛宫，是法国最大、最美的一座皇家园林，始建于路易十四时期，屡经改建扩建，至18世纪形成现存规模。整个宫殿面积庞大，仅园林面积就达90%以上。杨廷宝在这里参观过后，在写生作画之余，也希望在日后的设计中能借鉴其宫殿园林建筑的某些理念。

凡尔赛宫是法国古典主义风格建筑的代表之作，其立面为标准的古典主义三段式结构，建筑呈左右对称的格局，造型整齐，雄伟庄严，被称作理性美的代表。这座宫殿的内部装潢则以巴洛克风格为主，少数厅堂则为洛可可风格。

在正宫的前面，建有一座风格独特的“法兰西式”的大花园，园内树木花草众多，布置别具一格，景色美不胜收。而建筑群周边的园林，世界闻名，与中国古典皇家园林风格截然不同，完全由人工雕琢，讲究对称和几何图形的变化。

凡尔赛宫内部建造的喷泉更富有特色，建有喷水池1400余个，由14个巨型水轮、200余个水泵组成一个庞大的机器，可以从塞纳河直接向喷水池里输水。

凡尔赛宫是法国封建历史时期的一座华丽的纪念碑，它的建筑外观和严格规则化的园林设计，体现了法国封建专制统治鼎盛时期文化上的古典主义思想。自它建成后的数百年间，欧洲几乎所有的皇家园林，都遵循了它的设计思想和建造理念。

杨廷宝徜徉于这座巨大的宫殿之内，画了一张又一张速写和水彩，他深深地为建筑师的缜密、繁复的设计所倾倒。据史料记载，为了建造这座巨大的建筑，共有三万余名工人和工程师、技师倾注自己的心血，除要解决建造大规模建筑群所产生的复杂技术问题以外，还要解决相应的引水、道路等一系列问题。凡尔赛宫的建造充分体现了当时法国的经济和科学技术水平，以及法国人民的智慧。

而最富艺术感染力的则是闻名全球的艺术宝库——卢浮宫。

卢浮宫位于塞纳河北岸，1204年菲利普•奥古斯特二世在此修建了一座城堡，主要存放王室的档案和珍品，称为卢浮宫。查理五世时期曾一度作为皇宫。经过800多年的扩建，达到了今天的规模，其整体建筑呈“U”字形，占地面积约24公顷。其外观给人以宏伟壮观之感，内部陈设及装潢富于艺术表现的魅力，富丽堂皇，豪华无匹。宫内500余间大殿小厅，处处金碧辉煌，美轮美奂，不但饰以精美的雕刻、巨幅油画和鲜美的挂毯，还配以造型超绝、工艺精湛的家具，置身其中，使人眼花缭乱。特别是大理石院和镜厅尤为突出，金属配以各种色彩的大理石，显得分外灿烂夺目。不少楼梯栏杆、装饰配件上镀以金质，天花板有半圆拱、半球形穹顶，还有平的，顶上除了绘画还有浮雕。在这座庞大的建筑群落里，230多个展厅中陈列着来自世界各国的雕刻、油画、奇珍异宝等艺术品和文物，数量达40万件之巨，是世界上最大也是最著名的艺术宝库，被称为“万宝之宫”，其中所藏的米洛斯岛的维纳斯雕像、展翅欲飞的胜利女神雕像和达•芬奇的《蒙娜丽莎》油画最为知名，被誉为“宫中三宝”。

在巴黎期间，杨廷宝还与赵深、孙熙明一起观赏了闻名全球的巴黎圣母院。

巴黎圣母院位于塞纳河畔的中西岱岛，始建于1163年，前后历时182年。这座近两个世纪才完竣的不朽建筑，是法国历史上第一座哥特式建筑，以其尖塔高耸、尖形拱门、大窗户及绘有圣经故事的花窗玻璃这一典型的哥特式风格，成为欧洲建筑史上划时代的一座里程碑。它的另一特点是它的建造全部采用石材，是一座石头城，因而被誉为一首由巨大的石头组成的交响乐。

杨廷宝的水彩画——《法国巴黎圣母院大教堂》

站在圣母院的前面，杨廷宝充分领略

了这座宏伟建筑的崇高与伟大。当他登上高达106米的塔顶时，放眼四望，整个巴黎宛在脚下，美丽的风景尽收眼底，一览无余，倍觉心旷神怡。这座塔的顶部还安放着一个重达13吨的巨钟，当此钟撞响，声震四方，响彻云霄。杨廷宝不禁想起法国浪漫主义文学大师雨果的不朽名著——《巴黎圣母院》。

“伟大的建筑，就像高山一样，是几个世纪的产物。”回味大文豪雨果在《巴黎圣母院》中的话语，杨廷宝的心灵感受到了无比的力量与震撼。

巴黎圣母院是中世纪的最伟大建筑杰作，也是世界建筑史上划时代的经典佳构，以庄严、崇高、神秘、壮丽而荣耀于世，是人类历史上最辉煌的文化瑰宝之一。这座伟大的建筑，承载了太多的历史往事，自它开始建筑起就成为法国历史的一个缩影。

杨廷宝背着画具，准备将这幢不朽的建筑画下来。他下了高塔，久久地伫立于这幢经典建筑的面前，充分领略它的气派与宏伟，挥起画笔……

杨廷宝和赵、孙夫妇进入欧洲的第三站是意大利。

素有上帝和天使的“永恒之城”之称的罗马，始建于公元前753年，坐落于台伯河之间的七座山冈中，是一座历史悠久、雄伟辉煌的都城，也是欧洲近代科学艺术的发源地。几经毁灭又几度复兴，罗马古城遗留下了极其丰厚的古建筑文化遗产。漫步于古城的大街小巷，宫殿、教堂、博物馆和雕像五光十色、鳞次栉比，令人目不暇接，古老的建筑和现代化的建筑交相辉映，充分展示着这座城市的昨天与今天，被人们称为全球最大的“露天历史博物馆”。

罗马圆形竞技场，是罗马时代最伟大的建筑之一，也是保存最好的一座圆形竞技场，名列世界八大名胜之一，是罗马城的象征，古谚有“何时有罗马圆形竞技场，何时就有罗马”之说。这座建筑的外观像一座庞大的碉堡，占地面积多达20 000平方米，围墙周长527米，直径188米，墙高57米，场内可容纳5万多名观众。像罗马城内所有的建筑一样，它的基本结构是拱券结构，一系列的拱、券和恰当安排的椭圆形建筑构件，使得整座建筑极其坚固，堪称世界建筑的楷模和奇迹。在这里，杨廷宝画下了《罗马斗兽场》等画。不少画家都以斗兽场为题材画过这方面的画。杨廷宝所画的角度，与瓦西里•瑟瑞科夫1884年所画水彩画《大斗兽场》的角度大致相同，但两幅画的气质却完不同。瑟瑞科夫追求的是对石质冷峻色彩的表现；而杨廷宝所画的斗兽场，却充满了温煦的阳光，不仅构图开敞，建筑上部的轮廓线、残破的裂缝、散露的透窗分外突出，建筑旋转体量随着光的

杨廷宝的水彩画——《威尼斯大运河》

阴影和色的冷暖变化而一气呵成，建筑下部则通过简略的一抹阴影和几笔拱券，予以隐约地表现。在这幅画中，杨廷宝以一个专业建筑设计师的立场，将自己对绘画、建筑的理解，通过形、色、主、次、前、后、光、质、笔、水等技术，以轻快的手法充分地表现出来。[17]

离开罗马城以后，杨廷宝来到素有“水城”之称的威尼斯。威尼斯位于意大利东北，临亚得里亚海，是一座旖旎美丽的水城。全城共有118个小岛，并以177条水道和400余座各式各样的桥连在一起，从而成为闻名世界的“水上城市”。杨廷宝在这里画了《威尼斯小河》《威尼斯小桥》《威尼斯大运河》《圣马克大教堂》《威尼斯公爵宫》《卡列吉宫》等一系列的水彩和速写，并一反以前他所偏爱的宁静的冷色基调，用温和的暖色基调来表现这里的斑斓和光彩，借以表现威尼斯的热闹与繁华，使这座古城在温和的阳光下显得生机无限。他在画《卡列吉宫》时，天上下着小雨，雨水渗进了潮湿的纸张，显现出了路上的倒影。在《罗马圣彼得大教堂广场喷泉》这幅画中，教堂远处紫灰色的穹窿顶衬托着大喷泉，喷泉泵出高高的水柱，再自由落体般地洒下，泼入池中，似乎能听到沙沙的水珠声响，细细的水汽湿润了皮肤。[18] 杨廷宝在创作这些画时，所用的纸也是他在美国时所喜欢使用的沃特曼牌的，颜料则是温赛•牛顿厂出品的小方瓷固态颜料，透明中含有阴影色的沉淀，非常耐看。几十年后，1980年中国建筑工业出版社的杨永生先生，对杨廷宝的画作进行筛选，出版了《杨廷宝水彩画选》，此次旅欧所作的画作就选录了16幅，占其中画作的近1/3。

杨廷宝水彩画——《罗马圣彼得大教堂广场喷泉》

读万卷书，走万里路，画万幅画，这是杨廷宝的学习方式。包括在欧洲的写生画、水彩画，杨廷宝在学习期间，一共画了二三百幅画，这些画后来得到了建筑界、美术界的高度评价。他回国后，一位美国画家特地找到他，想为他在北京东城区的一家俱乐部举办水彩画展。起初，杨廷宝不愿意，这位美国画家极力怂恿："若论中国画，北京的名家的确不少。但水彩画是西方的画法，造诣深的人并不多见。再说，你的老师斯达尔女士不是早就期待着你举办一个画展吗？"最终美国画家以他的真诚感动了杨廷宝，画展如期举行，并获巨大成功，参观者络绎不绝，好评如潮。

正当远在欧洲的杨廷宝沐浴于古老的欧洲文明之中，饱览各式各样美丽的欧洲建筑时，他的父亲杨鹤汀也不甘寂寞地在老家又办了一件大事——创建南阳女子中学。为打破"男尊女卑"的局面，让青年女子也享有读书权利，杨鹤汀在南阳籍考古学家、古文字学家和考古学家董作宾先生的建议下，创办了该学校。

董作宾，字彦堂，号平庐，1895年生于南阳府城长春街（现解放路）一个商人之家，1915年在当地名绅张嘉谋（即张中孚）的帮助下考取南阳县办师范讲习所（南阳师范学院的前身），毕业后又随张先生前往省城开封并入育才馆。1921年冬赴北京求学，其间得与河南唐河籍的北大教授徐旭生结识，经徐先生介绍到北大旁听语言学、历史等课，翌年北京大学研究所国学门成立，董作宾考入该院的研究生，专攻语言学、考古学和人种学及历史学。毕业后，相继在福州的协和大学和河南的中州大学任教。1926年，他因母亲生病回乡服侍，其间与杨鹤汀多次晤面。为了南阳教育的发展，董先生觉得应在南阳创办一所女子中学，建议由声望卓著的杨鹤汀出面承办并任校长。为发展桑梓的教育事业，鹤汀毫不犹豫地应承下来，借张嘉谋的家宅作为校址，将南阳女中像模像样地开办起来。之后，南阳女中相继迁到任德甫的家宅，最后迁到城东的老盐店。

南阳女中是豫西南地区历史上第一所女子中学。初创之时，困难多多，不但资金房舍难以筹措，社会舆论压力更需要有胆量去排除。开办时借当地乡绅之宅作校舍，乡绅们迫于社会压力又收回，几次三番。因当时风气尚未开放，女子上学为社会所不容，开学时仅招了18名女生，还都是几个热心办教育的人带头让自己的女儿入学的，或者说服亲友们将女儿送入学校的。杨鹤汀让自己的三个女儿廷宜、廷宁、廷寓先后入学，以做榜样，树立新风。后来几位女儿都受到了高等教育。女中开办后，新野县有位姑娘，因反对父母包办的婚姻，一直留在学校不肯回家，后来还住进了杨家，便有人讥讽杨鹤汀："杨先生哪都好，就是让姑娘们不出嫁，只是上学，这就不好。"甚至连杨鹤汀的族人中也有人说："可不能叫孩子们进那兔子笼。"[19]

但杨鹤汀不为所动，为了办好女中，他通过多种渠道做学生家长工作，并将自己的家具抬到学校以供使用，还亲赴上海购置图书和仪器，从外地聘请优秀教师到校任教。1929年，南阳大旱，街上到处是饿得抢东西的，但南阳女中全体教工忍饥从教。为创办女校，杨鹤汀备尝辛苦，历尽艰难，他在南阳女中创办十周年之际，赋有《南阳女中十周纪念赋七绝十首》组诗对于这一艰难办学的经历做了记录，其中两首如下：

万事莫如创始难，校无寸土舍无椽；
借得百忍堂前地，登向瀛洲争后先。

三迁校舍如萍生，喜得新基待斩荆；
陋室如斯且莫笑，从来白屋出公卿。[20]

注释：

[1][3].《我为什么学建筑》，杨廷宝著，载《杨廷宝谈建筑》，103页，齐康记述，中国建筑工业出版社，1991年。

[2].《杨廷宝谈建筑·代序》，陈植著，载《杨廷宝谈建筑》，齐康记述，中国建筑工

业出版社，1991 年。

[4].《中国当代杰出的建筑师、建筑教育家——杨廷宝》，15 页，刘怡、黎志涛著，中国建筑工业出版社，2006 年。

[5].《建筑五宗师》，156 页，杨永生、林洙、刘叙杰著，百花文艺出版社，2005 年。

[6].《陈植谈话录》，齐康、杨永生记述，载《建筑师》第 72 期。

[7].《西方学院派建筑教育史研究》，单踊著，见《中国当代杰出的建筑师、建筑教育家——杨廷宝》，10 页，刘怡、黎志涛著，中国建筑工业出版社，2006 年。

[8].《张镈谈话录》，齐康、杨永生记述，载《建筑师》第 72 期。

[9].《怀念授业恩师杨廷宝》，张镈著，载《杨廷宝先生诞辰一百周年纪念文集》，37 页，中国建筑工业出版社，2001 年。

[10].《学生时代》，杨廷宝著，载《杨廷宝谈建筑》，97-98 页，齐康记述，中国建筑工业出版社，1991 年。

[11].《杨廷宝与路易·康》，赖德霖著，载《比较与差距》，261 页， 潘祖尧、杨永生主编，天津科学技术出版社，1997 年。

[12].《回忆我对建筑的认识》，杨廷宝著，载《杨廷宝建筑论述和作品集》，163 页，中国建筑工业出版社，1997 年。

[13].《陈植谈话录》，齐康、杨永生记述，载《建筑师》第 72 期。

[14].《学生时代》，杨廷宝著，载《杨廷宝谈建筑》，98 - 99 页，齐康记述，中国建筑工业出版社 ,1991 年。

[15].《杨廷宝的足迹——杨廷宝早期在美参加设计的几项工程》，杨士萱记述，载《世界建筑》1987 年第 2 期。

[16].《回忆杨廷宝二三事》，汪季琦著，载《杨廷宝先生诞辰一百周年纪念文集》，41 页，中国建筑工业出版社，2001 年。

[17][18].《读杨老的水彩画》，方晓珊著，载《杨廷宝先生诞辰一百周年纪念文集》，91 页，中国建筑工业出版社，2001 年。

[19].《八十忆往》，93 页，杨廷寅著，未刊稿。

[20].《八十忆往》，6 页，杨廷寅著，未刊稿。

第四章　扬名华夏

1. 新婚燕尔

1927年春，杨廷宝终于回到了阔别整整六年的祖国。

在上海的吴淞港下了轮船，杨廷宝改乘小火轮迤逦北上天津。一路上，他心潮起伏，盼望着能早日与家中的亲人见面，想到了美丽大方、聪慧善良的未婚妻陈法青，想到了阔别多年的母校……思绪就像断了线的风筝一样四处飘荡。

小火轮刚在大沽口港口靠岸，杨廷宝就看到了未婚妻陈法青和表姐郝超薰，一大早她们就来到码头等在这儿。

朝思暮想的亲人终于团聚，大家都很兴奋，连性格一向稳健沉静的杨廷宝也很激动，与陈法青分别六年后重见，他充满了甜蜜的幸福之感。当天下午，杨廷宝就随着陈法青、郝超薰等人，乘火车到了北京。

到北京稍歇，杨廷宝便由表姐郝超薰陪同，赶到陈法青的家中。按照父亲杨鹤汀的叮嘱，他此行要与岳父商定与法青结婚的具体日期。随后，杨廷宝在北京停留了两周，与未婚妻陈法青一起准备婚礼事宜。

婚前一天，杨廷宝与陈法青一起逛了一趟北平的琉璃厂。恰逢年会，街上热闹非凡，卖吃的，卖玩的，卖用的，耍杂技的，唱莲花落的，卖狗皮膏药的，应有尽有，热闹非凡，令人眼花缭乱，目不暇接。看到这样的情形，杨廷宝非常兴奋，深有感触地对陈法青说："这才是中国的风土人情。"

是啊，出国这么多年，在美国和欧洲看到的尽是异国之人、异国之景，魂牵梦绕的家乡此时真实地展现在眼前，杨廷宝能不兴奋吗？

离开琉璃厂，杨廷宝与陈法青一边说，一边聊，两人将这些年的生活、学习和思念等一一做了交流。不知不觉，就走到了中山公园。

“这里一点都没变，我在清华读书的时候曾和美术社的同学一起来这里写生。你瞧，就在那儿！”杨廷宝指着水边的一棵水曲柳说。

“是吗？这么巧！我和同学们在北平艺专时也曾来这里写生。不过后来写生比较少了，选修建筑后，倒是画了些投影和设计画。”

“有空你把这些投影和设计画给我看看。”杨廷宝饶有兴趣地说。

“给你这个留过洋的大建筑师看，我有些拿不出手。”陈法青的羞涩中还有些不大自信。

见陈法青如此，杨廷宝笑着说：“那我就不看了，等你愿意给我看了，那我再看。”

“开玩笑的，不如现在就去艺专，我拿给你看。”陈法青马上又显出落落大方的性格。

杨廷宝与陈法青当即决定到北平艺专去，看看陈法青学习的地方。杨廷宝的好友闻一多于1925年提前从美国回国，之后便在国立艺专担任美术教师，惜于1926年7月因时局变化、人事纠纷等，离开了艺专。当天晚上，杨廷宝和陈法青还一起参加了北平艺专举办的游艺晚会。这是杨廷宝和陈法青婚前最快乐的一天。

1927年4月12日，对杨廷宝和陈法青这对恋人来说，是他们终生难忘的日子。这天，他们在北京举行了简单的婚礼，在北京的双方亲友都出席了。其实，杨廷宝原与岳父陈铭鉴先生商量婚事时，曾建议不举行结婚仪式的，他认为结婚是两人之间的相亲相爱，仪式只不过是一种形式而已，有无并不重要。孰料，陈法青坚决不同意，她觉得自古以来，结婚都是要有婚礼的，如果没有婚礼这种外在的形式，名不正言不顺，婚后出门见人也没脸面。而且这些年来，由于生母去世和父亲再娶，她在家中不再像生母在世时那样备受宠爱，父亲也不再像以前那样全力以赴地支持她的学业，家庭关系相对紧张，她个人经济一度陷

1927年春杨廷宝与陈法青结婚时的留影

入困境，因此没能和杨廷宝一道出国读书，她只得一边读书，一边当家庭教师，在自食其力的生活中吃了不少苦。她希望能通过一场较为体面的婚礼，让自己身心有个全新的开始。当然，这只是陈法青自己的想法，她并未全盘托出，只是坚持要按传统的中国方式举行婚礼。杨廷宝善解人意，体贴未婚妻，他觉得自己已欠了未婚妻六年的“债”，必须要对陈法青一生的幸福负责，不能让她以后留有遗憾，因此他尊重未婚妻的意见。

婚后，在北京宣武门内的百户庙，陈法青由表姐郝超薰陪着找好了几间房子，之后又按杨廷宝的意见买了些简单的家具，便和杨廷宝在这里暂时安居下来。国外的留学生活，使杨廷宝形成了自己的理财方式，做任何事都要精打细算，克勤克俭，保证收支相抵，决不向他人告贷。此时，他在家庭的布置上尽量力求简朴，不过多置备物件，并将自己总结的开支办法教给妻子。此后，无论他们在哪里安家，家里都布置得很简单，够用就行；在生活中，陈法青也尽量照丈夫的办法，勤俭持家，计划用度，将每一分开支都详细入账。杨廷宝本来就是节俭之人，平时又没有其他特别的嗜好，也不喜欢交际，每月将自己发下的薪水都交给妻子，以维持家庭开支，他只拿一点零用钱，到了月底时常还有节余。

杨廷宝、陈法青两人在北京共同度过了12天的甜蜜时光。基泰建筑事务所（正式名称叫“基泰建筑工程司”，为方便读者理解称“基泰建筑事务所”，也简称“基泰事务所”）的老板关颂声先生就急如星火般地邀杨廷宝前往天津就职报到。就这样，杨廷宝离开了亲爱的新婚之妻，从北京赶往天津的基泰建筑事务所，从此开始他在中国的建筑设计生涯。

2. 初出茅庐

清末民初之际，中国的建筑业几乎全部掌握在帝国主义列强手中，大量的建筑设计业务被外国人所垄断。他们在中国开办了很多的洋行，诸如通和洋行、玛礼逊洋行、马海洋行、新瑞和洋行、倍高洋行等，这些建筑事务所经济实力雄厚，运作方式灵活，当时中国工商界的资本家非常崇洋，所以中国建筑事务所在开展业务方面的机会很少，困难也很大。对于当时中国建筑业的实情，张开济先生在《杨廷宝谈建筑•代序》中就说：“上海的建筑设计大权都是掌握在洋人手里。和平饭店、锦江饭店、上海大厦都是英国建筑师设计的。在北京，民国初年改建的‘大前门’和当时中南海勤政殿的扩建工程都是法国建筑师设计的。因此，可以说，中国一度是外国建筑师的天下。”[1]

随着第一批学习建筑的留学生陆续回国，外国人垄断中国现代建筑的局面才逐渐被打破。中国建筑师中，最早的一位执业建筑师是庄俊，而最早崛起的代表人物则是毕业于美国康奈尔大学的吕彦直，他曾担任美国建筑师墨菲的助手，设计过燕京大学和金陵大学，他于1925年设计的南京中山陵和1927年设计的广州中山纪念堂，至今仍可视作划时代的杰作，可惜他不幸在1929年因患癌症而早逝。其后，一批去欧美学习建筑学并有所成就的中国建筑师如贝季眉、沈理源、关颂声、罗邦杰、范文照、朱彬等，还有一批留学日本就读于东京高等工业学校建筑科的如杨世煊、万保元等，接下来就是杨廷宝这批20年代留学归国的青年建筑师，如李锦沛、陈植、梁思成、林徽因、李惠伯、林克明、陆谦受等，构成了早期的建筑师队伍。在20世纪20年代，他们出色地设计了一批公共建筑和民用建筑，使中国近代建筑开始了一个新的起点，开创了中国近代建筑设计事业和建筑活动的新时代。他们成立了十多家中国建筑师事务所，比较有名气的有基泰事务所、庄俊事务所、董大酉事务所、范文照事务所、华盖事务所（赵深、陈植、童寯合伙）。他们在建筑实践上进行了开拓性的探索，逐步成长为第一代中国建筑师，他们是中国当代建筑师的开路人。

自从杨廷宝归国加盟基泰事务所以后，基泰事务所开始兴盛起来。当时，该事务所有四位主力成员，分别是：大老板关颂声，关颂声的妹夫朱彬，主设计师杨廷宝，结构工程师杨宽麟。杨廷宝与关颂声、朱彬合称为基泰的“三驾马车”，四人并称为“基泰四将”。

天津基泰建筑事务所的大老板关颂声，惯于交际，长袖善舞，手下设计师力量雄厚，信誉良好，并且与张学良、宋子文兄妹等保持着良好的人际关系，因此获得了较多的业务，打开了全国的市场，基泰事务所迅速成长为全国建筑业的领头羊，在沈阳、北平、天津、南京等几个大城市都有工程项目，对几座城市的城市建设产生了不小的影响。此外，基泰事务所还为中国现代建筑业培养了一大批建筑人才，如后来民族文化宫的设计者张镈等人。

关颂声字校声，祖籍广东番禺，清光绪十八年（1892年）生于天津，早年曾就读上海的圣约翰大学，1914年赴美国麻省理工学院留学。在美国读书期间，他与宋子文是同学，其第一任夫人又与宋美龄在美国卫斯理女子学院同学，交往甚密，其间加入了美国大学的F.F社、“规矩会”等“高等华人”集团，因此社会

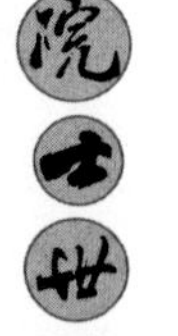

关系极广。1917年，关颂声获麻省理工学院建筑学士学位后，进入哈佛大学进修现代市政管理。1919年，关颂声回国被任命为天津警察厅顾问和北宁路常年建筑工程师，同时助理监造北平协和医院。1920年，关颂声在天津创办基泰建筑事务所，1928年参加全国大学生工学院分系科目表的起草和审查工作，也是中国营造学社的主力会员。基泰建筑事务所，业务遍及全国各大城市，成绩在全国有目共睹，因此成为民国时期中国影响最大的一家建筑事务所。1949年，关颂声随国民党政府移居台湾，在台湾继续开办建筑设计业务，一度曾担任台湾建筑师公会理事长。[2]

关颂声的妹夫朱彬，是杨廷宝在美国宾夕法尼亚大学建筑系的学长。朱彬素知小自己几岁的学弟杨廷宝是个建筑奇才，是宾大建筑系主任赖尔德和设计导师保罗•克芮共同认可的最优秀学生，回国后自然会受到国内建筑界的关注和期待，因此向关颂声极力推荐。而关颂声此时正大打招贤纳士之牌，在杨廷宝刚踏上回国之路，就力邀他前来就职，唯恐杨廷宝被别的建筑公司捷足先登抢走。

经过第一代建筑师的共同努力，当时，中国有了为数不多的十数家建筑事务所。为了团结起来，壮大实力，以中国留洋归国的建筑师为主体，1927年在上海成立了“上海建筑师协会”，翌年更名为“中国建筑师协会”，杨廷宝也成为其中一员。中国建筑师协会是中国历史上第一个专业的建筑研究机构，开创了中国第一代建筑师的创业之路，增加了中国建筑师之间的团结与协作，促进了中国现代建筑的学术研究和建筑事业的发展。该协会于1931年11月创办《中国建筑》杂志，赵深在《创刊词》中写道，中国建筑师协会的主要使命乃是以“融合东西建筑之特长，发扬吾国建筑物固有之色彩”。[3]

杨廷宝在这样的环境下接受了他的第一项设计任务——京奉铁路辽宁总站（今沈阳北站）。京奉铁路东北线是张作霖、张学良父子为发展民族铁路运输事业，打破日本人在东北铁路经营中的垄断地位，利用英、美贷款修建的一条联系关内、外的铁路。京奉铁路一端是北京前门附近的火车站，另一端就是沈阳的京奉铁路总站。1927年，张作霖通过招标方式建造沈阳车站，当时报名应招的建筑事务所除成立伊始的基泰事务所外，基本上都是外国的设计师和事务所。杨廷宝采用中轴对称式的布局，将位于中轴线上的主题部分设计成一个穹形顶，两侧建筑的檐部则设计了一些西方古典式样的装饰。设计图纸出来后，因造型纯朴简洁、舒展庄重，气魄雄伟大方，而且空间关系明朗，功能鲜明，体现出东西方文化的和谐交融，让张作霖一眼就相中了。26岁的杨廷宝，在初出茅庐时就击败了一大批来自欧美的知名设计师，一举夺得标权。

设计京奉铁路辽宁总站，是杨廷宝归国后从事建筑事业的光辉开端，并为他后来的事业发展奠定了坚实的基础。总站也是我国建筑师设计的第一座国内最大火车站。

最初，杨廷宝所设计的方案是设想建成欧洲现代建筑风格，但东三省交通委员会的负责人和基泰事务所的同仁们基于对火车站的认识，基本上都定型于前门火车站的外形样式。

前门火车站，始建于清光绪三十二年（1906年），是当时全国最大的交通枢纽站。前门火车站是一个尽端式的站房，门面采用仿欧样式，拼凑了很多建筑形式要素，在中央大筒形拱的两侧分别做了一个小筒形拱和一个带有穹顶的塔楼，使立面失去了平衡。坡屋顶、窗楣及各种装饰遍布建筑主体，其空间结构和建筑形式间缺少相互之间清晰的逻辑关系，但作为一个火车站的大空间建筑，得到大多数人的认同。基于此，杨廷宝无奈之下，不得不放弃最初的主张，并对方案进行了调整。

调整设计方案后的京奉铁路辽宁总站，于1927年开始施工，1930年竣工，历时近两年半时间。该建筑的中央大厅高达25米，跨度20米，筒拱长30余米，总面积达7000平方米，巧妙地保留了前门火车站的典型造型和空间要素——筒形拱，采用这个单一的形式主体，创造了总站的主要外部造型和内部大空间。传统的对称式格局和古典主义横三纵五的构图手法，成为突出中央筒形拱的有力法宝。筒形拱两侧的突出墙体在结构上形成支撑，在形式上突出筒形拱在视觉上的主导地

杨廷宝设计的沈阳北站

位。为了使结构和形式的逻辑性更为清晰，杨廷宝摒弃了坡屋顶，采用现代建筑的女儿墙平屋顶。建筑转角直截了当，仅在窗下做集中装饰。立面采用米黄色瓷砖与水泥抹面形成材质上的对比，这一点杨廷宝在后来多次用到，成为他初期建筑的典型设计手法。杨廷宝既保留了前门火车站中的主要形式，同时又克服了原来的不合理，赋予了新建筑以现代感，在进行建筑探索的同时，考虑到了建造水平和建造能力下的结构、空间和形式的完美结合，推动了沈阳民族主义建筑形式的步伐。建成后的奉天总站融中西建筑特色于一体，成为沈阳城市建筑史上具有坐标性的宏伟建筑，超过了由日本人控制的奉天驿（沈阳站），成为当时中国最大的铁路客运站。[4]

3. 崭露头角

根据基泰事务所的业务范围，杨廷宝初期的作品主要集中在东北，特别是东北的重镇沈阳市。从1927年到1930年这几年间，他从一个初出茅庐的建筑学专业毕业生，逐步了解中国社会和建筑行业，通过一次次的建筑设计实践，迅速转变成为一个适应中国社会的成熟建筑师。

沈阳地处关外，努尔哈赤在明末建立后金政权后，于1625年定都于此。进入20世纪，沈阳（当时叫奉天）成为东北的政治、军事、交通和文化中心。1905年日俄战争结束后，日本军国主义通过一系列的不平等条约，相继在东清铁路沿线建立满洲铁路附属地，实行自管和自治，带入了日本的建筑师和施工队伍，使沈阳老城受到现代化的城市模式和格局的冲击，对沈阳本土政府和居民冲击很大。此后，日本人和东北军阀之间既相互利用，又相互遏制，这一局面延续了近20年，在一定程度上促进了反日的民族主义和民族资本的发展。1928年张作霖被日本人炸死在皇姑屯火车站之后，其子张学良决心励精图治，强烈的爱国热情驱使他将很多建设项目都交给中国人设计建筑，其中包括正在建设的京奉铁路辽宁总站，以及后来杨廷宝在东北设计的其他公共建筑、私人居住办公建筑、学校建筑等工程项目。

1927年，张学良拟在沈阳招标建造少帅公寓，拟建居住和办公为一体的建筑。许多国外建筑事务所参与竞标，基泰事务所尽管较晚得到消息，仍决定与外国建筑师角逐。

当时，基泰事务所的老板关颂声正在东北承包业务，他听说这一消息后，因为时间紧迫，通知属下立即买好从北京到沈阳的机票，紧接着马上打电话让杨廷宝从天津坐火车赶到北京，转乘飞机前往沈阳。

杨廷宝飞抵沈阳，与关颂声简单地交流了情况，就直奔张作霖的大帅府。他深知，公寓的设计，不仅仅是简单的一所私人住宅，而是事关中国人的建筑权利，他以一股初生牛犊不怕虎的精神，摩拳擦掌，跃跃欲试，决心与外国设计师一较高下，为中国建筑界杀出一条生路来。为了对这幢建筑的环境和风格有一个更清楚的认识和把握，杨廷宝在老帅府、新帅府来来回回转悠了大半天，从中寻找创作的灵感。

位于沈阳的原张家大帅府，是一座三进四合庭院，是旧式王府式的建筑，门口两侧各有一只栩栩如生的石镌巨狮，进门是一座大型照壁，朱漆雕花镂空的门楼，高高耸立的廊柱，透出封建王公贵族的富贵显赫气派和威严。第一进院，是张作霖会晤宾客之所；第二进院，四方形的院子四周以回廊相连，东南西北各有数间房，是张作霖办公和会晤要客的地方；第三进院，是此前张作霖的住所，张家老小居住的内院。院内有一座后花园，内有亭台楼阁、假山小湖、树木花草之类。而新帅府则是一座仿西式的五层洋楼，整个外部，门厅、台阶、门窗、阳台，都是西式的。然而走进大门后，内部却雕梁画栋，摆着古色古香的陈设，又是中式的。

杨廷宝从这新、旧两座建筑的演变中，悟出少帅张学良想要一座更为小巧、

杨廷宝主持设计的沈阳张学良的“少帅府”

别致的完全西式的小洋楼。而对于这样的私人建筑，杨廷宝过去接触过不少，此前在其恩师克芮的事务所里，他也曾亲手设计过。参观完张家府邸后，杨廷宝马上回到住处，胸有成竹地开始绘制设计图案。最后，只用了一个晚上和一个上午的时间，就画好了整个建筑的套房平面图、立面图、剖面图，另外还画了一张别致的公寓渲染图。

两天后的竞标会上，在数十种中、外建筑师的设计方案中，杨廷宝的设计方案脱颖而出，受到张学良和夫人于凤至女士的钟爱，尤其那张渲染图，让少帅和夫人有一种身临其境的感觉。张学良当即拍板，采用杨廷宝的设计方案。

对于杨廷宝为张学良设计少帅府一事，杨永生在《杨廷宝与少帅府》一文中写道：

> 据说，张学良与夫人于凤至亲临方案展厅挑选。最后，他们夫妇二人一致看中了第×号方案，揭开封签，才知道是天津基泰工程司杨廷宝的方案。中国建筑师的方案被选中，令少帅夫妇十分欣喜。[5]

杨廷宝以非凡的设计能力，为国人争了一口气，使日本等国建筑师的锐气大挫。外国建筑师对这个初出茅庐的小伙子的设计方案中选极为不服，他们没有想到会败在一个刚刚涉足建筑界的毛头小伙子手上，东北三省原是他们的囊中之物，谁料煮熟的鸭子却飞了，他们心有不甘，恨得咬牙切齿，准备伺机报复。后来，基泰事务所在天津的日租界内营造中原公司（即今天津百货大楼）时，作为基泰事务所的主力设计师，杨廷宝负责建筑设计方案，杨宽麟负责结构设计方案。虽然他们的设计方案十分出色，无可挑剔，但日本人却因上次的失败而耿耿于怀，暗中作祟，企图阻挠颁发施工执照，后来基泰事务所据理交涉，才最终拿到施工执照，打破了在日租界内由日本建筑师垄断建筑的局面。

通过中标设计张学良公寓一事，杨廷宝开始声名远播，业界开始知道他的大名。基泰事务所在东北接到更多的建筑业务，从而打开了东北的市场。

不久，杨廷宝应邀再赴沈阳，对东北大学做总体规划设计，先后为东北大学设计了图书馆、体育馆、体育场、文法楼、理化楼等，同时还设计了沈阳的同泽女子中学建筑等。在一系列的设计当中，他的学院派风格得到充分展现，他将新古典主义和现代新建筑两种形式予以“搭接”，积极探索地域条件下本土化的新建筑形式。

创办学校是张学良主政东北后的重要政治举措之一，而创办女子中学更是张学良对时代的挑战，对新思维的肯定。东北大学是张作霖在1923年创办的，到了张学良时期有了很大的发展。张学良在张作霖被炸身亡后，励精图治，在东北进行大刀阔斧的改革。他亲自出任东北大学校长，以教育为立国之本，对东北大学的发展倾注了大量的心血，明确提出以"研究高深学术，培养专门人才，应社会之需要，谋求文化之发展"的宗旨，在学校的建设、管理等方面采取了一系列的举措和革新，不仅完成了南北合校招收女生等改革，而且个人还出资180万元现洋，对校舍进行扩充建设。时任建筑委员会技术部主任的东北大学理学院院长孙国封认为：东北大学此次建筑实为东三省伟大工程。一位曾在东北大学读过书的老校友深情回忆：东北大学的教室，建筑宏伟、工精料美，样式新异，斜阳夕照，辉煌美丽，炫目夺神，在这个教室里受课，是何等的荣幸！何等的快乐！

吕海平、朱光亚在《杨廷宝早年在沈阳的新建筑探索》一文中指出，杨廷宝在沈阳的建筑上所进行的探索与创新，也在一定程度上适应了张学良对民族主义和爱国主义的要求。在沈阳的一系列的建筑设计中，杨廷宝还采用了新建筑材料——红砖。当时，张学良为了支持民族产业，买下了中国企业"肇新窑业公司"滞销的120余万块红砖，用于东北大学的校舍建设。肇新窑业公司所制的红砖采用新式的"轮窑"生产，与传统的青砖相比，成本低，产量高。杨廷宝在沈阳的红砖建筑均为突出中央入口的对称布局。东北大学图书馆与同泽女子中学，平面基本上都呈"T"形，不仅突出地显示出图书馆的各项功能，而且还将学校的教室、室内操场和礼堂借助于高差有机地设计在一栋建筑当中，使之成为一个有机的整体。虽然每栋楼红砖的外立面都各有不同，但设计手法却颇为相似："既暴露红砖表面，在入口、转角、窗口和水平分层的部位以水泥抹面相间隔，建筑样式以简化的竖线条为主，在檐口、窗下和主入口做水泥抹面的装饰。""这种哥特式的风格和暴露红砖材质的表现形式，与当时日本人的建筑以及沈阳的传统建筑有很大的区别，也是杨廷宝的新建筑探索。"[6]

东北地区的一系列建筑设计，使杨廷宝名声大振，成为全国建筑界有目共睹的闪亮新星。

4. 规划清华

基泰事务所在东北赢得并完成了一系列的工程业务后，在东北乃至全国站稳了脚跟。根据基泰事务所的发展需要，老板关颂声决定，将单位的主要业务从关外移至关内，重点在故都北平这块土地上尝试新的飞跃。作为基泰事务所主力队员和最重要的建筑设计师，杨廷宝也随着单位在北平的业务拓展得到了进一步的发展。他先后参与并主持了包括天津基泰大楼在内的很多建筑设计与规划工作，对业务的驾驭能力越来越强，可以说日趋炉火纯青。1930年，他还为母校清华大学做了新的规划。

1928年，清华学校更名为国立清华大学，并请罗家伦担任首任校长。清华大学也脱离外交部而改归教育部直属，由于人员增加和教学、学术研究的需要，原有校舍已不敷使用。于是，罗家伦拟将校园的两个部分再合二为一，重新融成一个有机的整体。这便是清华学校的第二个校园规划。中、外工程师设计了十余种图样投标，清华大学建筑委员会最后选定基泰建筑事务所杨廷宝设计的图案。出身于清华，已声名远扬的杨廷宝，当仁不让地担当起了修建和扩建母校的设计任务。

回到阔别多年的母校，为清华大学设计第二个校园，杨廷宝觉得特别自豪和兴奋。十多年之前，正当建筑师庄俊配合墨菲为清华学校进行第一次扩建之时，杨廷宝在庄俊的引导下，走上了建筑之路。如今，作为一个建筑设计师，杨廷宝带着助手们，回到校园，这一次，他已经能像庄俊先生甚至像墨菲先生一样，对学校的建筑根据自己的理解和喜好进行再设计、再规划、再建筑。他怎能不兴奋？十多年前，做校园规划的是外国人，中国人只是配合，做助手，而十多年后，中国人可以自己来规划，自己来设计中国最好的学校，他怎能不自豪？但他的兴奋与自豪只是内心的，在工作中，他仍然认认真真、踏踏实实地勘察地形，进行测量，对清华校园的环境记录整理，征求同行们的意见。

清华大学的图书馆（老馆东半部）、体育馆（前馆部分）、科学馆和大礼堂等所构成的建筑群落，是我国第一批引进西方建筑科学技术建造的近代建筑。建筑布局以二校门、大礼堂、图书馆为南北中心轴线，又以清华学堂、科学馆为东西两翼，构成了以大礼堂前草坪广场为中心的主教学区庭园空间，这种建筑形式与新文化运动时期中国青年“自由” “公正”的思想潮流基本吻合，尽管规划设计上存在着西部的大学规划过于理想化、东侧的留美预备学校规划等级过高等争议，但还是得到了许多人的赞赏。

在考察研究各方意见的基础上，杨廷宝充分考虑到当年墨菲设计的优点，决定保留学校原来主要建筑，保留科学馆、大礼堂等，对图书馆、体育馆等则在原来基础上予以扩建，而对教学部分的建筑则予以重新设计建造，在荒岛中央布置博物馆，环湖四周布置辐射状的五幢特种学术建筑，北部小河北岸另布置三幢特种学术建筑。同时，对自然地形予以改造或修缮，除荒岛南端、校门入口处保留部分自然形状的山池花木外，北部采用半圆形水渠、整齐与对称的道路系统，与原有建筑和正将建造的西方古典式样的个体建筑，在格调上保持和谐并相互映衬。调整后的建筑规划，布局更加紧凑，道路组织合理，较好地将原来两个学校的布局改造成一个统一的、完美的传统园林式的建筑群。

很快，生物馆、气象馆、图书馆（扩建）、新学生宿舍明斋、体育馆（扩建）、化学馆、工学馆、水利实验室、机械工程馆、电机馆、航空馆、善斋、静斋、平斋、新斋等建筑拔地而起。其中，学校的生物馆、气象馆、图书馆（扩建）、新学生宿舍明斋等建筑，被称为清华的第二个“四大建筑”。1931年至1934年间，这几项工程陆续竣工。其中最值得一提的是清华大学的图书馆扩建工程，至今仍为人津津乐道。

当时，原计划把面积较小的三层楼图书馆推倒重来。但杨廷宝觉得原设计总体非常有特点，推倒重来，费工费料费钱，实在可惜，就决定原有的不动，另建一半与之衔接。他对图书馆扩建的指导思想是：一须便于管理，二须将来仍有扩充余地，三须形式壮丽。但原馆位置左临河，背靠山，颇难兼顾，而且新建筑要与旧建筑融二为一，很容易给人留下拼凑的痕迹。于是，经过缜密的设计，在改造中他将墨菲设计的“一”字形图书馆视为新馆的一翼，另立轴线，变为“L”形，将入口设于新旧建筑的连接转角处，角落设楼梯交接，并安排了入口门厅、办公室、小阅览室。西部新建的阅览室、藏书室，与东部的布局、内外装饰基本一致，立面也同样采用罗马和哥特式，尺度、色调都与原馆保持一致。无论观众站在这个建筑的哪个角度看，都觉得新老馆浑然一体，而且随着岁月的流逝，两者已经融为一个整体。国内外建筑界一致认为这个图书馆是扩建设计中的一个罕见的范例。扩建工程于1930年3月开工，1931年秋季竣工，当时总费资25.7万余元。扩建后的图书馆舍总面积共计7300余平方米，拥有三个大阅览室，可容500人同时阅览；书库藏书30余万册，是当时国内大学中规模最大的图书馆之一。

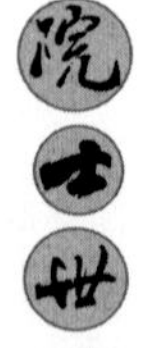

杨廷宝为清华大学图书馆扩建设计的正面图

1930年，杨廷宝主持设计的清华大学图书馆

同时体育馆也做了大胆的调整，将重建变成扩建，并在体育馆内建造了北京第一个室内游泳池。

在清华的校园规划设计中，杨廷宝尊重历史，尊重前人在建设规划上所体现的思想，在设计风格上与前人的作品靠拢。他坚持的原则是：一位建筑师在设计和处理完整建筑群中的新建与扩建关系时，有时并不一定需要表现你设计的那个部分，而是应该着眼于群体的协调。

5. 移师南京

1930年以前，基泰建筑事务所的业务主要集中在东北和天津；1930年以后，基泰事务所的业务开始转向北平，之后随着业务的不断扩大和国内形势的不断发展，又迅速向南京、上海等南方大都市转移。

1927年4月18日，国民政府定都南京，党、政、军、财、文等各大机关也纷纷落户于此，众多行政机构促使南京城市建设相应展开，出现了持续十年的营造高潮。首都建设的需要，使许多建筑事务所纷纷移师南京，国内外的建筑精英也陆续云集到宁。

从1912年到1949年这一时期的建筑被称为民国建筑。现在，南京遗留的民国建筑有1000余处，其中百余处被列为中国近代建筑史上的优秀建筑，当中不少建筑出自于杨廷宝的手笔。

基泰建筑事务所在南方站稳脚跟后，将总部从天津移到了南京。杨廷宝在南京创作设计了一系列的优秀建筑，如中央体育场、中山陵音乐台、谭延闿墓、中央研究院历史语言研究所……。他的这些设计作品以适宜的尺度、丰富的细节、强烈的文化审美感受给人们留下了深刻的印象。

最能代表其建筑设计风格的作品是南京中山陵音乐台。在这项设计中，充分利用了当地的地形、地貌和环境特点，可以称得上中国近现代建筑史上的不朽杰作。音乐台采用中西合璧的形式，半圆形的露天剧场颇类似古希腊人的做法，利用中山陵东南角前低后高的天然坡地作为观众席，只是用大片的草坪代替了希腊剧场中的石台阶，观众席地而坐，可以容纳3000余人。地面绿草如茵，四季蹲坐皆宜，同时借用山景扩大了空间。观众席外圈设钢筋混凝土花架，造型传统，上面爬满紫藤。支撑花架的每根柱子插入须弥花坛内，中间安置石板凳。半圆形的草坪以扇形同心圆弧方向延伸出五条小径，其圆形中央以月形水池环绕月台。月

杨廷宝设计的中山陵音乐台（苏克勤摄）

坛的台口采用半池莲荷的形式高出水面3.3米，其上种植灌木。舞台在形式上为中国传统照壁，底部为须弥座，顶部雕有云纹花饰，并饰有龙头、灯槽。整个音乐台平面布局为西式，月台的立面细部采用了中国古典样式，周围树木环绕，郁郁葱葱，气氛宁静而优雅，是一件中西合璧、自然与建筑和谐的精品。

1930年，国民党政府为举办第一届全国运动会，拟在南京的东郊营建一座现代化的新体育馆。当时，体育馆建设筹备组没有采用招标方式，而是直接指定由

杨廷宝设计的国立体育场

基泰建筑事务所担负设计、监造两大任务。其原因之一也就是杨廷宝早已“声名在外”。而建成后的体育馆，总体布局呈对称布置：田径场位于中央，游泳、棒球、篮球、网球等赛场在两侧均匀排列，还有跑马场、足球场。各赛场均设有看台，占地1000亩，可容6万多观众。整体颇具规模，是当时全国最大的工程之一，既气势宏伟，又精致典雅。这项设计的独特之处是入口的造型处理，将简洁的传统装饰与高大雄伟的圆拱大门相结合，体现了杨廷宝探索中西结合的匠心。[7]

1931年，杨廷宝受命对紫金山天文台进行设计。当时，设计经过招标，确定分别由李宗侃、庄俊、杨廷宝参加绘图投标。由于杨廷宝“所绘之图能按地势布置，设计周密而又雅观”，最后确定使用他的设计方案。南京紫金山天文台总体建造工程，主要包括行政办公用房、观象台两大部分，建筑基本按轴线对称布局，沿中轴先上大台阶，经民族形式牌楼直达庞大的观象台，放眼望去，蔚为壮观。建筑外墙用就地开采的毛石砌筑，与环境浑然一体，庄重朴实。

杨廷宝设计的紫金山天文台（苏克勤摄）

同年，杨廷宝又受国民政府之命，负责在南京设计建造谭延闿墓。谭延闿生前曾担任国民政府主席，地位显赫，因此对建筑设计的要求非常规整谨严。谭氏墓园位于中山陵东南的灵谷寺旁侧。如果说中山陵尽现阳刚之气，谭延闿

杨廷宝设计的谭延闿墓

墓则透着阴柔之美。杨廷宝在设计谭墓方案时，曾与谭延闿的家属有过多次接触和沟通，谭家人很希望能与中山陵并驾齐驱，但这个愿望无论从资金、地位、规制等方面来看，都不现实，也不合适。于是，杨廷宝通过实地调研与踏勘地形，确立了不同于中山陵严谨对称、中轴线格局的另一种设计思路：利用山势变化，一反通常陵墓气势宏伟的常规，因地制宜地运用园林设计手法，布置牌坊、碑石、祭堂、墓圹等，组成丰富的建筑空间序列。墓地绿色葱翠，山径迂回，溪涧泉水潺潺，其中点缀亭、台、小桥，以曲折幽深的景致与中山陵宏伟壮观的气势遥相呼应，形成自己鲜明的特色。建成后，该建筑和“流觞曲水”“八功德水”等名胜在一起，构成了紫金山景色最佳处之一。

杨廷宝在早期建筑如东北大学、清华大学等大学的设计规划中，采用了他在宾夕法尼亚大学所延续的西方古典美学法则，并将其简化、提炼，糅合中国文化，在建筑风格上表现古典折中的倾向；但在这一时期，正值“谋固有国粹之亢进”，杨廷宝结合“民族复兴”之时代要求，在设计的大量官署建筑中，都运用了中国建筑固有特色，如国民党党史史料陈列馆、国民党中央监察委员会办公楼、中央研究院地质研究所、金陵大学图书馆（扩建）等，均采用“大屋顶”的手法，成为中国古典建筑外形明显的建筑。

1929年，中国建筑界借助于当时的文化发展，兴起大规模的“中国建筑复兴”运动，国民政府在此时制定的《首都计划》中，要求官方建筑集中采用“中国固有之形式”，而公署及公共建筑尤当尽量采用。在官方这一明确的要求下，

杨廷宝设计的原金陵大学图书馆（苏克勤摄）

这一时期南京建造的一批建筑基本上都采用中国固有之形式。一批政府投资的官方建筑，为中国建筑师们提供了施展才华的机会，在短短的几年时间里，中国建筑师对于中式仿古建筑的探索取得了初步的成果。百花齐放，各展才华，他们不同取向、不同思路的探索大致可以归纳为三种模式：一是套用中国传统宫殿建筑形式的整体仿古模式；二是整体上采用西方现代建筑体量组合设计手法、局部增加中国传统建筑屋顶或阁楼作为“中国固有形式”标志的局部仿古模式；三是整体上采用西方现代体量组合设计手法，局部施以中国传统建筑装饰的简约仿古模式。因此，建筑史家杨秉德、蔡萌在《中国近代建筑史话》中写道：

> 采用整体仿古模式的中国民族形式建筑模仿中国传统宫殿建筑，这种模式的基本特征是：维持中国传统宫殿建筑的基本建筑形态，包括横向展开的基本体量，由屋顶、屋身、基座构成的横向三段式构图模式，用钢筋混凝土结构仿造的柱式、额枋、斗拱等建筑部件，以及不可或缺的中国式大屋顶。这种模式与外国建筑师设计的中国式教会大学校舍相比并没有本质的区别，只是中国建筑师仿得更像，仿得没有错误，但是也没有新的创意。[8]

无论是整体还是局部的仿古，一方面，使这批留洋的建筑师们将目光从西方古典主义或现代主义形式上收回，更加关注中国原有的建筑模式，对中国古建筑模式如何在当下，如何与现代建筑相结合进行了一定的有意义的探索；但另一方面，也禁锢了建筑师们的思维，使他们不能放开手脚，探索更适宜于中国当下的、有特色的、全新的建筑形式。但对仿古模式的学习，虽然探索时间短促，探索范畴受限，只是初步尝试，但对中国近代建筑的发展产生了比较深远的影响。

1934年，杨廷宝主持设计国民党中央党史史料陈列馆（简称党史馆，后为南京第二历史档案馆）。当时，国民政府的首都计划是以明故宫为中轴线，布置中央行政中心。党史馆建成后的1936年，又决定与之对称地在明故宫轴线东侧建国民党中央监察委员会办公大楼，平面布局与建筑外形与党史馆相同。党史馆坐北朝南，底层有大小办公室、会议室和史料库房，二、三层为陈列室。库房部分，采用特制防火钢门库和空气调节设备，严格保护所藏史料。建筑内部装修辅以菱花门窗，天花藻井，沥粉彩画，外观是中国传统的重檐歇山宫殿式建筑，庄重宏伟。杨秉德、蔡萌在《中国近代建筑史话》中对这一建筑做了客观评价：

杨廷宝设计的国民党中央党史史料陈列馆

整体仿古模式的典型实例是杨廷宝设计的南京原国民党中央党史史料陈列馆，1934 年设计，1935 年 2 月动工，1936 年 7 月建成。陈列馆是三层钢筋混凝土结构的建筑，首层作为横向三段式的基座层，以实墙面为主，壮观的室外大台阶直达二层平台，主入口设在平台之上。平台以上的二、三层按传统建筑模式作五开间重檐歇山顶，第三层在重檐的上、下檐之间，所以将重檐的上檐升高，在上、下檐之间开窗，供第三层房间采光。这种设计思路只是一种初步的尝试，将具备近代建筑功能的陈列馆塞进了用钢筋混凝土建筑的中国传统宫殿的外壳之中，建筑的形式构图是完美的，建筑的型制是标准的，但是也同吕彦直设计的广州中山纪念堂一样，建筑因为旧形式与新功能的尖锐矛盾而无法满足功能的要求，带来许多使用上的缺陷，这也许是第一代中国建筑师在建筑民族形式探索进程中的必由之路。[9]

中央研究院建筑群（今属中国科学院南京分院）建于1931年至1947年，共三组建筑。虽然建成时间不同，但都采用了风格一致的民族形式，各自的入口分别用门廊、门罩或抱厦，因设计不同而各有区别，使之在统一风格中富有变化。整个院内山、石、树木与蓝绿色琉璃瓦相映成趣。这是杨廷宝把中国古典建筑的设

杨廷宝设计的原国民政府国立中央研究院办公大楼

计手法成功地应用于现代功能建筑的又一创作实践。

从1927年到1937年的10年，是杨廷宝进入建筑设计创作的黄金时代，基泰建筑事务所也为他提供了一个广阔的舞台和空间。杨廷宝先后在沈阳、北平、南京主持和参与了近50项工程的设计或修缮工程。在这10年当中，他始终不懈地探索中国古典建筑与现代建筑相融合的道路，真正把西方建筑科学技术、设计手法和我国悠久的建筑文化、民族传统特色紧密地结合在一起，并日益形成自己独有的建筑风格。

在这一过程中，杨廷宝对于建筑设计也有了更深刻的理解：深入了解业主和使用者的要求，做出切合实际的建筑是建筑设计的重要原则。正如世界建筑设计大师贝聿铭所说："建筑设计说起来也简单，我认为有三个要点最值得重视，第一是建筑和环境的结合，其次是体形和空间，第三是注意为人所用，为使用者着想。"[10] 杨廷宝在创作中一直坚持：重视和体现建筑与大自然的结合，重视使用者的要求和意图。

6. 修缮国宝

清末民初的故都北平，在帝国主义的不断侵略与践踏之下，呈现千疮百孔的沧桑容颜，放眼望去，到处是破败不堪的断壁残垣，令人目不忍睹。其中，虽然一些古建筑得到了整修，但因当时修缮时工程多由木厂承包（古建筑以木材为主要原料，因此修缮工作往往由木厂直接承担），专业建筑人员很少涉足其中，故修缮效果不甚理想。为了保护国粹，晚清、北洋、民国三朝元老朱启钤先生，1929年与同仁在北平发起并成立了中国第一个民间建筑研究团体——中国营造学社。当时，中国营造学社设于北平珠宝子胡同7号，后迁至天安门内西朝房，不久又迁到了赵堂子胡同3号的朱家宅内。初邀入社的社员大部分是朱启钤的旧时幕僚和一些国学专家。1930年，朱启钤向支配美国退还庚子赔款的“中华教育文化基金董事会”（简称中基会）申请经费补助，中基会董事之一的周诒春认为，中国营造学社缺少懂得现代建筑学的专门人才，即便有了庚款补助也难有大的作为和成就，于是建议朱启钤去东北大学动员梁思成加入。梁思成自1928年从美国回国后，经杨廷宝之荐担任东北大学建筑系系主任，他将自己在美国宾夕法尼亚大学建筑系的老同学童寯、陈植等人也邀到该系任教。但是，由于东北局势极不稳定，日本侵略军早已虎视眈眈，东北岌岌可危，又由于东北大学几位院长之间派系斗争激烈，梁思成不愿牵扯其中，遂果断辞职。离开东大后，他于1931年6月加入中国营造学社，被任命为法式部主任，专心致志地从事他喜爱的中国古代建筑研究。1931年秋，九一八事变爆发导致东北大学停办。

随后，刘敦桢教授也加入了中国营造学社，担任文献部主任。梁、刘二位先生率领一批专业人士开始从事对中国古代建筑的全面研究，“从事论著，吾道始行”。中国营造学社成为专事测绘、考察、研究中国古代建筑的民间学术机构。为了支持中国营造学社，不少著名建筑师纷纷加入学社，杨廷宝也加入了该社。此外，当时政界要人、财界巨头、学术文化界人士、社会名流、营造厂商、外籍学者也纷纷加入，营造学社日益壮大。1930年，中国营造学社有43名社员，到抗战前夕的1937年7月，已发展到86名，但其中大多数社员并不担任实际的研究工作。

刘敦桢教授

中国营造学社成立后不久，从事古代建筑修缮保护工程及调查研究的政府机构也成立了，这个机构就是旧都文物整理委员会及其执行机构北平文物整理实施事务处，由时任北平市市长的袁良先生兼任主任委员。无论是从其机构规模、资金及设备的支持，还是从技术人员、工程项目以及管理程序等诸多方面而言，旧都文物整理委员会及其北平文物整理实施事务处在当时都达到了相当成熟的水准，可以称得上是中国现代文物保护滥觞时期的重要机构。杨廷宝在营造学社梁思成、刘敦桢的介绍下，受聘于旧都文物整理委员会，参加和主持对北平全市古建筑的修缮工作，其中尤其值得称道的是对天坛的修缮。

1935年初，北平市政府决定在当年5月至1936年10月，对天坛实施全面修缮，并为此特地向国内进行工程招标，最后确定由旧都文物整理委员会及其执行机构北平文物整理实施事务处领衔，委托天津的基泰工程司承担天坛修缮工程的测绘及其施工。当时，基泰在国内的几个大城市均设有分所，专业人员比较齐全，除掌门人关颂声和总工程师杨廷宝及外交管家关颂坚与理财管家朱彬以外，还设有结构、设备、机械、预算、项目管理等配套部门，基泰又有较好的人脉，因此得以受委托维修天坛。为此，杨廷宝在北平开设了基泰建筑事务所北平分所，其助手有施工工程师董伯川，还有绘图员李益甫、分析师王钟仁等。为了保质保量地完成天坛的修缮工程，旧都文物整理委员会还特聘朱启钤、梁思成、刘敦桢、林徽因等作为技术顾问；基泰事务所的杨廷宝则以总建筑师的身份，作为特聘专家指导工程施工的全过程。当时，基泰事务所优秀的年轻建筑师张镈，也随杨廷宝一起参加了天坛的修缮工作。[11]

1935年，杨廷宝在基泰公司担任总工程师时的留影

杨廷宝在美国宾大留学时学的是西方现代建筑和西方古典建筑，虽说回国后这些年正值建筑界大力提倡国粹，他也设计了不少古典主义风格的建筑，但纯粹的古建筑修缮，他还是第一次接触。因此修缮天坛这项工程，对杨廷宝来说也是一个巨大的挑战。

要做一个真正了不起的中国建筑师，必须了解、熟悉中国古老的建筑文化艺

杨廷宝在修缮北京天坛祈年殿时的留影

术与传统。修缮前，杨廷宝大量参阅多方文献资料，与朱启钤、梁思成等人多次研究探讨，并赴现场拍摄、测绘、研究，不倦地学习、思考。但是，工程刚一开始他就有了老虎吃刺猬——无从下口的感觉。满目疮痍的祈年殿怎样才能旧貌展新颜，既能修复一新，又保留原有的风貌？雕梁画栋、飞檐翘角，这些虽说是他从小就熟悉的建筑形式，但真正自己做起来，却还真不知道怎样下手。这个留洋的学西方建筑的工程师，现在要修缮中国古建筑，必须得从学徒开始。他到天坛转了几圈后，想到了修缮古建筑的工匠，他们的专业知识一定比自己多，产生了拜师学艺的念头。

工匠中有一位侯良臣师傅，本是清朝末年的老木匠，有着丰富的实践经验和较好的艺术鉴赏能力，早年曾参加过故宫的修缮，对古典建筑了如指掌，尤其在制作角梁上更是具有独到的本领。杨廷宝虚心地登门拜访，拜他为师，向他讨教古建筑修缮的规范和技术；还有一位郭松泉师傅，是位经验丰富的老画师，也是杨廷宝学艺的老师傅。杨廷宝经常把几位老工匠请出来，一起到北京有名的“东来顺”去吃涮羊肉，在酒酣茶酽之余，与老师傅们共同探讨古建筑修缮的问题。

对杨廷宝拜民间师傅学艺一事，他的学生张良皋在《中国建筑呼唤文艺复兴宗匠》一文中写道：“（杨廷宝）恭恭敬敬，向老匠师‘执弟子礼’。为了钻研庑殿‘推山’的奥秘，杨先生不惜亲自陪一位老匠师躺烟馆，亲手为那位老匠师烧‘烟泡’（鸦片泡），让老匠师感动而且高兴，尽情传授了‘推山’的秘诀。杨先生平生连纸烟也不抽一口，这次真亏他让鸦片烟熏得够‘呛’。”[12]

侯良臣与其他几个老师傅，见这个喝过洋墨水、年纪轻轻就已声名远扬的大建筑师，不但宽厚待人，还如此谦恭好学，心中非常敬重他，于是知无不言，言无不尽，什么“柱高一丈、出檐三尺”“方五斜七”“修旧如旧”等修缮秘诀，一股脑儿都倒了出来。[13]

杨廷宝一边在修缮过程中不断与技艺高超的木工、架子工、油漆工交流切磋，总结师傅们的口诀与技巧，从历史和文字资料中去搜集第一手材料，寻找“营造则例”中相同的案例与解决方案，在现场认真地进行分析、记录，最终，既解决了修缮难题，又学到了丰富的古建修缮知识。

天坛坐落于北京的天坛公园内，始建于明朝永乐十八年（1420年），是我国现存最精美的古建筑群之一，建筑主体分为祈年殿、皇穹宇、圜丘等几大部分。清乾隆十七年（1752年），清廷曾重修过皇穹宇。清光绪十五年（1889年），祈年殿曾遭雷火击焚，之后虽经长达七年的修缮，无奈维修质量太差，宝顶已呈现出岌岌可危的歪斜状态。袁世凯在称帝后，曾动用不少人力、物力和财力，对天坛进行过一次简单的修缮，但由于在修缮过程中管理不善，水平也有限，修缮显得马虎潦草，效果非常不理想。此后不久，军阀混战，天坛及其附属建筑遭到破坏，四周矮墙及脊兽更是残破不全，地坪上的石缝杂草丛生，亲临其境，顿生荒芜凄凉之感。

皇穹宇始建于明嘉靖九年（1530年），清乾隆十七年重修过。这次对建筑外表、屋面等整修翻新，杨廷宝特别重视对这一建筑珍品的梁柱、墙面等原有装饰彩绘艺术效果的体现。在对柱子的沥粉贴金和墙面的花边纹样重新装饰时，他主张采用“修旧如旧”的手法，尊重历史的原有面目。他亲自与工匠师傅们一起调配色彩，按照原样予以补齐并使整个建筑的色彩达到统一协调。在对皇穹宇前的

天坛祈年殿修缮现场

天坛祈年殿内部天花

三阙门和回音壁的修复时，杨廷宝对琉璃、砖瓦等材料件件精选，并在施工现场与工匠们一起想办法，使磨砖对缝达到细致准确、天衣无缝的效果。[14]

在修缮圜丘坛时，杨廷宝指挥工匠们翻开旧的地坪，除去其中的杂草和树根，对基础部分的三合土重做，去掉其中的残损石块，找出排水坡度，从而使整个圜丘坛的3034块石面都达到了严丝合缝，完好如初，修缮后看不出任何破绽。

祈年殿殿高38米，建于三层台座上，是我国木构建筑的珍贵遗产之一。修缮时，施工人员从地面到宝顶搭起脚手架，先将屋面全部卸下，修整三层外檐。宝顶用铜皮焊成，磨光镏金，套在雷公柱外，修理时工人钻入宝顶，两人在内操作，把歪斜的雷公柱修正，使宝顶端正地落在由大块琉璃砖制成的须弥座上。屋面琉璃瓦在檐口为一个个瓦头、滴水，花纹精细，而到高处顶部，则由四五个瓦垄合烧成一块琉璃板，相对比较粗大。由于人的视觉远近效果不同，建筑各部的材料和施工方法也随之而变。修缮天坛所需要的琉璃瓦件，当时由北平西山赵家窑和东城外地西通河窑厂生产。祈年殿屋顶的防水设施，则根据传统的工艺手法在灰背上铺锡板、缝隙中粉嵌灰贝，然后层层盖上底瓦、筒瓦。殿名匾额，修缮中报经当时的市政府同意，仅用“祈年殿”三字，略去满文。祈年殿殿内木料，晚清时已由南洋进口，柱子改用木柱心，外周用小木拼绑，用铁环紧箍，柱表披麻筑灰，最后油漆沥粉贴金。台阶、汉白玉栏板、望柱，有破损的进行局部修补或调换。天坛修缮工程中尚有祈年门、东西配殿（木料均系楠木）和宰牲亭等建筑也修缮一新。[14]

修复祈年殿的宝顶，是修缮天坛最为至关重要的一环。在修缮过程中，杨廷宝遇到了宝顶结顶处的榫头不合缝等问题。为了解决这些问题，他把参加修缮宝顶的师傅们召集在一起，请他们到“东来顺”饭店“茶话”，让他们一起出主意，想办法，真心诚意地向这些“高参”和“顾问”们求教。

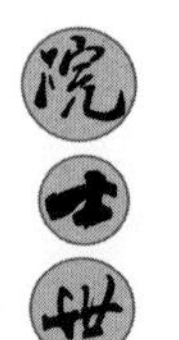

饭桌上，老工匠侯良臣笑着告诉他说：“此前修缮一个祈年殿，虽有七八家营造商承包，却没有一个统一的图样、统一的规格要求，每家施工都只管自己的‘一亩三分地’，大家各行其是，各打各的锣，各吹各的号，只以拿到钱为准，对交接处的工程敷衍了事，草草应付。到结顶之时，自然就不能合缝。”

技艺精湛的老画工郭师傅带头向杨廷宝保证说：“杨工，你就放一百二十个心，现如今是基泰一家承包，工程由你这个留过洋的大建筑师坐镇指挥，只要大伙儿心往一处想，劲往一块使，这宝顶的合缝问题不难解决！”其他师傅也纷纷应和："我们一定都听你的，你说怎么弄就怎么弄！"

听了老师傅们的话，杨廷宝心里热乎乎的，放下心来。但如何解决宝顶的合缝问题，还是要请老工匠们拿出具体的主意来。老师傅们见杨廷宝如此看重自己，纷纷出谋献策，积极帮他出主意、想办法、画图纸，与他一道讨论施工问题。在大家的共同努力下，最后，终于找到了解决祈年殿宝顶"合缝"的办法，如期完成了天坛的修缮工程任务。

林徽因与梁思成在新修后的天坛祈年殿屋顶上

在此期间，梁思成、林徽因夫妇也经常到天坛的修缮现场。这项工作即将竣工时，巾帼不让须眉的林徽因，兴冲冲地捷足先登，爬到祈年殿的顶部留下倩影，并自豪地宣称："我是中国第一个爬进祈年殿宝顶的女性！"

陈法青听说美艳如花的林徽因女士，曾多次到天坛修缮工地现场，并在修复的祈年殿宝顶上留影纪念，向丈夫提出也要到现场去看一看。杨廷宝笑着答应了，陪着夫人一起到现场观看修复一新的圜丘。陈法青饶有兴趣地问，原来的残缺是如何修补成为这样完美无瑕、难辨新旧的？他们边走边谈，但那边的工匠突然来找杨廷宝，说是遇到了一点小麻烦，让他过去查看一下。谁知，他这一去就是个把时辰，陈法青被孤零零地撂在那里。直到天黑，杨廷宝才想起夫人还在圜丘那边，急急地寻找夫人。一遇到工作，杨廷宝就把其他事全忘得一干二净。好在陈法青知道他的脾气性格，也不跟他计较。

1936年10月，天坛的修缮任务终于完成，当验收结束，所有参与修缮的人员都非常高兴，一同留影存念。

从1934年至1936年，杨廷宝一共主持修缮了北平的9处古建筑：天坛圜丘和

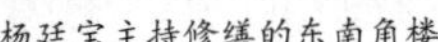
杨廷宝主持修缮的东南角楼

杨廷宝主持修缮的中南海紫光阁

皇穹宇、天坛祈年殿、东南角楼、西直门箭楼、国子监辟雍、紫光阁、正觉寺金刚宝座塔、玉泉山玉峰塔和碧云寺罗汉堂等，使这些国宝重放光华，并以庄重典雅、古朴浑厚的风姿展现于世人面前。他为保护国粹立下了汗马功劳。

在对北平古建筑的修缮过程中，杨廷宝在工程修缮之前、中间和之后，都拍摄了照片，作为历史记录予以存档。[15] 同时从民间老工匠身上学到许多书本上没有的知识，将他们的经验进行总结，综合自己平时的观察与分析，整理成一套系统的古建筑修缮规范，为新中国成立后修缮北京的古建筑积累了宝贵的经验。

通过修缮古建筑，杨廷宝学到了更多关于中国古建筑的结构、细部、装饰等方面的知识，这段经历极大地丰富了他的创作实践和创作经验，使他将西方的建筑科学技术、设计手法与我国悠久的建筑文化、民族传统特色紧密地融合在了一起，在后来创作与设计“中国固有之式”的建筑作品时，对材料、构造、比例、色彩的把握都能达到娴熟自如的地步。

他在1982年1月5日的《新华日报》发表《处处留心皆学问》一文，回忆说：

> 我年轻时在国外学习的全都是西洋建筑方法和建筑艺术。回国后，我对我们中华民族的传统建筑方法和建筑艺术则比较陌生。但要做一个中国的建筑师，就必须了解、熟悉和研究我们中华民族古老的文化艺术传统，如果没有这样一个基础，单凭读过的几本外国书籍，就想在中国的建筑事业中做出很有价值的建树，创造出为中国的老百姓所喜闻乐见的建筑形式，那是不可能的。因为它就象没有根基的树木，没有源头的水流，是丝毫也不足取的。所以，我回国后就十分注意在实践中学习，努力从中华民族古老的文化艺术传统中吸取丰富的养料。

杨廷宝常常对身边的人说："孔夫子曾告诫众弟子们说'三人行，必有吾师焉'。可见人人是皆可为师的，所以做学问就要虚心。"与杨廷宝相处过或同过事的人，都有这样的共识，那就是杨先生十分好学。作为杨廷宝的后辈和学生，后来又同在基泰建筑事务所共事多年的张镈先生回忆道：

1933 年夏，我毕业的前一年到天津基泰工程司去拜访杨先生。他正坐在小图房的图板前画线图。图面十分工整。这时他已是基泰的合伙人，是主持图房的总建筑师，是设计建造整个东北大学新校、沈阳北站、北京西河沿大陆银行以及大量高级住宅的名师了，功成名就，有了很高的社会地位。但是他还是趴在图桌上制图。1934 年夏我进基泰工作实习。图房里的十多位同事都是很有经验的绘图员。他们都能很快地理解杨先生的设计意图，都在发挥才能，独立工作。他们遇到问题去小图房请教时，杨先生不离自己的图板，能够答问如流，并眉批解决问题的办法。十来个设计同时进行，他了如指掌。一是交代清楚，从来不作出尔反尔、反复无常的乱改。二是心中有数，对每个设计可能遇到的问题早有预见对策，对来人的问题耐心解答，具体地帮助。他们彼此合作得十分默契。[16]

注释：

[1].《杨廷宝谈建筑·代序》，张开济著，载《杨廷宝谈建筑》，齐康记述，中国建筑工业出版社，1991 年。

[2].《近代哲匠录》，赖德霖著，载《中国建筑业年鉴》，491 页，中国建筑工业出版社，1995 年。

[3].《中国建筑·创刊词》，赵深著，载《中国建筑》创刊号，1931 年。

[4][6].《杨廷宝早年在沈阳的新建筑探索》，吕海平、朱光亚著，载《华中建筑》2009 年第 2 期，总第 27 期。

[5].《杨廷宝与少帅府》，杨永生著，载《建筑工人》2002 年第 1 期。

[7].《纪念的凝思——一代英华杨廷宝》，惠子著，载《建筑与文化》2004 年第 5 期。

[8].《中国近代建筑史话》，186-187 页，杨秉德、蔡萌著，机械工业出版社，2004 年。

[9].《中国近代建筑史话》，187 页，杨秉德、蔡萌著，机械工业出版社，2004 年。

[10].《中西合璧 推陈出新》，杨维菊著，载《杨廷宝先生诞辰一百周年纪念文集》，89 页，中国建筑工业出版社，2001 年。
[11][13][14].《1935 年天坛修缮纪闻》，崔勇著，载《建筑创作》2006 年第 4 期。
[12].《中国建筑呼唤文艺复兴宗匠》，张良皋著，载《杨廷宝先生诞辰一百周年纪念文集》，52 页，中国建筑工业出版社，2001 年。
[15].《关于修缮古建筑》，杨廷宝著，载《杨廷宝谈建筑》，68 页，齐康记述，中国建筑工业出版社，1991 年。
[16].《无限怀念授业恩师杨廷宝先生》，张镈著，载《建筑创作》1999 年第 2 期。

第五章　战时流离

1．举家逃难

从美国归国后的十年时间，杨廷宝先后主持设计并负责修缮的重大的建筑工程达五十余项，取得了令人刮目的成绩。正当他向着更高的事业高峰攀登时，日本侵略者为了侵占全中国，悍然向中国的北平宛平守军开枪开炮，七七事变爆发了！

卢沟桥一声炮响，侵华日军大举入侵中国，中国军民被迫走上了保家卫国的全民族抗战之路，杨廷宝也因此被迫改变了以建筑设计为主的人生轨迹。

杨廷宝与陈法青在北平结婚后，就到天津的基泰建筑事务所上班，住在事务所总部。不久，陈法青也跟随丈夫来到天津。杨廷宝整天为工作忙得不亦乐乎，陈法青则四处托人找房、看房。经过二十多天的辛苦寻觅，她租到几间并不大的房子，将北平的家具搬到天津，布置了一个简单的小家。白天，杨廷宝到基泰事务所上班，陈法青或者待在家里，或者跟着去帮忙画些图；晚上，两个人在家，有时在灯下读书，有时天南海北地聊天，过着安谧的居家生活。

然而，两人才将家从北平迁到天津不久，基泰事务所的业务又从北方转向南方，到南京、上海等城市发展，基泰总部也随之迁到南方。天津总部的房子空下来不少。杨廷宝、陈法青就将家迁到了原基泰总部。

基泰事务所大楼，位于天津城区繁华地段的马家口（今滨江道109号至123号）附近。由办公主楼和附属公寓两部分组成，是基泰事务所独立建造的一幢现代化办公建筑，始建于1928年，由杨廷宝亲自设计，天津惠通成木厂承造。其中，主楼的中部高为五层，两端四层。第一层是商业店铺，第二、三层为办公用房用以出租，第四层为基泰事务所的办公室和绘图房。大楼的主要入口上另建有

杨廷宝设计的天津基泰大厦透视效果图

过街楼，过街楼的上方镌刻着醒目的“基泰大楼”四个大字，檐口之上还镌有栩栩如生的狮子头像，柱身的刻槽和柱头的花纹也都十分引人注目。主楼后面还建有少量的公寓套房，分别是关颂声、朱彬、关颂坚、杨宽麟等主要合伙人的居家用房，杨廷宝、陈法青后来也搬到其中一套公寓里面。

杨廷宝归国后的十年之间，他的五个子女先后出世：长女杨士英1928年生、次女杨士华1929年生、长子杨士莪1931年生、次子杨士芹1932年生，这四个孩子都出生于天津，最小的一个儿子杨士萱1933年出生于北平。平时，杨廷宝忙于工作，时常外出，全部身心都扑在工作上，操持家务、照看孩子的事全由贤淑干练的陈法青承担下来。几个孩子连着出生，大的才一岁，小的又生了下来，这个哭、那个叫，这个生病了，那个不舒服了，陈法青独自领着几个小不点的孩子，各种困难可想而知。柴、米、油、盐、酱、醋、茶，里里外外的应酬，子女的上学、就医等，各种家务的操持都颇为不易，一个从小娇生惯养的富家女，现在要独自承担这些琐碎的事务。但她以坚强的毅力、以知识女性的干练和果断，硬是将杂乱纷纭的家务安排得井井有条，解决了丈夫的后顾之忧，让他能全力以赴地从事自己热爱的建筑事业。

对于这段生活，陈法青在《忆廷宝》一文中回忆说：

婚后的共同生活，使我对廷宝的秉性和习惯逐渐有了了解。为了支持廷宝的事业，我尽量不使他分心，独自料理好子女的教育和各项家务琐事。当年的天津是半殖民地化的城市，人情淡薄，处处向钱看，我们在那里生活很不习惯。[1]

孩子小的时候经常生病，有一次，长子杨士莪发水痘，导致破伤风，全身剧烈痉挛，呼吸困难，体温持续升高。陈法青一直守在孩子的身边，一连三天三夜都未合眼。此时，她多么希望丈夫能在身边帮她照料孩子，给予她精神支持与心理安慰，可杨廷宝当时却在千里之外奔波，好在孩子后来转危为安，陈法青才放下心来。

杨廷宝回家，得知士莪患病一事后，觉得自己对夫人和孩子实在亏欠得太多，所以以后他在家时，也尽可能地多挤出些时间来，照顾孩子，陪孩子们一起玩玩。在五个孩子的眼里，杨廷宝是一个“老好人”，从不生气，话也不多，喜欢教他们唱歌、给他们讲故事。高兴时，杨廷宝就随手拿起一张白纸问孩子，“想画点什么？”“画黄包车吧！”于是杨廷宝就画起来，不一会儿，黄包车就跃然纸上，细细一看，车里还坐着五个小孩，孩子们一看，都乐了，原来画的就是自己！

遇到风和日丽的周末，杨廷宝就与夫人一起带着几个孩子到郊外踏青，让孩子们接触接触大自然。杨廷宝带着孩子们到处转，看到一座古庙或者有趣的建筑，他就停下来，聚精会神地写生作画，孩子们则打打闹闹，高兴得四处跑着玩，两三个钟头后，孩子们跑累了，他的画也完成了。

不过，当杨廷宝在家的时候，陈法青要求孩子们不能吵闹，尽可能保持安静，不要打扰父亲。除了画画写生，杨廷宝也没有太多的兴趣爱好，他生性内向，喜爱安静，平时也不太喜欢看电影、听京戏等这些娱乐活动，在家中经常闭门不出，关在房间里看书、画画，或者思考问题，或者是做建筑设计。

由于工作关系，杨廷宝在家的时间不是很多，往往几个月才能回家一次。从1930年下半年起，他奔波于南京、上海、天津、北平等地。在上海，杨廷宝先后参与了上海大陆银行、大新百货公司大楼的设计。

接到修缮北平古建筑的任务后，杨廷宝因考虑到自己工作重心近几年可能都会在北平，于是在1933年初又将家搬回了北平。为了修缮北平古建筑方便起见，他与陈法青特意选择了东单北侧的西石槽二号住下来。

孩子们这时候逐渐到了入学的年龄，搬家也是考虑到北平的学校条件相对要好一些。陈法青拖着几个孩子，搬家的种种麻烦，都由她一个人承担解决，没有让杨廷宝操心。

1936年底，杨廷宝主持的北平古建筑修缮工作接近尾声，承接的大部分工程在南京和上海，他在天津和北平的时间越来越少，出差更是不能预料，因此就与夫人商议，决定举家迁到南京或上海。他们先将两箱急需而又珍贵的科技书籍、资料运到了南方，尔后准备趁孩子们放暑假时再将家迁到南京。孰料，这一打算还未来得及付诸实施，抗日战争就全面爆发了。后来，杨廷宝先行带到南方的那两箱宝贵书籍、资料全部丢失，而留在北平的那些书籍、资料和书画，则在陈法青的妥善保管之下幸运地保存了下来。这些，当初都始料未及。

卢沟桥事变爆发后，黑云压城，日本侵略军的触角很快伸入到了广大的华北地区。陈法青考虑到形势危急，急忙写信催促杨廷宝早点赶回北平，她想等丈夫回到北平后再详细商议搬家事宜，她实在不知道战争要打多久，北平的家究竟该怎么办。杨廷宝此时正在基泰的上海事务所总部，陈法青一连写了几封信，他都没有收到。陈法青迟迟不见丈夫的回信，知道战争中断了邮路，没有办法，只得一边联系在天津的朋友，一边赶紧变卖家具，打发走了保姆和佣人，带着五个孩子先到天津的租界内暂避，住在基泰事务所原天津总部。

事有不巧，杨家住进天津租界内的基泰总部才一周，形势又发生了剧变，侵华日军逼近，天津也危在旦夕。9月，侵华日军包围了天津租界区，杨廷宝此时赶回家已不可能，关颂声不敢担保杨家几口人的性命，让陈法青自己拿主意。眼见丈夫不能回到天津，天津又极不安全，无奈之下，陈法青只好准备先想办法逃离天津再说。

为了几个孩子的安全，陈法青果断决定：带孩子们先回老家南阳。她一面致信公公杨鹤汀，让公公将南阳家中稍作收拾，一面又给丈夫杨廷宝去信，让他直接到青岛迎接。她特地打了两口大铁皮箱，与孩子们一起，将丈夫的重要书籍、画卷和资料整理之后装入箱子，然后带着孩子们以及一个男工田宝生和一个女工刘妈，乘船去往青岛。在基泰一位工友的热心帮助下，陈法青带着几个孩子和那两个宝贝箱子，与梁思成、林徽因一家和刘敦桢、陈敬一家，乘船南逃。刘敦桢的儿子刘叙杰后来回忆说：“父亲等为购买船票奔波了许多日子，后来终于如愿。于是我们和梁伯伯及杨廷宝伯伯三家人一同搭乘了英商太古公司的轮船，由天津的大沽口启程，经烟台到达青岛。登岸后又换乘火车，前往长沙……”

按信中的约定，陈法青带孩子们到青岛时，杨廷宝应该在此迎接的，但当她带着几个孩子到达青岛后，却一连几天都不见丈夫的影子，更令她烦恼的是就连联系也无从着手。她知道战事日紧，心中焦急万分，不知道丈夫是被什么急事给耽误了，还是有其他不测。但此时也没有其他办法，只得匆匆又带着几个孩子由青岛改乘火车转往济南，之后再乘火车到徐州、郑州、许昌，真是辗转颠簸，备尝艰辛。

杨家从北平南下时，最大的孩子士英，年方九岁，而最小的孩子士萱还不足四岁，陈法青带着几个不懂事、吵吵闹闹的孩子，还有大包小包的东西，加上两个大铁皮箱，心里充满揣测、担忧与不安，一路的艰辛可想而知。为了早日摆脱日军的威胁，她带着几个孩子急如星火般赶路，等到达许昌时，大人小孩早已疲惫不堪，于是只得在许昌停了下来。[2]

历尽了千辛万苦，万幸全家都安全无恙。在许昌休息时，陈法青和孩子们意外地与杨廷宝相遇，一家人都兴奋至极。到达许昌后，梁家、刘家因急于赶往长沙，于是就与杨家老小作别，先行南下而去。之后，刘、梁两家又辗转到了云南的昆明。

原来，杨廷宝在上海接到陈法青的来信后，心里也着实担忧，一个妇女带着五个孩子，还有一大堆的东西，在这兵荒马乱的年月里，能否安全到达南阳老家？他心急如焚，按夫人信中的约定前往青岛迎接，但因事耽搁，加上路上逃难的又多，车、船都挤不上，等他到达青岛时，陈法青却急着赶路，带着孩子们早已离开。杨廷宝在青岛没能接到家人，只好忧心忡忡地急急折转河南，好在到许昌就遇上了陈法青和孩子们。

看到妻子和五个子女皆无大恙，杨廷宝一颗悬着的心方才落地，看到自己的书籍、资料和绘画都完好无损时，他对勇敢而又聪慧的妻子充满感激。

接着，杨廷宝、陈法青带着几个孩子继续赶路，从许昌乘长途汽车，又经过了整整一天的途中劳顿，才安全回到南阳的赵营村。

早在杨廷宝就读于河南省留美学校期间，杨鹤汀以河南省参议员的身份担任中州中学校长，将家搬到了省会开封。不久，他辞去中州中学校长之职，与人合办了一家织布厂并任厂长。之后，杨廷宝读书于清华学校，杨鹤汀在北京也住了些时日。杨廷宝赴美留学后，杨鹤汀将家又迁回了老家南阳，并听从乡贤董作宾、张嘉谋、王可亭等人的建议，在南阳城内创办了南阳女子中学。1931年，因欲创办实业，杨鹤汀辞去南阳女中校长一职，并以校董资格礼聘河南大学高才生许文园担任校长。翌年又和南阳县瓦店镇人、留法农学家、时任河南省第三农林局（驻地在南阳）局长的冯紫岗一道，在南阳城北的李华庄创办了一家新型农林场——李华庄农林场。他们不但从烟台引进苹果等新品种，使南阳人在抗战前就吃上了甜美可口的烟台苹果，还将意大利的先进养蜂技术引进南阳，并首先在赵营村进行试养，造福桑梓，对南阳农林事业的发展做出了可贵的贡献。杨廷賓在《记南阳杨氏家族》中回忆说：

> 我记忆最深的是，父亲从外地运来几十箱意大利蜂，还请来两位养蜂师，传授科学养蜂法，如育蜂王、科学分箱分群等，还购置了摇糖机、制巢础机，几十箱蜂就放在赵营村住宅院内。当时南阳一带都是自养的土蜂，蜂体小，产糖量低，管理方法落后，自从我父亲引进意大利蜂后，南阳一带开始推广这种优良蜂种，原来的土法养蜂也改为分箱养了。父亲办了这些利乡利民的事，他自己则是两袖清风。母亲常笑着说："你父亲鼻子上有两个豁，只会花钱，不会理财。"[3]

杨鹤汀虽是富家子弟出身，但其日常生活却极其俭朴，他崇尚老庄思想，每每身着粗布长衫，剃着光头，与南阳玄妙观的住持李宗阳经常往来，平时除对书画和中医有所偏爱外，别无其他嗜好。除辛亥革命前后短期从政外，他一生都致力于桑梓的教育和实业，为人刚正，两袖清风。他还积极参与南阳县的乡村自治活动。1932年前后，全国有近二百个县地实行地方自治，河南省的镇平、内乡、邓县、淅川等四县分别由彭禹廷、别廷芳、宁洗古、陈重华等人发起了"宛西自治"，而南阳县的自治活动，其首创者就是杨鹤汀、朱肇生等人。杨鹤汀将南阳自治活动的主要任务定为：重新丈量地亩，核清各乡人口及土地数量，作为合理摊派依据；团练武力，以防匪患；稳定社会，发展经济等。

1935年秋，杨鹤汀的次子杨廷宾和王正朔、王正今、曹云阁等中共地下党员，在南阳从事革命活动，得到他的多方关照和掩护。这一时期，杨廷宾还在父亲全力支持下，为鲁迅先生拓印了240幅南阳汉画。

抗战全面爆发后，杨鹤汀满怀爱国激情，回到南阳女子中学，发表了一系列的演讲，热情动员女中的学生响应祖国号召，投笔从戎，走上抗日的第一线。此

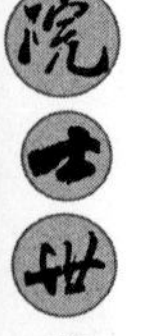

时，他的长女廷宜在北平协和医学院毕业，次女廷宁也在北平艺专毕业，之后相继参加工作，服务社会，为家乡父老乡亲所称道。

见长子、长媳携家归来，杨鹤汀内心既高兴又担忧。高兴的是，一家团聚，见到几个孙儿孙女，可享天伦之乐；担忧的是，孩子们回到赵营，终究不是长久之计，战争不知道什么时候能结束，全家上下，还有这个国家，前途未卜。

1937年，杨鹤汀（右一）携全家在南阳卧龙岗武侯祠假山上合影

杨廷宝和陈法青本来以为暂时结束了逃难生活，一家老小总算在战乱中团圆，可以略微地安定下来。但谁知杨廷宝刚一回到南阳老家，就生了一场大病，大概是一路不断颠簸劳累，加上内心的焦虑不安引起的。杨廷宝一直高烧不退，不久转成肺炎，把全家上下都吓坏了。陈法青让婆婆请了中医，在饮食、起居上精心照料，经过几个月的精心调养，杨廷宝的身体方才痊愈复原。

在老家南阳的生活也并不轻松。杨鹤汀夫妇安静的生活被打乱了，原来家里只有三口人，现在一下子增加到十二口人，本来还算宽敞的空间突然变得拥挤不堪；而且生活上非常不便，孩子们对农村生活新奇了没几天，就发现这个没有，那个不方便，吵吵闹闹要离开；而最主要的是，随着战争的扩大和蔓延，日本飞机开始到这里骚扰，南阳一带变得不再安全。在此情况下，经人介绍，杨鹤汀在内乡县伏牛山腹地马山口镇的秦家寨租了几间房子，准备在万不得已时将全家人迁过去。

1938年春节过后，杨廷宝和陈法青到秦家寨查看了两次，并稍作了布置。然后，回到南阳，准备抽时间再将一家老小接过去。

1938年6月，河南省会开封陷入日军之手，省政府四个厅及各机关和十几所大中学校也相继迁到了南阳及附近的镇平、内乡。一时，南阳成了河南省的政治、军事、文化中心。日本飞机对南阳进行了几次试探性的轰炸。有一次，日本飞机飞来，杨家的几个孩子忙躲到八仙桌下，还好，最后只是房子有些损坏，人都安全。见南阳也成为危城，为安全起见，杨廷宝与父亲商量，决定不等秦家寨的家布置好，立刻将家搬到那里。

秦家寨地处伏牛山中段主峰圣垛山南麓，为内乡县马山口镇所辖，位于默河西畔。寨中居住多为秦姓、张姓和郭姓三姓人家，尤以秦家为多，势力也最大，故曰秦家寨。杨家迁入秦家寨后，由于杨鹤汀曾当过南阳知府，声望卓著，当地人出于对他的敬重，给予了不少帮助，杨家所居之房即为寨中大户人家秦凯基父亲所供。秦凯基后来师从文学家曹靖华，对世界语颇有研究，也是鲁迅的崇拜者。新中国成立后，秦凯基定居北京，杨廷宝之弟杨廷宾奉调入京任中国美术馆副馆长后，一直与秦凯基有来往。

杨家老小迁到秦家寨后，总算是松了一口气。杨鹤汀和老伴越住越有滋味，甚至享受起了山里世外桃源般的宁静生活。1938年，杨鹤汀曾作七律《卜居》，抒发在此生活的情形。诗曰：

戊寅之年离故乡，卜居直到马山阳。
别君斜插雁翅柳，秦氏高筑锯齿墙。
渠灌廿顷秧苗秀，池连数里藕花香。
莫嫌虾蟹鱼鳞瘦，酒比江南味更长。[4]

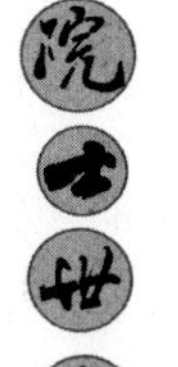

杨鹤汀还发现秦家寨的土质非常适于种植中药，于是开荒辟地，除种植花草蔬菜外，还种了丹参、地榆、地骨皮、沙参等许多药材，并用这些药材给当地的百姓治病。他发现当地患胃病的人特别多，经仔细观察，他认为这与当地人大量吃红薯、玉米导致胃酸过多有关，他让他们用黄连、吴茱萸等煎成药饮用，很多人因此治好了困扰多年的胃病。因为他对前来看病的贫苦穷人，义务诊治，一概不收费用，开出的药方切中病情，用药得当，药味少，又多是普通便宜之药，所以当地人都愿意来找他看病。

但杨廷宝却心乱如麻：一来，亡国的悲痛时时刻刻侵蚀着他，看着祖国的大

好河山一天天被日军占领，老百姓背井离乡，流离失所，大量的古建筑在战火中化作灰烬，他心如刀割。二来，战争使他不得不停下挚爱的建筑事业，他正值中年精力旺盛出成果的最好年龄，但在创业的黄金季节里却只能闲居于闭塞的山中，让他感到度日如年！为了排遣心中的苦闷，也迫于养家糊口的生活压力，他到处打听是否有迁到河南的大学，想寻找做事或授课的机会。可是，不少学校虽然迁了过来，但只是个过渡，很快又南迁或西迁他处。其间，他仅应河南大学之请担任了一段时间的外文教师。

1939年，杨廷宝接到关颂声从重庆发来的电报。原来，关颂声已将基泰总部迁到了重庆，才刚一落脚，便承接了几个设计工程，马上发急电让杨廷宝前往重庆。

接到关颂声催他赴渝的电报，杨廷宝喜出望外，立即与家人相商，决定只身先远赴重庆，待那里稍作安顿再将一家老小接去。建筑学家张镈后来回忆："1937—1939年，我在基泰顶替了他的工作。1939年基泰又把他请了回来。"[5]

秦家寨是个只有百来户人家的山村，由于地处大山之中，生活水平十分落后，条件非常艰苦，甚至平时连买点油盐酱醋等日常用品，都要翻山过河到几里外的马山口镇上。这些，还能克服，陈法青最头疼的是孩子的教育问题，由于不断地搬家，加上战乱，几个孩子读书被迫时断时续，但不论走到哪里，她都会为孩子们带上书，随时教孩子们一些。秦家寨虽然有一所小学，由于比较闭塞，仍按照旧式私塾的方法教学。当地上学的孩子也不多，大多数是文盲。陈法青只好在家里自己教孩子，按照复式教学法，将孩子们分成不同的年级，照着普通小学的科目教孩子。

1940年，长女杨士英该升初中了。陈法青觉得最好还是进正规学校接受正规的教育，但苦于找不到合适的学校。她不希望因为战争而耽误孩子的教育，于是写信与杨廷宝商量，是不是也到重庆去，毕竟那里文化发达一些，国民政府也迁在那里，教育相对比较正规。杨廷宝觉得夫人说得有理，1940年春节前后，特地抽空从重庆回到秦家寨，带着妻子和孩子们，从内乡出发，经湖北的老河口、宜昌等地，前往重庆。由于动身较早，在宜昌幸运地搭上了开往重庆的最后一班正常客轮。

杨廷宝夫妇和五个孩子才到重庆，就接到杨鹤汀的来信，说幸亏他们早一步离开了。他们走后没多久，日军就侵犯了秦家寨，老夫妇只好跟着秦家寨的村民们一起逃到了马山口镇北近30里的深山腹地——张家河湾。目睹国民党在战争中节节败退，老百姓流离失所，杨鹤汀对国民党政府越来越失望。1942年，国民党河南党政军伏牛山工作团在南阳大肆逮捕共产党员和进步人士，他曾愤慨地抨击当局：“不去打日本鬼子，却在这儿窝里斗，简直是一派胡来！”国民党南阳县党部要他登记党员情况，他严词申明：“我早已被清党，不是党员了！”拒绝登记。

2. 初登杏坛

杨廷宝一家到重庆后，暂时住在歌乐山上。当时，大批逃难人群蜂拥而至，重庆住房极度紧张。当时，杨家和邻居合住一幢小楼，各占一半，一家七口人挤在仅有13个平方的房间里。为了在日本飞机空袭时有个躲避之处，杨家还与邻居合资开凿了一个不到20平方米的小防空洞。一年之后，邻居搬迁，余房由杨家接住，杨家住房才略显宽敞。

杨廷宝平时一个人在城里工作，在事务所附近租了一间不到9平方米的小房子，并在附近找了一家小饭馆搭伙，只在周末回家。当时，重庆公共汽车很少，杨廷宝每次回家都要一大早去车站领号排队，下午再买票坐公交车到小龙坎，然后步行爬山走十余里才能到家。抗战时期的艰苦生活和繁忙工作，加重了杨廷宝精神上的负担。

杨廷宝在重庆期间，依旧担任基泰建筑事务所的总工程师职务，先后设计了嘉陵新村国际联欢社（1939年）、嘉陵新村圆庐（1939年）、刘湘墓园（1940年）、重庆美丰银行（1940年）、重庆农民银行（1941年）、原中国滑翔总会跳伞塔（1942年）、林森墓园（1943年）、青年会电影院（1944年）、国民政府门廊……

由于战时等特殊原因，这些建筑大都以简洁、经济、实用、合理的面目出现，如美丰银行采用全钢筋混凝土结构，农民银行、跳伞塔采用砖石结构；青年会电影院因是临时建筑而采用砖柱、夯土墙、双竹篱笆墙、空斗墙相结合的混合结构，观众厅中采用两列枋木支柱支撑木屋架，造价十分低廉。在抗战这一特殊环境之下，建筑项目并不多，设计任务相对于抗战之前，显得特别清淡；而且建筑的要求也不高，不少建筑仅仅是简单地在竹篱编造的基础上薄薄地抹一层灰浆，这就建成了简易用房。

在如此情况下，1940年8月，杨廷宝开始受聘于中央大学建筑系，担任兼职教授。中央大学肇始于清光绪二十八年（1902年），由两江总督刘坤一和继任总督张之洞所创的三江师范学堂，后又易名为两江优级师范学堂，并由著名书法家、教育家李瑞清担任监督（相当于后来的校长）。辛亥革命后不久，两江优级师范学堂停办。1915年，北洋政府在两江师范学堂旧址成立了南京高等师范学校，1922年易名为国立东南大学，是当时我国的第二所国立大学。1927年4月18日，国民政府奠都南京。不久，教育总长蔡元培先生实行大学区制改革，将国立东南大学等9所高校组建为国立第四中山大学，统管全省的学术和教育行政。1928年，第四中山大学正式易名为国立中央大学，并成为国民政府的最高学府。当时的中央大学设有文、理、法、教育、农、工、商、医等8个学院40个系科，学科完备，仪器先进，教学设备及图书在国内都是首屈一指。特别是该校的工学院，时设土木、机械、电机、建筑、化工、航空、水利等7个系，人数多达千人，人才济济，荟萃一堂，是全校规模最大、系科最多、师资力量最雄厚、设备最精良的一个学院，而建筑系又是工学院之精华所在。

1937年，随着七七事变和八一三事变的相继爆发，国立中央大学奉国民政府之令迁往重庆，校址设在重庆郊区沙坪坝的松林坡，与当时的重庆大学毗邻，地处磁器口、小龙坎、嘉陵江和歌乐山之间。这里山清水秀，树木葱郁，花草丰茂，环境幽雅，非常宜人。只是战时重庆条件艰苦，日机时常轰炸，本来随迁的教师就不是很多，来了后不少教师因为气候不适、水土不服等各种原因，又纷纷离开。当时建筑系的师资情况不容乐观：时任建筑系主任的卢树森因事辞职回沪，另一名教师王秉忱另有他就，其他教授如刘福泰、虞炳烈、张镛森、李毅士、孙青羊等因不适重庆气候而辞职求去，系主任先由曾在宾夕法尼亚大学建筑系留学的谭垣先生暂代。后来，谭垣敬谢不敏，辞去主任。到1939年，只剩下了鲍鼎、谭垣和周圭三三名教师，分别教授美术、建筑史和设计，教师奇缺。建筑系面临着分崩离析的局面。

作为国民政府最高学府中央大学的建筑系，当仁不让地承担着为国家培养建筑师的任务，亟需名师。时任工学院院长的卢孝侯与接任建筑系主任的鲍鼎，几经商议，决定向校外广延名师，重振建筑系之雄风。

恰在此时，中央大学建筑系学生刘光华等人将杨廷宝推荐给了鲍鼎。鲍鼎久仰杨廷宝大名，听说他在重庆大喜过望，立即向他发出邀请。杨廷宝归国后一直在建筑事务所任职，虽未在高校任过教，但早有为国家培养建筑人才的愿望。对于鲍鼎先生的诚挚相邀，他欣然应允，遂受聘于中央大学工学院建筑系，讲授建筑设计课和建筑概论，同时还与他的河南籍同乡、著名水彩画艺术家李剑晨先生一道，共同指导建筑系学生的水彩画等美术课。待遇也与李剑晨一样，享受二级教授待遇，月薪260块大洋。从此，杨廷宝在从事建筑设计的同时，又与建筑教育结下了不解之缘，开始了工程师兼教授的生涯。

李剑晨在杨廷宝受聘前被聘入建筑系。李是河南省内黄县人，早年毕业于国立艺专，曾受教于徐悲鸿等名家，之后又留学英、法等国，归国后在国立艺专担任教授兼教务长，此时到中大建筑系任教，接他的老师李毅士先生的班。

国立中央大学建筑系主任鲍鼎先生

鲍鼎是湖北省蒲圻县（今赤壁市）人，字祝遐，早年毕业于北京工业专科学校，1928年公费赴美入伊利诺伊大学建筑工程系留学，1932年获得硕士学位后归国，翌年被聘入中央大学建筑系任教。他为人正直，曾多次对学生说："建筑师最紧要的是为人要正派，中国建筑师要有中国人的风度、气派和正直感，不能做外国建筑师的随从，跟外国人跑不能算有本事。"1940年夏，在建筑系师生的恳请与校、院领导的支持下，他不避艰辛，担起了系主任的重任。上任后，他一方面极力稳定教师队伍，勉力维持全系教学秩序；一方面积极奔走、四处纳贤，先后聘请到中国建筑界名师杨廷宝、黄家骅、陆谦受、李惠伯、哈雄文、龙庆忠等先生以及美术大师李剑晨来系任教。1943年，鲍鼎还特意请杨廷宝致函刘敦桢，将他也邀回中大建筑系任教，1944年，童寯也从贵阳赴重庆兼任中大建筑系教授。当时，杨廷宝、童寯以及在重庆中国银行的陆谦受、在昆明兴业建筑事务所的李惠伯被建筑业界誉为"四大名旦"，均被网罗至中大。一时间，该系师资阵容空前雄厚，教学蒸蒸日上，自此进入了前所未有的鼎盛时期。在众多名家的共同努力下，中央大学建筑系再次成为国内实力最雄厚的建筑系，新中国成立后，该系与梁思成在清华大学创办的建筑系以南北并称，在国内外最为知名。杨廷宝也与梁思成并称为我国现代建筑界的泰山北斗，享有“北梁南杨”之美誉。

杨廷宝自1927年归国开始在国内建筑界执业，到1940年从事建筑设计已有14个年头，掌握了丰富的设计经验，成为当时国内屈指可数的建筑名师。当中央大学建筑系的师生们得知杨廷宝前来任教时，整个系为之轰动，大家奔走相告，十分欣喜。

到建筑系任教后，杨廷宝的生活开始忙碌起来。基泰事务所在重庆市中心，中央大学在远离城区的沙坪坝，杨廷宝的家在歌乐山，三地相距较远。当时交通不便，从事务所到学校，要坐一个多小时拥挤不堪的市郊公共汽车，[6] 而沙坪坝到歌乐山还不通汽车，平时只能靠步行，要走近两个小时。为了不耽误基泰事务所的工作，并有时间在中央大学建筑系授课，杨廷宝将时间做了调整：周二到周五在城里建筑事务所工作；周六、周一到中央大学建筑系授课；周六上完建筑课，如果没有水彩课，当天下午即直接回歌乐山的家中；如果需要接着讲水彩课，他就在学校住上一宿，和学生一道画图，做示范，到翌日上午再回家。周一的课需要他一大早就从歌乐山的家中出发，步行到学校给学生上，结束后再赶到市中心，其间虽种种辛苦，但杨廷宝风雨无阻，从未缺课。[7]

无论是对建筑设计工作，还是教学工作，杨廷宝都非常认真。从参加工作起他养成了习惯：当天的事当天完成，从不在晚上加班加点，晚上时间只用来看书休息，保证第二天有充沛的精力应对工作。可自从当了教授之后，他改变了这一习惯，时常利用晚上时间给学生补课。当时，由于日本飞机频频对重庆进行空袭轰炸，中大师生常为躲警报而耽误功课，为了赶上和完成正常的教学进度，杨廷宝经常放弃休息，利用晚上的时间给学生补课。他对自己严格要求，对学生也是“严”字当头，特别注重学生的基本功训练。课堂之上，他会手把手地一笔一笔教授学生绘画作图；下课后，他要求学生交设计图时，必须同时交平面图、立面图、剖面图，简单的一张图他是不看的，等学生都交全了，他才会认真批阅。他的学生汪坦回忆：

> 我做学生时，听说最好跟杨老做古典的设计题。我做了一个哥特式的设计题。他替我改图那么严格，我想现在的学生可能会受不了。改图时，平、立、剖全后才改，有时还画出透视图，从进门厅一直到走廊，他用古典手法把地

铺面都画得十分细致。他曾分析罗马圣彼得大教堂地画图案设计，以经典示范，鞭策我们努力，终生难忘！他的古典艺术手法，功底很深。同时，他对渲染也很重视。有一次与我们一起野外画水彩写生时，杨老总是先十分仔细地观察然后谨慎地下笔。他的为人，有点老庄哲学。那时，老师之间在评图时争分数，他从不在乎，他认为只要学到手东西就可以了。[8]

在具体的教学方法上，杨廷宝总是顺势利导，循循善诱。建筑系1946届毕业生林建业在《沧海月明珠有泪》一文中写道："平时他改图时，总是顺着学生的思路，认真地、细致地顺势推演，决不忽略该生构想上的特出与优良之处。有时难免会碰到个冥顽不灵、强词夺理的辩解，他也会来一个'也可以'，让学生自己去领悟，决不抹杀对方的意见，也不赘言。"[9]1948届学生吴承琰在回忆杨廷宝时也说："杨先生既有承传鲍扎的方面：注重基本功训练和基本构思表达，而且在强调进行从构思草图发展到成熟的方案过程中启发大家设计应将实际和创作相结合。"[10]

杨廷宝还把自己当学生时的经验毫无保留地教给学生。得意门生戴念慈回忆说：

杨老是我的老师，他教过我，而且很会育人。我印象比较深的是他上课时经常讲他的学习经历，使我得益匪浅。主要是争取学习的主动性。他常说，在老师改你的作业之前，你应该把你的设计准备好，最好多拿出几个方案，这样，老师就可以根据你的图多提出些意见。有的同学不这样做，往往老师在修改别人的作业时，他还在画自己的方案，太被动了。如果你的方案做好了，那你就可以听听老师对别的同学的方案有什么意见。甚至你还可以从老师改第一个人的方案的时候，就站在旁边听。这样你学的、看的、听的，就多得多了。反之，急来抱佛脚，你就失去了学习的主动。[11]

水彩画可以说是建筑系学生的一门很重要的基础课。为了鼓励学生们画好水彩画，杨廷宝节衣缩食，拿出一笔钱和一批水彩画作品作为奖品，与教授水彩画的李剑晨先生一起，在建筑系发起了水彩画比赛。事实上，抗战期间教授的生活大都相当清苦，许多穷教授虽然兼任了几个大学的课，但一家人还得不到温饱。

做建筑师的宁愿多做几个工程，也不愿意教书。杨廷宝虽然兼着两份工作，但他夫人不工作，子女众多，家中经济并不宽裕。他时常在街上买两个红薯就当一餐，偶尔买两个烧饼就算是改善生活了。陈法青也利用山上的一小片闲地，种点青菜，养几只鸡，以补贴家用。大家听说杨老师自己拿出钱和画发起比赛后，都颇感动，非常踊跃地报名参加，除了奖金以外，大家更想得到的是杨廷宝和李剑晨两位先生的水彩画作品。最终，在此次水彩画的比赛中，周仪先获得了第一名，戴念慈得了第二名，成竟志得了第三名。不少学生对此事都印象深刻。杨廷宝去世后，戴念慈深情地写下《回忆杨廷宝老师》，他在文中写道："杨老师对学生的学习进步是非常关心而且是多方面的。为了鼓励同学提高水彩画的水平，他虽然不是直接教美术课的老师，但还是腾出时间亲自为我们做水彩写生的示范，并且拿出他的水彩作品，供我们参照学习。他在生活上自奉非常简朴，但毫不吝惜地从自己口袋里拿出一笔钱，给建筑系作为水彩画的奖金。时隔四十年了，今天回想起杨老师当年的热心教导，仍感到无比的亲切。"[12]

在中大建筑系兼课期间，杨廷宝还与系主任鲍鼎等商议，"为激励青年学子潜心学问，将现代建筑理论、技术与传统中国建筑特色有机融合，推出更多具有浓郁民族风格的现代中国建筑，为战后中国之重建发挥才智"，决定在系里设立建筑设计竞赛，并为竞赛获奖的学生设立专门的奖学金，以作鼓励。根据梁思成先生的建议，鉴于中国营造学社发起人兼社长朱启钤（字桂辛）对中国建筑事业的贡献，将这个专业奖项命名为"桂辛奖学金"。

1942年，中央大学第一届建筑设计竞赛实施，竞赛题目是设计未来的"国民大会堂"，要求设计风格为民族传统，中大建筑系学生郑孝燮在此次竞赛中荣获第一名。两年后的1944年，第二届建筑设计竞赛又如期进行，其主题是"后方某农场"，中大建筑系学生朱畅中荣获竞赛第一名。为了发现人才，激励学生，梁思成不顾体弱多病，大老远地从宜宾的李庄赶到重庆，和杨廷宝、鲍鼎、童寯、李惠伯等一起认真评奖，学子们多年后记忆犹新。

风雨如晦，鸡鸣不已；烽火连天，弦诵不绝。抗战岁月虽然艰苦，但中央大学的师生们却坚守学校，从未放弃过对学术的钻研。从杨廷宝到中央大学建筑系任教，一直到抗战结束，这期间的中央大学建筑系，名师众多，学风优良，优秀毕业生更是人才辈出，这一阶段被研究者称为"沙坪坝时期"。在评论沙坪坝时期中央大学建筑系的建设以及杨廷宝先生的实绩时，刘敦桢先生之子、建筑学家刘叙杰教授在《巨匠宗师，伟业永存》一文中写道：

抗日战争爆发，杨老几经周折，辗转来到大后方，在西南地区继续开展设计工作。迁校重庆沙坪坝的中央大学，于 1940 年聘他为建筑系兼职教授，从此他又开拓了对祖国贡献的另一重要领域。他的丰富经验大大提高了当时的教学水平，在与其他教师的共同努力下，学生的主动精神和各科成绩出现了突飞猛进。特别是 1943—1946 年的那几年，达到了建系以来的最高水平，曾被誉为“沙坪坝黄金时期”。那几届的毕业生，如戴念慈、吴良镛、汪坦、殷海云、陈其宽、胡佩英、张守仪、严星华、黄宝瑜……都成为日后我国建筑设计、科研和教学领域中的核心人物。[13]

杨廷宝（左三）与戴念慈、吴良镛等弟子在一起合影

中央大学建筑系1940届毕业生刘光华在《回忆建筑系的沙坪坝时期》一文中也写道：

那时高班同学常说，京剧有“四大名旦”如梅兰芳等人，我们建筑界也有“四大名旦”，即：杨廷宝、童寯、李惠伯、陆谦受。……

不久，童（指童寯）在沙坪坝兼课的消息传来，沙坪坝同学的梦想成真。聘请“四大名旦”的工作就此落幕。从此，中大建筑系虽没有一流的校舍，却拥有了一流的师资，各以所长，教育后辈，成了名符其实的培养中国建筑师的摇篮。……

沙坪坝时期，在建筑系成立的70年中是举足轻重、继往开来的重要发展阶段。不仅继承了过去十几年的优良传统，又为以后的持续发展奠定了雄厚的基础。今天，几位卓有贡献的大师已相继辞世，但春风化雨，教化广被，泽及后人、功不可没。[14]

1941年底太平洋战争爆发后，国民政府资源委员会副主任（系实际负责人）钱昌照认为胜利已经不远，他经向蒋介石请示后，一面积极制订《战后重工业建设五年计划》，一面派遣大批高级技术专家赴美考察，以作为抗战胜利后重大建设项目的储备骨干。1942年，资源委员会派遣翁文灏之子翁心源等35名技术与管理人员赴美。1944年12月，随着第二次世界大战局势的日趋明朗化，资源委员会适应形势发展，又适时选派第二批优秀理工科专家赴美考察工业建设，并委任电力专家恽震为团长、矿冶专家程义法为副团长、纺织专家张文潜为秘书长，带队前往加拿大、美国和英国，依次对三国进行参观考察。与上次不同的是，此次选派的40名专家都是国内理工科中出类拔萃的高端人才，钱昌照力邀杨廷宝加盟，承担建筑与建设方面的考察任务。考虑到借此机会可以了解和学习近20年国外建筑的成果，杨廷宝毫不犹豫地答应了。

国民政府资源委员会组织的第二批赴美考察团专家还有：橡胶专家林文彪、经济学家吴半农、机械造船专家周茂柏、水泥及工程专家徐宗涑、化学工程专家姚文林、地质学家李庆远、化学工程师潘履洁、化学工程师林天翼、土木工程师薛次莘、古生物学家杨钟健。

此外，国民政府资源委员会下辖的各大厂矿专家和负责人恽震、刘刚、刘晋钰、许应期、周维干、杜殿英、孙拯、王之玺、丘玉池、黄辉、阮鸿仪、时昭涵、任国常、黄修青、鲍国宝、卢祖诒、叶渚沛、汤子珍、程义法、郭象豫、夏勤铎等也参加了这次考察。

考察团一行于1944年底乘机前往美国。到达美国后，杨廷宝等考察团成员首先参观了美国各类建筑工程，尤其是一些富有特色的新式现代建筑。在纽约期间，他致信美国建筑大师弗兰克•劳埃德•赖特先生表示希望能去拜访。在美国宾夕法尼亚大学留学时，杨廷宝对这位学问扎实的大师就非常仰慕，但作为一个普通的中国留学生，从未奢望见到这位声名远播的建筑大师。赖特先生很快回信邀请他到家中做客。杨廷宝下了火车，年近八十高龄的赖特先生亲自驾车到车站迎接，并安排他住到自己家中。杨廷宝颇为感动，他知道赖特因坚韧刚强、生性高傲、脾气古怪而被人称为“怪杰”，谁想他竟然如此和蔼。

建筑大师弗兰克·劳埃德·赖特

赖特被公认为20世纪最伟大的建筑师、艺术家、思想家之一，是美国杰出的建筑设计大师，是世界上最早对现代建筑进行系统研究的一位建筑师，在室内设计、景观园林设计方面也成果斐然，被称为“永远的建筑大师”。他于1867年出生在美国威斯康星州的乡村小镇里奇兰中心的一个传教士之家，后在威斯康星大学麦迪逊分校攻读土木工程专业。未毕业就进入著名建筑师沙利文（Louis Sullivan）的建筑事务所工作。沙利文设计的建筑是芝加哥学派中最完美的作品，以现代派的美感而闻名美国。赖特将他在沙利文的建筑事务所学到的设计手法发挥到极致，加上他的聪明和努力，很快成为一位高产的建筑大师。1893年，他创立了自己的建筑事务所。

赖特一生设计的建筑究竟有多少连他自己也说不清，有人说800余项，有人说900余项，有人甚至说超过1000项，但实际建成的大约有500项，另外他还出版了数十种建筑学研究专著。他所设计的建筑中，四分之三是富有特色的住宅，其中以1900年至1909年设计的“草原住宅”最为知名并蜚声全球。他致力于“与自然相处”的创作，被建筑界誉为“自然之子”。他在1901年的《机器的艺术和工艺》以及1908年的《为了建筑》等报告中，提出“有机建筑”的理论，强调将建筑与环境融为有机的一体，表现建筑的目的性，他认为“像民间传说和民歌那样产生出来的房屋比不自然的学院派头更有研究价值”。他的建筑作品想象丰富，构思独特，如约翰逊制蜡公司大楼、古根海姆美术馆、流水别墅（考夫曼别墅）等著名建筑，在世界建筑界影响甚巨。建筑评论家保罗•戈德伯格曾感叹：“可以毫不夸张地说，在他之后，还没有其他的美国建筑师可以与他相提并论。路易斯•康、埃罗•沙里宁、凯文•罗歇、贝聿铭、菲利普•约翰逊都不能和他相比，即使上述这些人加在一起，他们在建筑艺术上所具有的影响，也比不过赖特不寻常的七十二个年头的建筑生涯所造成的巨大影响。”

赖特对古老的中国文化十分崇拜，尤其对中国古代的老庄哲学情有独钟。他欣赏老子的《道德经》，并引用其中的“埏埴以为器，当其无，有器之用；凿户牖以为室，当其无，有室之用”来阐述自己的建筑空间概念。民国初期，赖特一度到中国观光。在北京期间，他与中国的文化怪杰辜鸿铭交往密切，后来他在《论建筑》一书中对此有过详细的记述。与杨廷宝晤面时，他还向杨廷宝打听中国朋友辜鸿铭的情况，并希望杨廷宝归国后能将辜鸿铭的书寄给他。他特意对杨廷宝说：“辜是我的好友，你回国后如见到辜亲自翻译的《老子》译文，请给我寄一本。”

赖特的建筑设计风格和建筑理论对后来的建筑界影响巨大，乃至影响到今天，杨廷宝曾经多次对身边的人谈起赖特及其建筑设计风格。这次与赖特先生面对面的交流，使杨廷宝受到很大的启发，对他后来的建筑设计产生了非常大的影响。在杨廷宝20世纪40年代后期所设计的一系列建筑作品中，不少都非常注重建筑与环境的交融，从中可以看到赖特大师的影子。

杨廷宝随考察团在美国考察时间将近一年，至1945年秋，考察团一行又从美国乘机飞到英国首都伦敦，开始对欧洲进行考察。

在伦敦，杨廷宝参观了英国皇家建筑学会的新址大楼，以及这里的建筑事务所、学校、实验中心和材料中心等，还访问了英国的一些建筑大师，直到1945年底，他才与考察团一行经由印度回到国内重庆。

通过此次参观考察，杨廷宝深深地感受到西方现代建筑业一日千里的发展速度。自他从美国费城的宾夕法尼亚大学建筑系毕业，到现在也不过才短短20来年，西方现代建筑业却发生了巨大的变化，这使他感到吃惊与震撼，特别是在新材料、新技术的应用方面，让他大开眼界，叹为观止。

他为中国建筑业的发展滞后深感忧虑，觉得中国必须在广泛借鉴西方先进经验的基础上，打开思路，勇于创造，才能开创中国建筑业发展的新局面。

在随团赴美考察期间，杨廷宝从新闻中得知了日本战败投降的消息。经过整整十四年的奋力抗争，中国人民终于取得了最后的胜利，虽然身在异国他乡，但仍然激动难抑，高兴万分，与所有考察团的成员一起举行了一场小小的庆祝。兴奋之余，他想道：抗战虽然胜利，但百业待举，百废待兴，重建工作更是迫在眉睫，刻不容缓，更多更重更加繁忙的工作在等待着自己。他觉得自己肩上的担子重逾千钧，重建祖国大好河山的这份热情，使他的心像长了翅膀一样，急于飞回到需要建设的祖国……

3. 广厦万间

1945年12月，杨廷宝兴致勃勃地随科学考察团回到了陪都重庆，抗战虽然几个月前就取得了伟大的胜利，但此时举国上下仍然沉浸在欢乐之中。

回到歌乐山简易的家中，杨廷宝甫一坐定，夫人陈法青便兴奋地告诉丈夫说：8月15日晚，住在山脚下的朋友连夜敲门，兴奋得大叫大嚷，告诉她和孩子们日本投降的消息。开始，她有些不敢相信，问了几遍：真的吗？确认是真的，她高兴得一下子跳了起来，抱着儿子士萱转了一圈又一圈，脑子里想的全是杜甫的诗句：剑外忽传收蓟北，初闻涕泪满衣裳。却看妻子愁何在，漫卷诗书喜欲狂……但她马上又想她和杨廷宝何时才能“青春作伴好还乡”呢？随后的一段时间，她一直处在兴奋状态，夜晚，她难以入眠，热切地盼望着丈夫能早点回国，全家能早点离开重庆，早点安定下来！很快，住在歌乐山避难的邻居们开始陆续返乡，没有走的则先搬到重庆市内，准备抢购车船票出川。见大家如此，她不免随之紧张起来。

杨廷宝回到重庆后，与夫人商量，先将家从歌乐山搬到沙坪坝的中央大学校区内，借住于南开经济研究所的空闲房屋。由于山路崎岖不平，杨廷宝与夫人将所有书籍和资料打包后都与家具放在一起，请人一担担地挑至山下，陈法青两边往返奔波，十分辛苦。

抗战胜利了，万民欢腾，百业待兴。国民政府各大机关先后回迁到南京，在政府任事的职员们也纷纷随着政府到南京，南京的房源一下子变得分外紧张。基泰事务所很快接到了各种类型的建筑和修缮工程任务。于是，老板关颂声让杨廷宝先行一步，从重庆立即赶回南京。杨廷宝不得不再次告别家人，一个人回南京，重新开始他忙碌的建筑师生活，夫人陈法青则带着五个孩子滞留重庆，慢慢地等待归期。

经过侵华日军长达八年的蹂躏与践踏，南京残垣断壁，杂草丛生，许多地方都成了一片废墟，满目疮痍，一派荒凉的景象。重建工程多，基泰事务所的工程量繁重，杨廷宝的设计工作几乎没有停下来的时候，一个设计方案刚刚结束，另

一个设计方案又接踵而至，有时甚至要同时完成几个设计方案，从早到晚忙个不停，奔波在事务所与建筑工地之间，连休息日也没有。

回南京后，杨廷宝首次涉足了城市的公共民居建设。抗战胜利后，作为首都的南京面临着住房紧张的严峻形势，在这样的情况下，杨廷宝着手设计了公教新村、楼子巷职工宿舍（新中国成立后改名交通一村）、九华山中央研究院职员宿舍等五处具有一定规模的普通民居。

相对于中山陵音乐台以及中央体育场、中央医院、金陵大学图书馆等这些大手笔来说，标准简易、造价低廉的公教新村只能算是杨廷宝众多建筑设计中的一件“小品”。但是，他并没有因此而失去创作的激情，而是凭着一个建筑师的责任感，日夜加班加点，精心推敲方案。他根据这五处公教新村所在的不同地段、位置、地界形状和面积等具体情况，分别进行规划布局，力求做到每块用地都精打细算，并设法增加户数，帮助更多的人解决燃眉之急。他特意制定了甲、乙两种标准设计，尽可能满足居住需求，他绞尽脑汁，一分一厘地抠尺寸，在保证安全和正常使用的前提下，尽量压缩楼梯和结构所占的面积。户内布局更是紧凑实用；尤其是一梯两户的乙型住宅，每户居住面积分别只有27平方米和39.5平方米，“房内几乎没有纯交通面积，使有效使用面积系数达到了极限”。

在设计中，杨廷宝凭着对日常居住生活的深刻洞察，按实际需求来布局各房位置，做到既紧凑又互不干扰：入房有玄关，可存物，又可遮挡外面的视线；厨房独立于主体建筑之北，不让油烟、噪声影响朝向南面的起居室和卧室的生活环境；浴厕与厨房毗邻，使上下水管布置集中，节省管道长度，节约投资，而浴厕的门则紧挨着卧室，方便住户使用。连房中的一些边角空间也得到了充分利用，被设计成为住户的贮藏空间，有人称“公教新村的户型设计没有一丁点面积浪费”。这些户型模式，后来成为二十世纪五六十年代中国住宅设计的典范，至今，这几处民国建筑群仍然可以称得上是公共民居的典范之作。

在抗战结束后到南京解放的几年间（1946—1949年），国民政府还都南京，掀起了一股建设高潮，杨廷宝进入了他建筑设计生涯的第二个创作高峰期。当时，国家处于建设、内战的双重格局之下，政局不稳，经费紧张，所以建筑工程十分讲究经济实用。这次建设高潮主要集中在一些私人住宅及一般公共建筑领域，规模都不是很大。杨廷宝主持设计了二十余项工程，主要有：南京下关车站扩建工程（1946年）、公教新村（1946年）、南京儿童福利站（1946年）、南京中山陵正气亭（1946年）、南京楼子巷职工宿舍（1946年）、南京国民政府盐务总局办公楼（1946年）、基泰事务所南京办公楼（1946年）、南京五台山百步坡1号翁文灏公馆（1946年）、南京中山北路国际联欢社扩建工程（1946年）、北极阁宋子文公馆（1946年）、国民政府资源委员会办公楼（1947年）、新生俱乐部（1947年）、南京祁家桥1号的俱乐部（1947年）、招商局候船厅及办公楼（1947年）、国立中央研究院社会科学研究所、中央研究院化学研究所（1948年）、中山陵园孙科的延晖馆（1948年）、国民党中央通讯社办公楼（1948年）、结核病医院大楼（1948年）……

杨廷宝设计的原国民政府资源委员会办公楼（苏克勤摄）

从以上这些设计作品中，明显可以感受到杨廷宝在建筑设计上向现代简洁主义转型的痕迹，基本上符合了当时建设大局的需要。朱仁洲在《杨廷宝20世纪40年代建筑作品解析》一文中曾高度评价杨廷宝这一时期设计的建筑作品，说："在形式上不偏不倚，庄重大方，回避新奇古怪；结构布局上追求实用经济，方便有效，体现了中国传统的中庸思想。"[15]

特别要提到的是1948年设计的延晖馆，系国民政府要员孙科在南京的一处高级住宅。该建筑位于中山陵西侧的陵园路8号。孙科是"国父"中山先生之长子，早年曾留学于美国的哥伦比亚大学，1927年4月国民政府定都南京后，历任国民政府建设部部长、财政部部长、铁道部部长、行政院院长、国民政府副主席兼立法院院长等职。孙科之所以要选择在中山陵风景区营造别墅，更多是为了纪念其父中山先生，遵循中国"结庐而居，服孝守灵"的文化传统。

整个延晖馆占地面积40余亩，建筑面积约1000平方米。从建筑的正面来看，左右不对称，楼顶用瓦既不是通常的大平瓦，也不是传统的小青瓦，而是中西结合的红色筒瓦和板瓦，一仰一合之间，颇有生趣。别墅的平面外观呈"十"字形，规模相对较大，功能也较为复杂，楼内还有六七套大小不一的套房，底层为客厅、客房、餐厅、卫生间等；二楼则为卧室、书房、小客厅等。建筑的入口处设在北面，以便朝南面客厅的视线不受干扰。主人房与客人房、工人房之间截然分开，有各自独立的出入通道。平时，别墅的耗能也尽量不破坏自然环境、不浪费能源。又比如采光，尽量不用电灯，墙面采用玻璃砖，使得客厅光线明亮而柔和。室内的取暖也采用天然方法，楼顶置有巨大的蓄水池，平时可将雨水收集起来，水位由浮球阀自行控制，既可冬暖夏凉，又有利于保护建筑屋面。别墅的设计显出了独特的风格。

杨廷宝忙于公务，对重庆家里的事根本无暇顾及。陈法青几次写信给丈夫，询问南京的住房情况，但杨廷宝在回信中总说南京房屋奇缺，一时无法解决，让她与几个孩子安心住在重庆，耐心等待，不要着急。此时，几个孩子陆续考入了中学，大女儿杨士英和大儿子杨士莪面临着大学入学考试，陈法青特别希望能早日结束这种颠沛流离的异乡生活，合家团圆，让孩子们安下心来读书，过正常的安居日子。

等不到杨廷宝满意的答复，陈法青只能自己想办法。正巧这时候南开经济研究所要用房子，催他们搬走。陈法青心想，这样也好，省得再搬一次家了，不妨就直接去南京吧。她一边到处托人购买去南京的船票，一边干脆利落地将家具直接赠给了南开中学，行李打好包后寄存到朋友那里。

1946年9月的一天，船票终于拿到手了，陈法青带着几个孩子，乘着一艘小轮船拖带的两条木船出发了。在狭小的船舱里待了11天后，总算安全地抵达南京。到南京一看，确如杨廷宝信中所说——没有地方住。没办法，一家人只好暂时分住三处，杨廷宝住在基泰事务所，上中学的杨士莪、杨士萱借住在工地工程人员的集体宿舍，陈法青和二女儿杨士华以及二儿子杨士芹住在中央大学的文昌桥宿舍。尽管种种不便，但一家人也算在南京安置了下来。

为了稳住杨廷宝，基泰事务所决定首先解决杨家老小在宁的住房问题，老板关颂声慷慨解囊，出资让杨廷宝择地建房。杨廷宝选择了位于中央大学东侧的成贤街104号，其实，这块地皮是抗战之前杨廷宝从别人手中购下的，那时他就想建一座真正属于自己的房子，无奈地皮刚刚购到手中抗战就爆发了，一家人被迫逃难，他的设想化为泡影，多年积攒下的钱也在货币贬值时变得不值几文。

房子建好后，因地处成贤街而命名为“成贤小筑”。这幢杨廷宝自己设计的房子，规模不大，外形朴素，造价经济，建筑面积167平方米，下面建有地下室，上边附建有半层的小阁楼，是一幢实用型的两层小楼。墙用城墙砖砌筑，木制门窗，内有楼梯，红色平瓦屋顶，米色灰粉外墙，虽然面积不大，但布局十分紧凑。一楼是厨房、餐厅、客厅和书房；二楼是三间卧室，围绕着梯井旋转。楼下还有一个小院，种了蜡梅、桂花、广玉兰、龙爪柏、蔷薇、枇杷树等一些花木，使整个庭园显得生机勃勃。这幢小楼与国民党政府里的达官贵人的豪华别墅相比，简直不值一提，但对杨家来说，它是一处独立的宅院，是一幢真正属于他们自己的家。为别人盖了一幢又一幢住宅的建筑师，终于有了自己的房子。

成贤小筑建成后，杨廷宝一家结束了多年颠沛流离的生活。在此后的几十年中，杨廷宝夫妇一直居住在这个简朴幽静的小院中，直到去世。如今，东南大学旁边成贤街104号的这两层小楼，已辟为“杨廷宝纪念馆”对外开放，当年在院里种植的几棵树，早已亭亭如盖。

成贤小筑院内（苏克勤摄）

成贤小筑外观（苏克勤摄）

从重庆回到南京后，杨廷宝继续在中央大学建筑系兼课，教学任务一直较为繁重，他与学校的关系也日渐密切。这一段时间，他不仅从理论上升华了以往的实践经验，同时也目睹了风起云涌的学生运动，为迎接解放，在思想上做了必要的准备。

4. 迎接解放

1945年8月，当杨鹤汀听到抗日前线传来捷报，又得知次子、时在国立中央研究院历史语言研究所工作的杨廷宾奔赴革命圣地延安，投身抗战，沉闷的心境一下子兴奋起来，欣慰之余写下了“万物纷纭天地间，方知松柏耐岁寒；樗木偷生岩穴下，心随桃李仰高山”的诗章。抗战胜利，杨鹤汀携家从秦家寨迁回赵营村。他的学生赵芝庭被任命为南阳县县长。赵县长为人正派，素来又佩服杨师，故上任后就立即上门拜访，邀请杨鹤汀出任南阳县参议会议长。杨鹤汀年纪渐大，不愿再涉足政治，再三婉拒。赵县长多次登门，开口“先生”，闭口“学生”，显得分外亲热诚恳。杨鹤汀无奈，只得到乡下躲避，赵县长知道后又跑到乡下再请。此时，中共地下党员张林翰、王骏远、秦子纯等人，也前来登门相劝。张、王等人对杨鹤汀说：“抗战刚取得胜利，民心所向，正是恢复家园之时，议长一职如落在贪官污吏手中，百姓岂不又要遭殃了。莫若应请出山，也可为百姓多做些好事。”杨鹤汀本也想为老百姓多做点好事，见张、王等人如此说，于是欣然接受了赵芝庭县长的邀请，出山就任国民政府南阳县参议长一职。此后，他利用自己在当地的声望，多次提出合理化建议，为恢复和发展当地的各项经济建设贡献不小，得到民众的好评。

杨廷宝（右二）、杨廷寘（右一）1946年与父母亲的合影

翌年农历九月十二日，正值杨鹤汀七十华诞，南阳专区的褚专员特意召集机关人员，同至南阳城北的李华庄农场秋游野餐，借补重阳节日为杨鹤汀贺寿。杨老先生也携女儿廷寓、儿子廷寘等家人前来与会。当他看到自己以前与冯紫岗先生共同创办的李华庄农场恢复了往日的生机时，心情大为宽慰。兴奋之余，赋五言古诗一首，借以抒发情怀。诗曰：

行年届古稀，佳日补重阳。
命厨具鸡酒，应招来农场。
子女侍左右，熙熙尊周行。
散步北廓外，直赴李华庄。
柿叶半近赤，菊花略绽黄。

后稷教稼穑，豳风载篇章。
我宛有召杜，乃求万斯箱。
褚公本此意，把酒话农桑。
野餐饶有味，饮食先改良。
提倡新生活，欣赏晚节香。
归途遇群牧，陌头共协商。
聚豆烧豆萁，烟过见火光。
为告同根生，奉劝莫相伤。[16]

杨鹤汀在这首诗中借三国时期曹丕陷害弟弟曹植的史事，告诫各界同仁切勿“同根相煎”，希望相互支持，共同努力，发展生产，其良苦用心可见一斑。但是，杨鹤汀的这一想法只是一个良好的愿望。1946年夏，国民党背信弃义，挑起全面内战，杨鹤汀闻知，义愤填膺，遂辞职求去，并赋七绝《责国民党》五首。其中第一首云：“以党专政念余年，正是全权建国天。空唱三民好主义，行不努力徒枉然。”在这些诗中，他对国民党政府不顾民情民意而发动内战的行径给予了无情的抨击和鞭笞。

此时，适值杨廷宝的成贤小筑新竣工，杨鹤汀便离开南阳，到南京与杨廷宝一家住在一起。

到南京后，他将“成贤小筑”内自己所住的房间命名为“环翠书屋”，一边整理以前的诗文，一边着手译注南阳籍医圣张仲景的两部医学巨著《伤寒论》和《金匮要略》，并赋七律《南京新居》一首以纪。诗云：

岁暮离乡到京华，入门且喜自成家。
三间虚室藏书画，半亩闲庭养草花。
井畔梧荫遮白日，池中莲叶卧青蛙。
栽兰插菊无余事，想教诗清饮素茶。[17]

抗战虽然胜利了，但胜利却并没有给老百姓带来新的希望。南京物价上涨，就业困难，住房紧张，而国民党大员“五子登科”满天飞，到处乌烟瘴气，民不聊生。特别是1949年新年前后，国民党在淮海战役中战败损失55万兵力，被迫将残部撤到江南地区，阴霾进一步笼罩着古老的南京城。此时，蒋介石名义上下野，副总统李宗仁代理总统，但蒋介石仍然在背后操纵着军政大权。国民党各路政要见大势已去，纷纷做各自的打算，除少数人仍负隅顽抗外，大多数人都在盘算着如何离开南京，逃往台湾或香港，更有本事的则考虑着去美国或欧洲，全城上下，人心惶惶。更让人心慌的是，货币贬值，物价飞涨。杨廷宝虽身兼二职，但仍入不敷出，陈法青经常要加入抢购大米和煤球的队伍，才能保证一家人有饱饭吃。

曾与杨廷宝先生共事多年的张镈回忆说，基泰事务所经过多年的努力打拼，名声在外，成为民国年间中国人自主开办的最大的一家建筑设计事务所。公司实行股份制，几个高级合作伙伴中，关颂声的股份占30%，朱彬占22%，杨廷宝占20%，杨宽麟占10%，其他股份则由关颂声的弟弟关颂坚及他们广东同乡中的一些有实力的人所占。基泰事务所名义上是股份公司，利润分成，但实际上从没分红，公司的大小事情以及财务全由关颂声说了算。杨廷宝在基泰效力二十余年，做了许多工程，但一家人过得并不富裕，日常生活仅能维持温饱。[18]

中央大学建筑系1946届毕业生、建筑学家林建业先生，在《沧海月明珠有泪》中认为杨廷宝“只管耕耘、不问收获”，“只重事业、不重名利”，他写道：“杨先生虽然才气横溢，却无任何不良嗜好，与关先生合作，大部分的钱都是关先生去分配，而他却清心寡欲，从不在金钱上动脑筋。”[19]

1949年新年刚刚过去，南京的国民政府教育部早已人去楼空，城中各大中学校也被迫停课，教授们无所事事，只有学生运动还在一浪高过一浪地进行着。4月1日，南京市大、中学生6000余人在中央大学操场上隆重集会，举行游行示威，向国民党政府提出“反对征兵征粮”“反对美援”和“反对假和平，要求真和平”等八项要求，同时还通过示威、演讲、活报剧等形式，广泛进行宣传活动。国民党政府派出卫戍部队埋伏于学生游行途中，袭击并毒打学生，致使两人死亡，200余人受伤，不少学生被逮捕入狱，鲜血溅满了总统府门前的西花园，酿成震惊中外的“四一惨案”。看到学生们满脸血污，伤痕累累，教授们再也坐不住了，纷纷站起来发表声明，要求国民党政府严惩凶犯，释放被捕学生。

进入4月份，人民解放军百万雄师已陈兵长江北岸，是和是战，只等国共两党谈判结果。此时，基泰建筑事务所不得已停掉了所有在大陆的业务，关颂声等少数负责人离开南京去了香港等地，准备在那些地方重新开辟市场。基泰事务所同事议论纷纷，考虑何去何从。杨廷宝虽然从未参与过讨论，但他内心也在考虑着未来的去向问题。

一天傍晚，基泰的老板关颂声敲开了杨家的大门，意欲劝说杨廷宝与他一起前往台湾。

关颂声坐下后，省略了客套，开门见山地对杨廷宝说："老杨，跟我走吧。像你这样的人，跟共产党是没有什么好下场的，你不要对共产党抱什么幻想，跟我一起去台湾或者去香港吧！你知道，你这样的人，在那边是香饽饽，不知会有多少人想着拉你过去呢。到了那边，我们还办基泰，肯定能挣大钱。凭你的本事，不愁吃，不愁穿，想要什么就有什么！"关颂声由于激动，脸都涨红了。

"我还没想好是留还是走。不过即使留下来，我想，共产党也不会把我咋样，我不过是个穷建筑师，一无金银财宝，二无大片土地，凭自己本事吃饭，老老实实做人，他们干吗要和我作对？"

"你还是考虑考虑清楚，现在要是不走，以后想走也走不成了。票我买好了，你赶紧简单地收拾一下东西，和我们一起走吧！"关颂声显得分外地急迫。

杨廷宝明白，关颂声也算爱才心切，对他惺惺相惜，毕竟两人一起默契地配合了二十余年。但同时关也是不想失去他这棵摇钱树，前面多次催促过他，让他早下决心，跟他们一起走。可杨廷宝根本就不想走，他考虑清楚了，他就要留在大陆，不过实在不便一口回绝关颂声的一番好意。这个时候再纠缠于共产党对自己会怎样没任何意思，他只能找另外的借口，把一家老小抬出来当挡箭牌。于是，他反问关先生道："我走了，这一家老小怎么办？五个孩子怎么办？七十多岁的老父又该怎么办？"

杨廷宝这一问，倒还真把关颂声给问住了。在这兵荒马乱的年月里，大家都争先恐后地忙着逃命，飞机票、船票异常难买，可以说是一票难求。关颂声能给杨家解决的，不过是有限的三两个人的机票，哪能顾得上他一家老老少少八口人？不管他如何爱才心切，他还是个企业经营者，首先要从自己个人的根本利益和企业的实际情况着想。况且，当时局势已经非常紧张，即使国民党政府的达官显贵，带家眷子女全家老少离开大陆去台湾也是有一定难度的。

"要不，关老板你先走，我再想想。回头要是能有办法，我们再在香港或者台湾碰面。你看行吗？"

杨廷宝年轻时就早已考虑过了自己的人生：当初选择建筑，是为了科学救国；离开美国回到中国，也是为了报效祖国。从小，父亲杨鹤汀及王可亭先生所教他的，也都是怎样去爱自己的祖国；现在他又怎能轻易放弃自己此前的理想与信念，拍拍屁股，就抛开这个生他养他的国家呢？关于共产党到底是怎样一个政党，他此前接触并不是很多，也的确说不上来，但他的两个兄弟都是共产党员，他清楚，在父亲的教导下，他的兄弟都与自己一样，在青年时代就树立了报效国家的远大志向，二弟廷宾早就加入了共产党，从北平大学艺术学院西画系毕业后即在董作宾等人介绍下加盟中央研究院历史语言研究所，此后又为抗战而远赴延安，在中共中央出版局工作，创作了大量反映老百姓苦难生活的木刻作品。小弟廷寘在上海大夏大学读书时即于1946年加入了中共地下党，平时积极参加学生运动。特别是廷寘在与他这位长兄见面时，开口闭口谈的都是救国救民，跟杨廷宝接触到的那种成天吃喝玩乐的国民党员完全两样。这样一群人组成的组织留给杨廷宝的，是对未来的期盼与信心！不过，杨廷宝从来没有跟同事们提起过自己这两个弟弟的情况。

目送关颂声匆匆地消失在苍茫夜色之中，杨廷宝这才转身回到了屋子里。迎着陈法青探寻的目光，杨廷宝坚定地说："我们就留在南京，哪儿也不去！"

陈法青听后，点了点头，说："我也这么想，觉得还是留在南京好些，一家人在一起。"说完，二人相视一笑。

经过多年的辗转颠簸，杨廷宝、陈法青目睹了国民党政府的腐败黑暗，对国民党执政早已失去了信心。近两年来，学生运动频频爆发，接连不断，特别是国民党政府前些日子又制造了"四一惨案"，更使他们看清了国民党政府的丑恶行径，从而也愈加坚定了他们留在大陆的信心。

1949年4月20日晚，渡江战役打响。23日人民解放军解放南京。10月1日，中华人民共和国宣告成立！

随着新中国成立的礼炮声响，杨廷宝迎来他人生的新阶段。

注释：

[1][2]. 《忆廷宝》，陈法青著，载《广厦魂》，239页，刘向东、吴友松著，江苏科学技术出版社，1986年。

[3].《八十忆往》，91 页，杨廷寅著，未刊稿。
[4].《杨鹤汀先生诗文稿》，载《八十忆往》，11 页，未刊稿。
[5].《张镈谈话录》，齐康、杨永生记述，载《建筑师》第 72 期。
[6][11][12].《回忆杨廷宝老师》，戴念慈著，载《建筑学报》1983 年第 2 期。
[7].《烽火连天·弦歌不辍》，吴良镛著，载《东南大学建筑系成立七十周年纪念专集》，60 页，潘谷西主编，中国建筑工业出版社，1997 年。
[8].《名人谈杨廷宝及其他——纪念杨廷宝诞辰九十五周年》，载《杨廷宝先生诞辰一百周年纪念文集》，106 页，齐康、杨永生编辑整理，中国建筑工业出版社，2001 年。
[9][19].《沧海月明珠有泪》，林建业著，载《东南大学建筑系成立七十周年纪念专集》，71 页，潘谷西主编，中国建筑工业出版社，1997 年。
[10].《中国当代杰出的建筑师、建筑教育家——杨廷宝》，243 页，刘怡、黎志涛著，中国建筑工业出版社，2006 年。
[13].《巨匠宗师，伟业永存》，刘叙杰著，载《杨廷宝先生诞辰一百周年纪念文集》，62 页，中国建筑工业出版社，2001 年。
[14].《回忆建筑系的沙坪坝时期》，刘光华著，载《东南大学建筑系成立七十周年纪念专集》，58 页，潘谷西主编，中国建筑工业出版社，1997 年。
[15].《杨廷宝 20 世纪 40 年代建筑作品解析》，朱仁洲著，载《安徽建筑》2011 年第 6 期。
[16].《杨鹤汀先生诗文稿》，载《八十忆往》，18-19 页，未刊稿。
[17].《杨鹤汀先生诗文稿》，载《八十忆往》，20 页，未刊稿。
[18].《我的建筑创作道路》，52 - 53 页，张镈著，中国建筑工业出版社，1994 年。

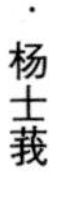

第六章　执教南工

1. 奉献和平

南京解放后，成立伊始的军事管制委员会接管了国立中央大学。将至天命之年的杨廷宝，以愉快的心情迎来了新的生活。

1949年8月，国立中央大学易名为国立南京大学。由于杨廷宝在建筑学界的声望，他被任命为该校建筑系系主任。

新中国成立后，人民政府热情地邀请他参加南京市各界人民代表大会，不久又邀请他赴京列席全国政协会议。在一次会议休息的间隙，毛泽东主席从会议大厅里走过来，热情地与各位代表一一握手。杨廷宝特别兴奋，回到南京后，他高兴地将这一情景分享给家人。南京市政府也十分重视有技术的知识分子，市长柯庆施派人专程找杨廷宝，请他参加市里准备召开的科技界座谈会。随后，他又参加了全国科技界会议，受到刘少奇、周恩来等党和国家领导人接见。1950年，杨廷宝被新中国的重工业部聘为顾问工程师，同时兼任北京市兴业投资公司设计部顾问。党和政府的信任使杨廷宝受到极大的鼓舞，他下定决心要积极学习，适应形势，认真工作，更好地为新中国贡献自己的力量。

在京期间，杨廷宝还参与了北京天安门广场上的人民英雄纪念碑的设计工作，并积极出谋划策；回到南京他应邀与柯庆施一起到南京城南的雨花台考察，准备兴建烈士陵园。此外，他还参加了南京中华门外重修长干桥等多项建筑设计。

这时，他接到了修建和平宾馆的任务。新中国成立后，为适应新的国际形势发展的需要，中央政府决定筹备“亚洲及太平洋区域和平会议”。为了保障此次重要会议的圆满召开，中央人民政府政务院决定修建和平宾馆作为将来的会议会址，并将和平宾馆的设计重任交给在建筑界声望非常高的杨廷宝。

和平宾馆是杨廷宝在新中国成立后设计的第一部建筑佳作，也是他向新中国贡献的第一份厚礼。

和平宾馆位于北京的金鱼胡同，政务院计划将这座宾馆建造成为当时北京最高的建筑。事实上，在建造和平宾馆之前，这座建筑利用社会上的游资已经开工，准备建造一座中等旅馆，而且已经建了四层的框架。中央经研究后临时决定将这座建筑改建为八层，同时将规格提高为涉外型的高级宾馆。当时北京全城最高的建筑是北京饭店的老店，也只有七层。

新中国成立伊始，百废俱兴，资金困难，加上时间紧迫，而且还要讲究美观大方，一系列的矛盾都摆在桌面上。杨廷宝与有关领导和专家几经研讨，经过深思熟虑，最后制定了经济、实用、美观的基本原则。

在设计上，杨廷宝逆流而动，抛弃了此前流行的“大屋顶”风格，对建筑的主楼标准层客房设计略作修改，设计了一个功能适用、结构简洁、造价经济、施工方便的“方盒子”。但这个方案在审批时却没有通过，后来几经周折才得到上级的批准。他曾深有感触地对身边的人说：“我不反对大屋顶，但那太浪费钱了。现在，国家还很穷，百废待举，要办的事情太多了。我们搞设计的，决不能赶浪头，随风倒。”

当时，建造和平宾馆的地盘并不宽绰，东西长150米，南北仅有75米，却要求他设计出有152间客房的宾馆，此外还要有餐厅、停车场等附属设施等。由于会期已定，时间紧迫，为了便于施工，同时尽可能使空间容量大些，杨廷宝采用了现代风格，设计了凝重、洗练的“一”字形平顶大楼。为使宾馆的前院显得开阔，他又采用过道穿透底层的办法，在大楼底层设计了一个“过街楼”，就像在大楼里开了一个门洞，前院、后院都可停车，既解决了宾馆内的停车问题，又解决了宾馆前后金鱼胡同和西堂子胡同两条单行道的交通问题，避免了拥挤和堵塞。

在和平宾馆施工过程中，工地东侧有几幢四合小院，本来要拆除，但杨廷宝考虑到外宾来到北京，住在充满阳光、树丛、花架的四合院将会别有一番风味，既能感受到原汁原味的北京，又能充分享受到家的温馨，于是就保留了下来，一方面节省了一笔拆迁费用，另一方面也保存了民族传统。大院里还有几株粗大的榆树、槐树、香椿树等，杨廷宝也尽可能地使之保留。其中有一棵三人合抱的大榆树，就长在准备盖厨房的地方，要锯掉它还真舍不得，可是不锯掉又无法安排

北京和平宾馆效果图

厨房。杨廷宝考虑再三，想出了一个妙计，让厨房将大树围起来，大树从房顶伸出头，如同一把大伞为厨房遮风挡雨，可谓匠心独运。其他几棵大树也都融为宾馆景观的一部分，每当阳光洒下，透过树枝，在地面上留下斑驳的树影，显得特别的宁静与舒适。大院里有一口古井，也被保留了下来，安置在民居式样的茶室前，井水可用来烧水、浇花。他还想办法搬来石望柱栏板做井栏，增加了小院的住家气氛。

果然，后来很多外宾来到北京，一定要求住在和平宾馆的四合院里。如：1952年在此参加亚洲及太平洋区域和平会议的英国和平人士牛顿先生，于19年后的1971年重访中国时，仍然要求住在和平宾馆；著名新闻记者斯诺及其夫人来北京时，每次都住在四合院的118、119房间；斯诺去世以后，斯诺夫人从瑞士来电，要求来华时仍住在原来的房间。还有美国的安娜•路易斯•斯特朗、日本的西园寺公一等知名人士，他们来北京都住在这里，享受着北京的“家”的氛围。[1]

和平宾馆的门厅，是杨廷宝特意安排的，他将服务台、小卖部、楼梯、电梯等都设计在门厅的四周，从而使内部空间与功能紧密结合，使服务、交通一举两得。在进门处，杨廷宝还另外安排了一个幽静的休息区，坐在沙发上，透过落地的玻璃窗，能够直接看到窗外的古木、古井和古色古香的四合院，令人心旷神怡，目不暇接。

宾馆的宴会厅也是杨廷宝特别设计的。宴会厅在舞台的隔壁，用装饰着中国式花纹的活动隔板隔开，既可接待客人，又可作为小型演出的后台。活动隔板拆掉后，还可从两边台阶上通向宴会大厅，扩大大厅的空间，使之上下一气呵成，能够举办规模较大的报告会。在听报告和看演出之时，又可增加座位。

和平宾馆的环境与设计，空间的合理组织，多功能的使用，室外空间的交通组织，朴素简洁大方的立面，对原有素材的适当保留，构成了北京第一座经济实用型的高层宾馆，成了外宾们流连忘返的“家”，也成为建筑院、系学生实习的良好课堂。

在北京建造和平宾馆期间，杨廷宝的小儿子杨士萱得了肺结核，当时的医学对于这种病还不能完全治疗，在不少地方，被称为“肺痨”，十分危险。因在南京求医无效，陈法青千里迢迢、风尘仆仆地带着儿子到北京求治。当她听说北京苏联红十字医院能治这种病时，就希望杨廷宝能帮忙找找人，住进医院去。可是，杨廷宝从火车站把她们母子接到住处之后，便说工期紧，还要急着出图，又要筹备，忙得连喘气的时间也没有，实在没时间管他们，让陈法青自己想想办法，然后转身就回了工地。

陈法青看着丈夫离去的背影，真是满肚子的气！既委屈又难过，五个孩子都是自己一把屎一把尿拉扯大的，他这个当爹的什么时候尽到过父亲的责任？自己辛苦劳累也就算了，可孩子的命都快没了，他当爹的也不过问一下，就只知道工作、工作，真连陌生人都不如，他的心肠怎么这么硬？万一孩子有个三长两短，他对得起孩子吗？可是，陈法青拿丈夫又没丝毫办法，结婚二十几年，丈夫一直是这样，一工作起来就什么也顾不上了，全身心地投入，怪他也没有用，还是得靠自己。于是只好自己四处托人，自己排队、挂号，让孩子住进了医院，每天一个人守在孩子病床前，直到孩子病好，也没有见到丈夫。

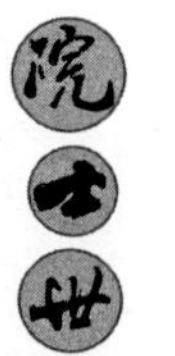

由于和平宾馆在设计上简洁实用，工人们加班加点地辛勤劳作，所以工程进度很快。不到两个月时间，这座朴实却别具特色的涉外宾馆就矗立了起来。在庆祝宾馆落成这一天，杨廷宝特地带着陈法青和孩子一同来参加典礼。大病初愈的杨士萱更是兴奋，可以看到爸爸设计的大楼，最重要的是可以看到招待外国元首的宾馆里面到底有些什么秘密，而陈法青也想参观宾馆的设施。但杨廷宝把他们带到宾馆以后，就忙着别的事去了。一直到典礼结束，陈法青母子离开宾馆，也没有见到他的面。陈法青和孩子们也理解，在典礼这种场合，杨廷宝的确分不开身，而且他一贯的工作态度就是严肃认真，事必躬亲，只要工作一上手，其他什么事都忘得一干二净。

著名建筑学家陈植在1979年11月12日接受齐康、杨永生的采访时回忆说：

1952年我国建筑界的苏联风已开始，复古主义尚未出现时，杨老以超逸的意识，冒被批判的风险设计了北京和平宾馆。当时他面临重重难题，如基地小、东西间距更窄、南北面胡同单向车行、保护古树等。为摆脱这一困境，他决定在东首设过街楼。贯穿南北为突破点，缩小宾馆门厅。这一不得已的措施出乎意料地呈现出温柔宁静、宾至如归的气氛。按北京旅社的传统习尚，餐厅必须位于底层，而宾馆底层已无容量。这促使杨老在门厅西端开一入口，进入向南延伸的餐厅，而东面隐于绿荫之中。他就这样反复思考，以巧妙的手法完善地处理了和平宾馆的环境空间功能、绿化等难题。这一创作的外貌简洁挺拔、明快朴实，蕴含着杨老敦厚、真诚、开朗、朴素的品格，亦在当时对我国现代建筑的设计趋向起了示范作用。[2]

和平宾馆落成后，每年都有许多教师、学生、设计工作者前来参观，并对这座宾馆给予一致好评。不过也有人提出了尖锐的批评，特别是来自于莫斯科的一些推崇复古主义的建筑师，认为一座涉外宾馆竟如此简洁，指责中国建了一个“方匣子”。更有甚者，有些人还别有用心地准备了几篇批判稿，拟在报刊上发表，幸亏周恩来总理及时站了出来，说：“这个房子我看挺好，解决了问题嘛！”在亚洲及太平洋区域和平会议召开期间，周总理多次到这里看望外宾，并举行小型宴会、招待会。

被别人批评说“虚无主义”也好，别人高唱“抵制复古主义”的赞歌也好，在大家热火朝天地议论的时候，杨廷宝却始终像一个局外人，从不辩驳，也不飘飘然，有人追问，他说的道理也像白开水一样清淡普通，很简单，就一句话：“周总理说了，我们国家还穷。”

对于自己设计的这座“方匣子”，1980年杨廷宝在接受门生齐康采访时说：“我的看法是：那种功能性为主的，如旅馆、医院、体育馆，首先强调的是使用合理，建造经济，空间组合紧凑，有准确的比例尺度。至于那些有纪念性的公共建筑，成为象征性的建筑，代表一个时代、一个国家、一个地区，那民族风格、地方风格，不言而喻，要强调一点。同时，还需要创新！”[3]

他的弟子吴良镛在《一代宗师——怀念杨廷宝老师》一文中写道：

尽管在这一时期建筑界一般热衷于华而不实的设计思潮，杨先生却能独立思考，而不趋势从流。和平宾馆的设计在用地苛刻的条件下，无论在利用单行线的交通组织、保留老树与水井的庭园设计方面，还是建筑空间的实用紧凑方面（特别是门厅的精心设计），都作了极为妥善独到的处理。此外，还对典型环境作了北京特有的点缀，例如在水井上安装了从古建筑废弃下来的汉白玉栏杆，以取得雕刻的效果；保留了前排民房，使之形成一个封闭幽静的庭院；民居前还加了一间抱厦，作为大楼入口和休息厅南壁的对应。杨先生还告诉我，旅馆的大门本来设计了一个北方的单间牌楼，可惜领导不喜欢，认为象个“断头台”而被砍掉，当时混凝土基座已打好，不得不加上两个灯成了现在的门墩。我想，如果按原样建造，无论从街景入口或从庭院对景来说，有较高的牌楼和抱厦互为呼应，轮廓线更要丰富些。和平宾馆的设计将实用功能放在第一位，更多地采用近代建筑设计技巧，造价也甚节省，结构系统简单，而建筑艺术处理，室内外空间丰富，造型简洁无华（在完成时竟被认为是“结构主义”），在此前提下于细致处见匠心，恰到好处地保持传统文化的一些特色，这是难能可贵的。[4]

1952年，继建造和平宾馆不久，杨廷宝又负责主持设计了北京王府井百货大楼和全国工商业联合会办公楼，为新中国建设增添了新的风貌。

2. 言传身教

新中国成立后，杨廷宝一直在南京工学院（今东南大学）任教。

1952年下半年，中央人民政府根据“以培养工业建设人才的师资为重点，发展专门学院，整顿和加强综合性大学”的方针，对全国高校院系进行了统一的调整，教育体制、教学计划、教学内容全面学习苏联模式。南京大学的文、理学院与金陵大学的文、理学院合并，同时将复旦大学、震旦大学、齐鲁大学、同济大学、中山大学、浙江大学、四川大学等高校的部分学科合并，重组为新的综合性大学——南京大学，校址从原四牌楼迁至原金陵大学校址；原南京大学农学院与金陵大学农学院及浙江大学农学院等部分系科重组为南京农学院；原南京大学森林系与原金陵大学森林系重组为南京林学院；原南京大学师范学院与原金陵大学教育和儿童福利系及震旦大学、岭南大学等高校有关系科重组为南京师范学院，校址在原金陵女子大学；原南京大学工学院水利系与交通大学、同济大学、浙江大学等高校有关系科及华东水利专科学校重组为华东水利学院；原南京大学工学院、农学院的农业工程系和金陵大学的电机工程系、化学工程系及江南大学、武汉大学、浙江大学、复旦大学的相关院系重组为南京工学院，留在原南京大学（即原国立中央大学旧址），南京大学工学院建筑工程系也改为南京工学院建筑系。

高校院系调整后，全国设建筑学专业的院校有东北工学院、清华大学、南京工学院、同济大学、天津大学、重庆土木建筑学院、华南工学院等七所。1956年，东北工学院与青岛工学院、苏南工业专科学校和西北工学院等院校的土建专业合并，另行组建西安建筑工程学院。1959年，以哈尔滨工业大学土建系为班底，又成立了哈尔滨建筑工程学院。以上这八所院校集中了新中国成立之初中国建筑教育的主要力量。[5]

南京工学院组建成立后，杨廷宝开始与建筑设计机构彻底脱钩，不再兼职，专心致志在南京工学院建筑系担任教授和系主任，主持南京工学院建筑系的教务，从事建筑教育，实现了他的职业转型。在教学中，他又逐渐从单纯的教学活动拓展到建筑教育研究和教学管理领域。鉴于在教学和工程实践上的公认水平和杰出贡献，他很快被评为一级教授。

作为一名建筑学家和建筑教育家，杨廷宝言传身教，他提倡学生要以爱国为基本点，以诚信为出发点。他认为，作为一个建筑师，要有一种崇高的情怀和责任心，做任何事情都要专心致志，不能朝三暮四、喜新厌旧。他把做人的基本功放在从事建筑工作要打好三个基本功的首位，接下来才是做建筑设计的基本功和建筑表现的基本功。他要求学生首先要具有较高的道德素质："建筑师要有一个正确的世界观，树立雄心伟志，要全心全意为广大劳动人民服务，力求改善他们的生活环境。"[6] 其次是要有全面的综合素质："一个理想的'建筑师'应该是一个熟悉建筑历史、富于想象力、善于分析事物，掌握绘图技巧，了解工程技术，具有广泛常识的综合协调工作者，既是一位应用科学家，又是一位应用美术家。"[7]

杨廷宝对学生要求特别严格，学习建筑必须认真，就如同盖楼，不能有丝毫的松懈，并且身体力行，以身作则。他从事教育工作和从事设计工作一样，始终秉持认真、严谨、求实的作风，执业几十年所形成的一丝不苟的习惯很自然地被带到教学中。对那些浮躁而又不努力学习的学生他非常不客气，常斥责他们：“想偷懒就不必学建筑了！”他的很多学生在回忆中都提到这样一个故事：有一个学生在画柱式时，背景不按要求渲染，而是用墨水涂满后就将作业交了上去。杨廷宝看后，十分生气，一反平时温和的态度，发了很大的火。这件事给学生们留下了极深的印象，并成为一个“反面案例”，时时刻刻督促他们努力学习，积极向上。合肥工业大学的汪正章教授是1954年考入南京工学院建筑系的，他在《东南一隅，温故知新》一文中回忆说，他在一年级时，渲染作业是古典建筑清式歇山屋顶，由于渲染出了毛病，是修补还是重画？此时正值班级组织春游，心中十分矛盾，“想起了老师的严格要求，出于强烈的上进心、好胜心，我毅然放弃了春假游憩，苦战几天，吸取教训，最终耐心细致地重新渲染并按时完成了这份作业。我成功了，这是一次失败之后的成功。老师给了5分。是鼓励，也是鞭策……现在想来，我获得的绝不只是一点分数，而是经受了一次基本功训练的艰苦煎熬，一次学习意志品格的难得磨练”[8]。

中国工程院院士、东南大学博士生导师钟训正教授也是杨廷宝的弟子，他回忆说：

杨老在教学和工作上要求很严格，批评起学生来很严厉，同学们私下称被批评是“刮胡子”，称他为“杨老板”。那时，我们最怕被杨老板“刮胡子”。我在大一上学期时，有一次杨老给我们班布置一次素描作业，时间是4小时。同学们那时有些浮躁，以为一般作业嘛混个及格就行，所以只用了个把小时就把作业完成交上去了。杨老看后非常生气，给全班刮了胡子：“画素描最需要的是揣摩，用心来画。看看你们的作业！有几人是用心揣摩后画的？就凭这个态度，还学什么建筑？都给我转系算了！”被杨老狠狠刮了一顿胡子后，班上学风大变，期末作业同学们做得格外认真，进步比较明显。杨老看后喜上眉梢，一下把系里的童寯、刘敦桢等几位先生都请了过来，让他们一起看，一起批改我们的期末作业。[9]

在具体教学中，杨廷宝一是重视职业技能的训练，二是注意理论联系实际，

三是注重培养学生的创造力，四是重视学生的素质教育。

杨廷宝强调职业基本技能的训练，他亲自主持一年级建筑设计初步课的教学并担任教学组组长，带领青年教师抓一线教学。他认为，基础教学是把学生带入建筑殿堂的重要课程，对他们今后的发展至关重要，所以必须由教学经验丰富的教师担任。他亲自给学生上建筑启蒙课，第一讲是铅笔对建筑师的重要意义，并手把手地教学生如何削铅笔。他狠抓学生的专业基本功训练，要求学生徒手作图练习：直线、平行线、圆弧、凭肉眼匀分线段、凭眼定中点画对称轴，等等，再组成种种图案。做这些练习时，不许用橡皮、直尺和圆规，只能用一张纸和一支铅笔。

杨廷宝十分重视建筑技术课程的建设，坚持走理论联系实际的教学路径。他从事过建筑师工作，也从事过建筑教学工作，深知理论联系实际的重要性和必要性。在教学中，他主张多接触实际，这样才能提高专业水平。他常对学生们说："资料的积累是建筑创作的源泉。"又说："看一个优秀的建筑就等于看一本好书。"在他的要求下，学生必须到建筑工地上进行实习，按工种分配，分成瓦工组、混凝土组、木工组、模板组等几个组，了解混凝土、砖、石料等材料在建筑中的应用，并通过参加实际操作，增长建筑技术知识。

在教学计划的安排上，杨廷宝结合当时国家建设的实际需要，将教学、设计、生产紧密结合起来。1958年，他亲自带领师生赴北京与北京工业建筑设计院合作设计国庆十大工程之一的北京火车站，带领学生从基础测绘入手，踏踏实实地学，踏踏实实地画，从方案"打擂台"到施工图设计，从装饰材料研制到施工现场，带领学生经历了车站建造的全过程，使学生真正学到了课堂上学不到的实践知识。之后，他又组织学生参加南京工业展览馆、农业展览馆、科学文化展览馆和革命历史博物馆（时称"四大博物馆"）设计组，以及中山陵招待所、南京长江大桥桥头堡的设计，他要求学生拿出自己的设计方案，并一一评析。这种理论联系实际的教学手段，使学生学到的知识和解决设计问题的技能更加扎实。他的学生、南京工学院建筑系1959届毕业生缪启珊在《最珍贵的五年》一文中就回忆说："更重要的是，表达了我们对祖国的爱，培养了我们对祖国建设事业的责任感！"[10]

只要条件允许，杨廷宝会尽可能带他的学生到各地实习。他的学生甘柽在《回忆两则》一文中写道：

> 我们班的毕业前实习就是杨先生带的。实习地点是北京，一部分同学在重工业部基建局，一部分同学在中直基建处。当我们联系实际完成了各自的设计任务并渲染了鸟瞰图之后，杨先生又带我们去山西太原参观。当时住在阎锡山的公馆里，由于杨先生在国内外建筑界享有崇高的声誉，我们所到之处都受到了热情的接待。我们参观了太原重型机器厂，又参观了晋祠，大家都怀着激动的心情边看边学，在业务上和精神上的收获都使人终生难忘。[11]

在指导毕业设计时，杨廷宝更着重于培养学生解决实际问题的能力。他的学生孙钟阳回忆，杨先生辅导他的“建筑系大楼”设计，全套作业除包括总平面、平立剖面、透视等常规设计等内容外，还增加了建筑外墙大样、楼梯大样、钢窗节点详图等，使他所学的全部专业课程知识融会贯通到毕业设计当中。

在强调学生掌握建筑专业知识的基础上，杨廷宝根据建筑设计和建筑事业发展的特点，主张培养学生的创造力。他特别告诫学生：“要学会思索，学会分析，学会解决实际问题的本领。要十分注意培养自己的创造性的设计能力。”“我们搞建筑设计的人，一定要训练脑子灵活，要富有创造性，不要把自己变成思想僵化了的凝固体。”[12]

他提倡灵活与创新，摒弃死板与教条，因此在建筑设计教学中，他特别注重教学计划实施的切实可行性，重视因材施教，主张多方案和快捷草图的练习，许多学生都记得他说的“无定法、无定式、做好了都行”这句话。这种不拘泥于定法定式的教育思想促使学生多想多看多画。

为了拓宽学生的知识面，杨廷宝在教学计划中还增添了许多专题讲座，邀请全国知名专家学者为学生专题讲演，如气象学专家朱炳海教授讲解日照问题，无线电专家钱凤章教授讲解建筑声学等。

此外，他还非常注重营造生动活泼的教学氛围。他认为，建筑系学生的成长不仅需要在课堂上传授知识，更需要在实际的生活环境中得到潜移默化、熏陶感染。建筑学专业的学习需要开放式的创造性思维，不能被拘谨的、僵化的思维制约，因此他力图在建筑系创造一种与建筑教育适宜的人文环境。他的学生、东南大学建筑设计研究院总建筑师沈国尧先生在《绘图房上空的歌声》一文中曾回忆说，解放初期，建筑系全系四个年级共用一个大绘图房：“座位的排列很有意思，进门是四年级，然后是三年级、二年级，我们一年级排在最里面。因为我们进入教室必须先经过高年级同学的绘图桌旁，也自然会停下来看上几眼，甚至请教几句，实际上是一种很有效的教学方法。正如集体吟唱的歌声那样默契，高、低年级的同学关系是非常亲密的。由于当时助教少，我们完成设计作业时常常由高年级的同学充当小老师，交图前更少不了请他们添上几笔配景。”[13]

而缪启珊在《最珍贵的五年》中写道：

建筑系与其他系更有不同的是，还兼有文化艺术的特征。系里常组织各种美术作品、交响乐欣赏活动，老师们给我们讲述名画的精华所在，告诉我们如何去欣赏名曲。在我们的教室中，常会传出无指挥、无伴奏的轻音乐合唱曲，那必定是有一个年级的设计作业处在交图前夕，各人在对方案的自我陶醉之中，进行建筑透视图的色彩渲染，心中无比舒畅，寄情于歌声抒发。[14]

杨廷宝结合专业学习，让建筑系的学生时常在游山玩水中写生作画，在参观学习中激发灵感，提高学习效果。陶仲英在《难忘的母校培育情》中写道：“为了开阔视野，见多识广，激发灵感，每到暑假，系里都要组织同学们到风格特色显著、优秀建筑荟萃的城市实地参观……这不但使我们将学到的课本知识与实践相结合，加深感性认识，重要的是饱览了祖国壮丽的山川，领略到祖国灿烂的文明，从而激发了热爱祖国、建设祖国的雄心壮志。”[15]

在杨廷宝的引导和带动下，南京工学院建筑系的文体活动也开展得有声有色，受到了学校的表彰。缪启珊在《最珍贵的五年》中如是回忆：“当年的建筑系文艺体育活动在学校是首屈一指的。在老师同学们中有知名度很高的抒情男高音与女高音……至于表演吹、拉、弹、唱、舞蹈、诗歌朗诵等小节目更是不乏人才。当年还有文艺全才的年轻教师出席过波兰世界青年联欢节；全系师生合作演出的话剧《夜店》震动全学院，演出水平不亚于专业演员。建筑系的化装舞会也办得很出色。”[16] 陶仲英在《难忘的母校培育情》中回忆道：“每天晨曦初照，喇叭一响，大家就闻声而起，不令而行，自觉出操。在平时，同学们还各显所长，参加比赛和课外体育活动，真是热火朝天，朝气蓬勃。”作为建筑系的一员，杨廷宝自然也积极地投身于这种生龙活虎的生活当中，率先垂范，以作表率。当年的学生陈青慧曾说杨先生：“每天下午体育锻炼时间，我们都会看到杨廷宝老师在系前的操场上练太极推手。”[17]有一年元旦，全系联欢会上，杨廷宝也即兴“高兴地挥舞着随手抓来的扫帚，表演了一套漂亮的剑术” 。

正是在以杨廷宝为首的一批建筑教育家的辛勤耕耘下，这样一种学风严谨又生动活泼的教学氛围，雨露般地滋润着建筑系学生的专业素质、思想境界和美学修养，从而使南工建筑系形成了自己的学术特色，形成了“南工风格”“中大体系”，培养出一代又一代老老实实做人、认认真真地做事的优秀建筑人才。在这些学生当中，有郭湖生、齐康、甘柽等知名建筑学家。这些学生基本功扎实，思路开阔，毕业后在各自的工作岗位上发挥着重要的作用。汪正章在《东南一隅，温故知新》中就深有体会地写道：“如果有人问我：母系给予你的最大教益是什么？我当会毫不犹豫地回答，是‘建筑的真实性’！——对人、对事、对业主、对社会、对国家，也对建筑。要设计和建造真实的建筑，树立求真和求实的建筑哲学。这是母系的教育信念和光荣传统，也是她给予我的最大教益。”[18]

除了对学生的培养，杨廷宝还注重对教师队伍特别是青年教师的培养，李伶伶在《齐康传》中写道：

> 留校任教时，杨廷宝曾告诫齐康：一是做学始终；二是能者为师，做平民学者；三是善于总结，培养事半功倍的能力；四是刻苦学习；五是自我启迪。二十世纪六十年代，建筑业处于低潮，很多人都很灰心，杨廷宝却鼓励齐康积极参与一些建筑工程的讨论，他说，即使没有设计任务，这样的讨论也能帮助你获取知识。他甚至不主张在没有大设计的时候放弃小设计，他对齐康说：“你如果将一座厕所设计得好也是很不容易的。”直到今天，齐康始终没有忘记恩师的教诲。[19]

有了杨廷宝老师的教诲，再加上自己不懈的努力，齐康后来才成长为一名建筑设计大师，主持设计了南京五台山体育馆、侵华日军南京大屠杀遇难同胞纪念馆等建筑，取得了很大成就， 相继被选为中国科学院院士、法国建筑科学院外籍院士。

杨廷宝不仅要求学生参加实践，也要求老师参加实际建设。他在系里规定：教学生做设计前，老师要先做，即“试做”；讲课前，要试讲，由老教师听课并提出修改意见；学生画正式图前，要示范。“除此以外，还定期看年轻教师的建筑画，以鞭策老师们不可荒废业务，而要不断提高。”[20]

1956年2月，杨廷宝参加全国基本建设工作会议，在会上指出：“我认为一个建筑教育工作者是不能和建筑实践和科学研究脱节的，教师没有实践，纸上谈兵，教学质量当然难以提高……因此需要将教学、科学研究和实践三者结合起来。建筑学校的教师要抽出一定的时间参加实际建设工作。”[21]在具体做法上，南京工学院将教学、生产、科研三者紧密地结合在一起。1956年，由国家建设委员会建筑设计研究院与南京工学院合办公共建筑研究室，聘请杨廷宝兼任室主任，童寯兼任室副主任，结合教学开展国家科学规划确定的“综合医院建筑”课题研究。结合1958年的国家建设高潮，建筑系师生组织了所谓大、中、小设计院……实施生产教学相结合，并设立各专业委员会，开展真刀真枪的设计业务，并分别由杨廷宝、童寯、刘光华等指导。1960年，建筑、土木两系合并为土木建筑工程系。为了进一步贯彻党的方针和适应形势的发展，使教学联系实际，教育为生产服务，深入持久并更好地为本校基建服务，在校领导主持下，成立了南京工学院最早的建筑设计院。

3. 规划校园

从20世纪50年代起，杨廷宝所从事的设计项目多半是结合教学，或者以他的学术地位与社会声誉作为专家而参与其中的项目。新中国建立后相当长的时间内，政府的工作重心放在政治路线、重工业和国防建设上，民用建设的力量十分微弱。他很快适应了社会大环境，将视角从与单体建筑直接关联的微观环境拓展到了宏观环境的关注上。作为一个建筑师，杨廷宝的作品不如建国前多，但他一贯尊重环境、重视功能、推敲细部、强调实践的执业风格却从来没有变过。

这一时期，杨廷宝的作品主要以校园建筑为主，在规划与建筑设计中，他既注重建筑的新形式，又讲究校园的文脉与传承，恰到好处地使二者达到了完美与统一。1953年，杨廷宝设计了南京华东航空学院教学楼，其主体设计采用“一”字形。在设计过程中，他顺应地形起伏变化，将“一”字形平面的底层处理成三个不同的标高，使建筑物的轮廓和周围的地形、山势相呼应，在整体上与环境显得十分和谐。此外，陈列室、实验室和三个大阶梯教室与主体建筑呈垂直布局，分别在纵、横向上与“一”字形平面相交接，一方面使各功能建筑尽可能获得双面采光通风条件，另一方面这些建筑又相互围合成一个幽静的小院，配以水池、树木，从而创造出优美的教学环境。

在建筑形式上，杨廷宝采用他常用的牌楼形式，局部用十字歇山塔楼，和三段式划分的手法，尽可能将各种屋顶搭接至最佳状态。譬如，在入口设门斗，上为五开间牌楼，入口一侧楼梯顶部设重檐十字脊绿色琉璃瓦屋顶，将水箱藏于其中。这种屋顶比一般的大屋顶更为经济实用，有很强的形式表现力，也是古建筑扩建、增建中最常用的手法。其余教室均为平顶，仅以绿色琉璃瓦加以呼应，栏杆为仿清式寻杖栏杆。整座建筑物的外墙均用青砖清水砌筑，仅檐下及柱枋用水泥粉面，并做出额枋、柱头、霸王拳等装饰纹样，以雕饰表现彩画。可以看出，杨廷宝在校园建筑中仍努力将新的形式与传统建筑语汇相融合。

杨廷宝还指导了南京大学的东南楼（1953年），南京工学院的五四楼（1954年）、五五楼（1955年）、动力楼（1957年）、沙塘园学生宿舍（1957年）、沙塘园食堂（1957年）、中大院（扩建，1957年）和大礼堂（拆建，1957年）等一系列校园建筑的设计。南京大学和南京工学院这两所大学虽都源自三江师范学堂和中央大学，具有悠久的历史，但校园建筑却各有特点。杨廷宝在这些建筑设计中体现了他尊重历史、重视建筑文化、强调整体环境和谐以及建筑风格沿袭的特点。

在设计南京大学东南楼时，杨廷宝充分地考虑南京大学校园已有建筑群的整体风格及历史传承。南京大学的前身之一是金陵大学，现在的校园是金陵大学的旧址，其东大楼建于1912年，1917年美国建筑师司迈尔设计了标志性的北大楼，1925年金陵大学工程部的齐兆昌设计了西大楼，都采用了十字歇山屋顶的形式。北大楼采用塔楼代替西洋钟楼，东大楼和西大楼，在主体歇山顶上另附加一个歇

杨廷宝设计的南京大学东南楼局部（苏克勤摄）

山屋顶，正立面中部的坡顶向上延伸，其结果是正立面屋顶较突出，而背立面体量却更丰富。

1936年，杨廷宝设计金陵大学图书馆时，使正脊位于同一条投影线上，中部门厅和歇山屋顶高于两侧屋顶，“十”字形平面，使屋顶正、反面都完整一致，而且与北大楼轴线相对。1953年杨廷宝在设计东南楼时，延续历史文脉，将东南楼定位在与学校主要标志性建筑北大楼的横向轴线相平行的副轴线的东端，并面对西端的西南楼，其间是横向宽绿化带，并与正对校园南大门的教学主楼围合成校园前绿化广场。而东南楼单体平面采用“H”形，以保证两翼多数房间为南北向，并以大屋顶形式与校园建筑整体风格一致。只是从东南楼在整体环境中处于配角地位出发，并不像其他校园建筑拔高入口的体量加以强调自身的突出地位，而是谦逊低调地处理东南楼的主入口，并尽量简化细部做法。因此，东南楼的设计无论在与校园环境的整体关系上，还是在造型、细部上，都显示了他出众的环境意识和设计古典建筑的深厚功力。

南京工学院校址是三江师范学堂、两江师范学堂的旧址，又是原国民政府最高学府中央大学的旧址，在此之前的1924年就在校区中心区建成了图书馆和体育馆，后来陆续又建成了科学馆（1927年）、生物馆（1929年）和大礼堂（1931年）。这些早期建筑基本上都是西方古典风格，均为坡屋顶，并设有西方古典建筑式的入口门廊。1933年，杨廷宝为当时的中央大学设计了南校门，由三开间的四组方柱与梁枋组成。外形则采用简化的西方古典建筑式样，大门立面自下而上由柱基、柱身、柱头、檐底托板、额枋、檐冠、压顶边条几部分组成，柱式简化、无纹饰，柱身上有竖线纹，十分简洁。至今，他所设计的大门仍矗立在东南

杨廷宝设计的原中央大学校门

大学校门口，成为东南大学的一个坐标。

1954年，杨廷宝在做南京工学院校园前区的规划时，强调学校应有一个宁静而有文化含量的教学环境，重视延续学校历史文脉和建筑风格，提出要有计划地发展和布置校园环境，使新、老建筑有比较统一的格调，并有完整的校园中心。他为校园设计的7幢建筑中，其中5幢教学楼在教学区内，除采用坡屋顶之外，还细心地推敲这些建筑的形式、比例和尺度，以及建筑的材料、细部处理，使之既有西方古典建筑风格痕迹，又结合中国建筑装饰纹样，有中西合璧的味道，这也是杨廷宝在设计中得心应手的惯用手法。值得一提的是，动力楼的平面设计，建筑平面基本是风车形，位于学校前区老图书馆西南，原校园会堂附近。杨廷宝将入口放在风车一角，使建筑之间空出较为方整的用地。风车的几个长翼都是教学用房，教学所需的大空间则被置于端头，特别是南端的生产机械电力装备实验室，层高为普通教学用房的1.5倍，杨廷宝结合楼梯设计来组织空间，即错层处理，这样不会影响其他部分的空间使用，同时保证主要立面的节奏、高度一致，可以说既美观又经济，而主要控制室位于建筑背面，有直接的入口，便于管理和疏散，又在背面形成了内院。大小变压实验室的一翼则与其他建筑又形成一幽静的小院。

此后，杨廷宝还参加了中国科学院建筑规划讨论，参加了革命博物馆工程设计，以及石油学院、南京农学院总体布局等。

4. 学部委员

1955年，在南京工学院建筑系担任系主任和国家一级教授的杨廷宝当选为中国科学院学部委员。中国科学院学部委员即后来的中国科学院院士，是国家设立的科学技术方面的最高学术称号，为终身荣誉。

1955年6月1日至10日，中国科学院学部成立大会在北京举行。正式宣布中国科学院物理学数学化学部、生物学地学部、技术科学部和哲学社会科学部成立。6月3日，国务院公布中国科学院学部委员名单，共233人，其中物理学数学化学部48人，生物学地学部84人，技术科学部40人，哲学社会科学部61人。我们耳熟能详的自然科学领域内的大家如华罗庚、苏步青、李四光、竺可桢、钱三强、钱伟长、童第周，社会科学领域内的大家如陈寅恪、郭沫若、冯友兰、吕叔湘、季羡林、金岳霖等都在学部委员之列。梁思成、杨廷宝、刘敦桢三位建筑学大家是技术科学部委员。成为学部委员的三个条件是：学术成就，对科学的推动作用和忠于人民事业。

在国际上，院士是国家研究院或科学院的重要组成分子。院士（Academician）一词源于Academy。传说古希腊有一位拯救雅典免遭劫难而牺牲的英雄Academy，为了纪念他，希腊人建立了一个以Academy命名的幽静园林。建成后，该园林成为各流派学者讲学、开展自发的学术活动的场所，因此后来很多学术团体都自称为Academy。1666年，法国成立了皇家科学院，到科学院工作的著名科学家首次被称为“院士”。此后，英国皇家学会、普鲁士皇家科学院、彼得堡皇家科学院、美国国家科学院都纷纷使用“院士”这一称谓来命名自己国家最杰出的科学家。“院士”成为学术界给予科学家的最高荣誉称号。

中国最早的院士产生在1948年3月，当时中央研究院通过五次投票，层层选拔，选出了中国有史以来的第一批81名院士，包含自然科学和人文社会科学学科的著名学者。吴大猷回忆当时中央研究院院士选举是这样进行的：“三十五年（1946年）由评议会筹办院士选举，先由各大学院校、专门学会、研究机构及学术界有资望人士，分科提名候选人，约四百余人，三十六年由评议会审定候选人一百五十人。三十七年再由评议会选出院士八十一人。”[22]这次选举中，除了中央研究机构以外，获选人数最多的四所大学是北京大学、清华大学、中央大学、浙江大学。

“1949年后，老的中央研究体制不能再延续了，但当时的中国仍然要和国际科学界发生联系，经过慎重考虑，决定建立中国科学院学部，学部委员也就相当于原来的院士，在对外交流方面，中国学部委员的英文译名和院士是同一个词。”[23]

事实上，新中国成立之初，国家的科学基础总体上来说还比较薄弱，学术水平也不是很高，各门学科的发展非常不平衡。因此，国家对未来科学体制进行了思考，但如何组织国家最高学术机关，一些领导是有所担心的，旧科学家中政治情况比较复杂，在科学家的思想尚待改造的情况下，把科学院作为院士的组织，以院士大会作为最高权力机关，可以说是一种冒险。因此，才有了学部这一个学术机构。当然，成立学部仅仅是一个过渡性的选择，最终的目的是与国外的科学院一样建立院士制度。“学部委员是产生院士的基础。”[24]郭沫若在学部成立大会开幕词中说“（学部）为中国科学院进一步建立院士制度准备了条件”[25]。按当时的设想，这个过渡期，也就是实行学部的时间大约是一到三年。但由于种种原因，1957年增选了21位学部委员后，这项工作就停止了。直到1980年，才又恢复学部委员增选。

1955年5月9日，科学院党组致函中宣部，认为，学部委员选定的标准是从学术水平和政治情况两方面考虑。总的原则是："学部委员必须是学术水平较高，在本门学科中较有声望，政治上无现行反革命嫌疑的人。"[26]后来根据这个原则，定出一些标准。但总的来说，在自然科学方面，原中央研究院院士在1949年没有离开大陆的基本上被选聘为中国科学院的学部委员，变动较大的是社会科学方面。

技术科学部当选的40人中，涵盖了冶金、机械、电子、化工、水利、桥梁、建筑、声学、光学等领域，其中建筑领域当时仅有梁思成、杨廷宝、刘敦桢三人当选。

杨廷宝、梁思成、刘敦桢三人在年龄上相近，三人同为建筑师，同为建筑学教育家，是中国建筑学教育的重要开创者，在建筑创作和建筑教育上思想也相近；但杨廷宝的成就重在建筑设计创作上，梁思成与刘敦桢的成就重在建筑历史与理论研究上，尤其是中国古建筑的研究与保护。可以说三人既有共同点，又各有侧重。

在建筑创作设计上，三人都有作品，但杨廷宝的作品最多，梁思成次之，刘敦桢最少；在建筑思想上，三人均注重建筑形式与功能的结合，均认为建筑应在满足功能的基础上，追求艺术形式之美，但在具体的建筑实践中，以及思想的变化发展上略有不同。

杨廷宝一生主持、参与设计的建筑作品达百件之多，他的设计思想和设计哲学全部包含在他的作品中，通过形态各异的建筑无声而又强烈地表现出来。他的设计风格稳健、严谨、精致、大方。在作品中他对中外古今的建筑特点兼收并蓄，在设计中量体裁衣，切合实际，照顾全局，结合自然；主张洗练凝重，反对浮华铺张；不喜欢锋芒毕露、咄咄逼人的风格，反对脱离实际，不顾具体经济技术条件的空谈。

杨廷宝认为，"建筑设计是为人民的生产、生活服务，绝不是我们画几张图就能解决的"。"建筑是解决人的衣食住行四个问题之一。'住'并不单指卧室而言，就广义来说，凡日常生活上所需用的各种蔽风雨的建筑物都要包括在内。”他还认为，“建筑学为人们的生活、工作创造着空间与良好的环境，不断满足人类日益增长的物质功能和精神功能的需要”。[27]

杨廷宝的建筑理论从实践而来，因此其建筑思想表现为实用性与艺术形式的结合，并不断简化繁复的形式，逐渐强调环境意识，采用现代建筑的设计手法，实现向现代建筑思想的迈进。与梁思成相比，他并没有刻意强调建筑结构形式的表现力。“从建筑师本身职业特点而谈，注重实践和反思，而不注重思想的刻意表述，特别是在具体的建筑实践中体现建筑师对功能、形式、结构、材料、构造、经济方面的全面考虑，杨廷宝在这方面也许可称得上是第一代建筑大师中的佼佼者。”[28]

梁思成在1928年到1931年担任东北大学建筑系主任期间，完成了生平第一个设计作品——吉林大学建筑群，包括礼堂、教学楼、实验楼、宿舍楼。这期间，他还设计了王国维纪念碑（1929年）、梁启超墓（1929年）。这些早期建筑作品，基本上是沿袭了宾夕法尼亚大学建筑系所受的教育，强调建筑的古典形式美和艺术性，我们可以看到严谨的古典主义构图比例中融合了中国传统建筑的装饰细节，他对建筑民族形式的追求从一开始就体现出来。[29]此后的设计作品有北京仁立地毯公司铺面（改建）、北京大学地质馆和女生宿舍。新中国建立后，设计了人民英雄纪念碑、任弼时墓、林徽因墓、扬州鉴真和尚纪念堂。

林徽因墓

把建筑作为艺术是梁思成一生建筑创作和建筑教育的中心。他认为建筑最基本的功能是满足人的生理需求，此外，建筑还要满足精神、思想上的需要。建筑师技术的提高，依赖于思想的丰富和造型艺术方面高度综合的创造性思维的提升。他指出艺术并不是与人们生活毫无关联的东西，也不仅仅是感情的宣泄和思想的表达，艺术应当融入人们对情感的追求和对美的创造。建筑是为人类提供一

刘敦桢

个身心能够得到庇护和交流的天地。从建筑审美的角度去看，建筑可以引起特异的感觉，可以感到一种“建筑意”的快乐。

刘敦桢的毕生精力主要集中在建筑教学和科研方面，因而在建筑设计上的作品不多。他的主要作品有：湖南大学教学楼、长沙天心阁，南京部分民用建筑，中山陵光华亭，中央大学学生宿舍、食堂和中央图书馆阅览楼等，南京瞻园改建。其中中山陵光华亭和南京瞻园（改建）是他比较成功的建筑创作，也是他对园林研究的具体实践。在建筑中，他重视造价经济，反对不顾经济任意发挥，滥用高档材料。他曾经批评梁思成的建筑太注重形式的美。在他看来，设计“首先应看重建筑功能，在满足功能的前提下才力求造型完美”，不赞成片面追求形式而牺牲实用。

三人都对中国古典建筑有浓厚的兴趣，都对中国古典建筑进行了研究与保护，但杨廷宝的兴趣在于如何修缮古建筑以及用中国古典建筑的设计手法设计建造具有现代功能的建筑，而梁、刘的兴趣则是对古建筑进行理论上的系统整理和研究，并加以保护。

上世纪30年代，杨廷宝一共主持修缮了北平的九处古建筑，他本着“修旧如旧”的原则，尽可能使这些古建筑“延年益寿”，而不是“返老还童”，尽可能少地更换原有材料，能加固的构件一律加固，能修补的部分一律修补，做到保护与利用相结合，为保护古建筑立下了汗马功劳。从杨廷宝回国进行建筑设计开始，他一直在努力学习中国的古建筑设计手法，在早期运用西方古典美学法则时，他就在寻求如何糅合中国文化，使建筑更符合中国特色，因而在建筑风格上表现古典折中的倾向；抗战前几年，他在南京设计建造的一批官署建筑和纪念性建筑，都运用了中国建筑固有特色，采用“大屋顶”的手法，使其具有中国古典建筑明显外形，并在细部上运用歇山、庑殿、牌楼、额枋、梁头、须弥座、斗拱、彩画等形式表达中国古典建筑的特征；在此基础上，他努力探索既不失中国传统建筑文化特色、又利用现代建造技术具有较强时代感的“新民族形式”建筑方法，如中央体育场 、中央医院、和平宾馆等。可以说，在他一生的建筑设计中，一直在探索建筑文化的传承、转换和创新。

杨廷宝设计的中央医院

梁思成在宾夕法尼亚大学读书期间，就对建筑史产生了浓厚的兴趣，当时他“看到欧洲各国对本国的古建筑已有系统的整理和研究，并写出本国的建筑史。唯独中国，我们这个东方古国，却没有自己的建筑史”；不仅如此，在当时中西方学者都没有关注中国建筑历史和建筑技术的情况下，日本的一些学者却开始了对中国建筑艺术的研究。这使他在内心深处有一种危机感，立志要写出中国人自己的建筑史，“建筑是民族文化的结晶”，更是一个民族文化的象征。因此，回国后，他将主要的精力放在了中国古代建筑和中国建筑史的研究上，在上世纪30年代营造学社这一平台上，他调查了大量的寺庙、佛塔，对于清代、元代、唐代、北魏、汉代等时期的古建筑进行了研究，发表了《我们所知道的唐代佛寺与宫殿》《蓟县独乐寺观音阁山门考》《正定古建筑调查纪略》《云冈石窟中所表现的北魏建筑》《大同古建筑调查报告》《汉代的建筑式样与装饰》《治故宫文渊阁实测图说》《曲阜孔庙之建筑及修葺计划》等一系列论文，并于1945年出版了单行本《中国建筑史》，实现了自己早年的梦想，在“中国古代建筑理论和文物建筑保护”这个领域取得了突出成就。

刘敦桢在古建筑方面的研究，与梁思成有很多共同的地方：同样是在留学期间对中国古建筑产生了兴趣。对古建筑研究进行资料的搜集和整理的主要阶段是30年代与40年代初在营造学社工作期间，在这一阶段，不少研究论文是两人合写的，如《大同古建筑调查报告》、《修理故宫景山万寿亭计划》、《汉代建筑式样与装饰》（二人与鲍鼎合写）、《治故宫文渊阁实测图说》、《故宫文渊阁楼面修理计划》（二人与蔡方荫合写），他们的研究共同为中国古建筑研究奠定了基础。刘敦桢在东京高等工业学校留学期间，看到日本政府和国民对本国古建筑文化十分重视并对古建筑着意保护，给了他许多启示和反思，使他立下日后从事研究中国古建筑的志愿和决心。上世纪20年代末，他将教学的闲暇时间大都投入到查阅有关古建筑的文史资料，以及参观调查宁、沪、杭一带的古建遗址中。1928年，他的第一篇论文《佛教对中国建筑的影响》就是关于古建筑的，发表在当时的《科学》杂志上。自1930年加入中国营造学社后，他将全部身心放在建筑历史研究上，在对华北和西南地区的古建筑调查的基础上，写作了《北平智化寺如来殿调查记》《大壮室笔记》《明长陵》《大同古建筑调查报告》《易县清西陵》《河北西部古建筑调查记略》《河南北部古建筑调查记》《西南古建筑调查概况》等一系列中国古建筑研究论文；50年代起，他对我国传统民居和园林也进行了系统研究，出版了《中国住宅概说》《苏州古典园林》等著作，此后又主持编写了《中国建筑简史》和《中国古代建筑史》，在1966年成书。

三人同为建筑教育家，与第一代中国建筑教育家一起共同开创了中国现代建筑教育事业，为中国培养了一大批建筑专门人才。刘敦桢最早投身建筑教育，与一批同仁创建了中央大学建筑系；梁次之，为东北大学和清华大学创建了建筑系；杨最晚进入建筑教育领域，但他务实求精的教学态度，注重基本功的理念，理论联系实际的教学方法，在中央大学→南京大学→南京工学院建筑系形成了“中大体系”“南工风格”。在建筑教育思想上，刘敦桢倾向于实用，略偏重于建筑技术，而梁思成所建立起的教育体系显示出较多的人文色彩。

刘敦桢为我国现代建筑教育的奠基和发展付出了极大的精力，也获得了突出的成就。他最早在苏州工业专门学校，依照日本同类学校的模式创立了建筑科，教学偏重于建筑技术，为我国培养了首批建筑工程方面急需的人才，是我国中等建筑技术教育的肇始。其后他又与刘福泰、卢奉璋、贝季眉、李毅士等一同创建了中央大学建筑系，揭开了我国高等建筑工程教育的新篇章。由于参加筹建的教师，分别留学于美、法、英、日等国，对建筑系的认识迥然有异，大家对于教育理念有不同的看法。为了使这个新的专业更好地符合中国的实际，刘敦桢建议，综合欧美与日本等国建筑学专业之所长，在培养以建筑设计为主的方针下，加强建筑结构和建筑营造等工程知识，使其成为既具有广泛的科学知识和较好的设计与表现能力，又能妥善解决我国实际问题的建筑师。当时中央大学建筑系开设的

课程包括建筑设计、阴影透视、中国建筑史、西方建筑史、建筑营造法、建筑测量、施工估价，以及钢筋混凝土结构和木结构等，涵盖了设计、历史和工程诸多方面。1931年夏，他还率领青年教师及高年级学生，前往山东曲阜及北平一带参观古建筑，开建筑学科学考察之先河。他的这些思想和做法，不仅成为以后中央大学建筑系数十年的教学依据，同时成为国内其他兄弟学校新建这一专业的重要参考。[30]

在建筑教育上，梁思成在东北大学时，尚未形成自己独立的建筑教育思想，仅仅是照搬宾夕法尼亚大学建筑系的教程，采用英美古典主义训练式的教学方法。从30年代起，他除了进行中国传统建筑遗产的调查、研究、整理工作外，在建筑设计、城市规划理论等方面也有所涉足，他的学术思想得到了很大的丰富和发展。在他1946年创办清华大学营建系，开始第二次教育实践时，他的思想发生了很大的变化。尤其在这前后，他赴美讲学，并担任纽约联合国总部大厦的设计顾问，对国际建筑理论的新发展有了进一步的了解，建筑教育思想也趋于成熟。回国后，他设计出一套以“体形环境”为中心的新的建筑教育体系，将人文、科技、艺术融于建筑人才知识结构的教育要求中。他说：“……为人类建筑居住或工作适宜于身心双方面的体形环境。……换一句话说，就是所谓‘建筑’范围，现在扩大了，它的含意不只是一座房屋，而包括人类的一切的体形环境。所谓‘体形环境’就是有体有形的环境，细至一灯一砚、一杯一碟，大至整个的城市，至一个地区内的若干城市间的联系，为人类的生活和工作建立文化、政治、工商……各方面合理适当的‘舞台’都是体形环境计划的对象。”

梁思成

在这一体系下，一重视社会科学，课程包括社会学、经济学、管理学、心理学等；二重视历史，课程包括欧美建筑史、中国建筑史、欧美绘塑史、中国绘塑史；三重视艺术训练，课程包括建筑画、素描、水彩、雕塑、木刻等美术课。这使得梁思成的建筑教育思想具有较多的人文色彩。[31]

尽管杨、梁、刘三人在建筑实践与教学上各有侧重点，但三人有一点是非常相同的，即在为学上，三人都非常认真、严谨，这也是他们作为一代建筑宗师能得到学生、后人的尊重、爱戴，在学术上取得巨大成就的重要原因。

杨廷宝为人非常低调、谦逊，做事谨慎、认真。他不武断、不盲从，对于现实问题始终进行着冷静的思考。在任何一张设计图面前，他首先考虑的是：是不是现实，是不是劳民伤财。在教学上，包括怎样削铅笔、怎样正确使用绘图工具，直到如何画线条、做渲染这样的小事，他都为学生一一示范，耐心教授，他认为这些都不是小事，都是培养学生做学问乃至今后做事做人应具备认真严谨、一丝不苟的基本素质。

杨廷宝作品很多，画作很多，设计方面及教学方面的经验很多，但他却不善于宣传，更不会炒作自己，除了大家实实在在看到的，摆在那里的，他少有各方面的论著。“只顾耕耘，不顾收获”，齐康说“他是一位从中国泥土上长出来的，带着中国人民固有气质的建筑师和学者”[32]。

梁思成对古建筑的调查研究，坚持测量力求细致，分析要有根据，绘图要严密，所出成果要与世界水平比高低。当时条件十分艰苦，每次外出调查都要经受工作和生活上的种种困难，但他对测绘工作始终一丝不苟，和助手们一起，对建筑物从整体到局部进行详细的绘图测量；对各种构件与装饰，从里到外，从正面到侧面都细致地加以摄影记录；对所有碑文、史料都一一抄录无误。正是这样一种严谨认真的作风，使当时营造学社的许多研究成果，测绘的许多图纸都达到了国际水平。

在古建筑研究中坚持的严谨学风也贯穿在他的教育工作中。在担任清华大学系主任后，行政工作十分繁重，但他坚持亲自教课，亲自讲授建筑概论、中外建筑史、建筑设计等课程，重视对学生专业基础知识的传授。他经常向学生讲什么是建筑，建筑师的任务和建筑师应该怎样工作等。善于从课内到课外，经常教育和引导学生时刻注意周围的环境，观察所见到的建筑，研究与建筑师有关系的一切事物，启发学生对建筑事业的责任感，培养学生对自己专业的兴趣和感情。

梁思成审阅青年教师和研究生的论文都是逐句修改，从内容到错别字，连一个标点符号也不放过。他不仅自己做到，而且也要求教师和学生熟悉古今中外的

著名建筑，能随手勾画出这些建筑的形象和记住它们的建造时期。他不但培养学生的高超技艺，同时也十分注意培养学生的良好作风，反对少数艺术家的所谓不修边幅的那种散漫习气。他强调一个建筑师要对一个工程负责，必须要有严格和科学的工作作风。他要求每一张设计图纸都要制图清楚、尺寸准确，连写字大小都要按不同等级的规定，文字与图分布均匀，干净利索，一目了然。[33]

年轻时的刘敦桢，酷爱游泳、足球和田径运动，周末常去参加或观看足球比赛。除此之外，他爱下围棋，喜欢填词，但这些“杂务”都因为潜心建筑而被舍弃。他一生中大约四分之三的时间是在工作中度过。从1933年开始的四年间，他在华北六省进行大量科研调查，其中抽空所写的论文、调查报告、读书笔记共计60多万字。

在营造学社，他沉静、外表整洁，总是埋头于研究中，不苟言笑，“就像电影里的古板的老夫子”。朋友形容他，笑一次，连黄河都要变清了。即使在家人面前，他也显得严肃、威严，不易接近。有一次，他偶尔带着子女去看了一场电影《白雪公主》，孩子们开心了很久，直到几十年后仍念念不忘。

他对工作极为认真负责。无论是教学、科研或是行政事务，都是兢兢业业，一丝不苟，力求最大限度的完善。虽然他讲建筑史讲过多少次，但每次课前仍旧要仔细备课。无论是讲课和写作，他都强调简明扼要、重点突出。他认真到就连给朋友写信，都要修改几次，然后重新誊写一遍，才肯寄出。他的文稿和笔记，“每个字的一勾一画和标点符号，都写得十分端正整齐”。这种严谨到近似“古板”的生活态度，完整地映射到了他的建筑理念上。在他看来，建筑学从古至今，都有其实用而固定不变的一面。

他为人正直不阿，一贯反对弄虚作假的不正之风，更蔑视争名夺利的市侩思想。他一生研究建筑无数，主持建筑无数，然而始终生活清贫，并安之若素，从未给自己盖过一砖片瓦。[34]

5. 建筑四杰

熟知杨廷宝或与他共过事的人，都知道他心地善良、性情温和，而且朴实厚道，诚恳待人，大家都愿意与他交往，所以他朋友非常多。杨廷宝与梁思成被人们誉为中国现代建筑的“北梁南杨”， 北梁南杨又与刘敦桢、童寯合称为中国现代建筑界的“四杰”，“四杰”与吕彦直并称为中国现代建筑史上的“五宗师”。

建筑四杰，不仅年龄相近，而且性情相投。除刘敦桢外，杨廷宝、梁思成和童寯都毕业于清华学校，并就读于美国宾夕法尼亚大学艺术学院建筑系，两度同窗。梁思成于1927年6月在宾大建筑系硕士毕业后，也到保尔•克芮的建筑事务所工作过一个夏天，直到后来他为准备自己的博士论文才离开，进入哈佛大学的研究生院。童寯在获得建筑学专业硕士学位后，曾在费城的路易斯•康建筑事务所工作一年。杨廷宝、梁思成、童寯在宾大时期就建立起了深厚的友谊，共同的追求使他们一生志同道合，肝胆相照，汪正章先生在《忆杨、童二师》一文中真切地记下童先生的感慨挚言：“我和杨先生一个师傅下山，一脉相连，走的是一条路子！”[35]

1928年夏，在梁思成归国之前，杨廷宝受基泰老板关颂声的委托，向梁思成的父亲梁启超游说，希望梁思成归国后能够加盟基泰，基泰希望通过梁启超、梁思成父子的地位声望和社会关系开展业务。但梁思成却认为自己的主攻方向还是在学术上，而非具体的建筑事务，遂婉拒了基泰事务所的热情邀请。此时，正值东北大学面向社会各界招纳贤才，该校校长张学良、工学院院长高惜冰原拟聘请杨廷宝担任建筑系主任，而杨廷宝见梁思成不愿加盟基泰，遂向张学良、高惜冰推荐了梁思成。此前，清华大学也向梁思成发出了邀请，梁启超却认为清华大学太过舒服，怕儿子在那个“温柔窝”里干不了大事，于是就私下替儿子做主应允了东北大学之邀。梁思成带着新婚妻子林徽因回国后就直赴沈阳，担起了东北大学建筑系主任的重任，创办了我国北方高校的第一个建筑系。此时，南京的中央大学已设立建筑系，由刘福泰担任系主任。童寯1930年归国时，梁思成又力邀他到东北大学建筑系任教。在此前后，梁思成还将陈植及蔡方荫等同学也请到了东北大学，加强了东北大学建筑系的教师阵容。

1931年6月，梁思成因就任中国营造学社法式部主任之职而离开东北大学，原系主任一职遂由童寯接替。三个月后，九一八事变爆发，成立仅三年的东北大学建筑系随着学校的解体而风流云散。该校师生纷纷南撤，许多学生逃亡到关内，有的转入南京的中央大学建筑系，有的流亡到上海。是年冬天，童寯也辗转到了上海，并加盟到赵深、陈植等人创办的建筑师事务所，1933年该事务所正式挂牌为“华盖建筑师事务所”，童寯与陈植、赵深三人成为华盖事务所的“三巨头”。很快，华盖事务所在上海、南京一带打响名气，成为南方唯一可与外国的建筑设计机构相抗衡的一所颇具影响的建筑事务所，与天津的基泰事务所称雄南北。居沪期间，童寯将来沪的东北大学建筑系三、四年级的学生召集起来，借读于上海的大夏大学，并呼吁建筑界同仁一起为这些学生义务授课，毕业后仍由东北大学发给文凭。流亡到上海的16名学生先后毕业，童寯又为学子们的就业问题四处奔波，颇费心力。梁思成在1932年7月《致东北大学建筑系第一班毕业生信》中，高度赞扬童寯是"国破家亡之时的一线曙光"。

梁思成早在美国哈佛研究生院时，拟写的博士论文是《中国宫室史》。他准备利用相关资料，再撰写一部《中国雕塑史》。但又觉得国外的资料不甚完备，需要回国进行实地调查才能完善，所以就离开了哈佛大学。回国之前，梁思成与林徽因绕道欧洲，在沿途参观了许多名胜古迹，见识了西方诸国对古建筑及其文物的科学整理与保护的成果。梁、林夫妇在参观欧洲各国的博物馆时，看到大量中国国宝被盗卖到国外，更加坚定了研究中国古代建筑的决心，希望以此振兴民族文化。回国之后，梁思成继续用现代科学方法研究中国古代建筑，开拓了中国建筑史的研究道路，尤其在中国营造学社成立后的十余年间，他和林徽因不顾艰辛劳累，到野外展开调查研究工作，先后考察了200余个县市，详细考察古代建筑2200余处，通过现场的测绘、摄影，及参考各种文献，整理出详尽科学的分析调查报告，绘制出精湛的建筑图，完成了《清式营造则例》等专著，主编了《建筑设计参考图集》（十集），对于发现、保护中国古代建筑做出了巨大的贡献。

在他们的研究中，杨廷宝也提供了非常有价值的信息。杨回忆："有一次我偶尔去到设有公共图书馆和群众教育展览厅的北京鼓楼，我看到在一楼巨大的穹顶的一面墙上，挂着一幅外表古怪的寺庙照片。照片下面的说明清楚地写着：'蓟县独乐寺'。当我向梁思成形容照片上的斗拱的形状时，他很兴奋，说我看到这张照片非常走运。"[36] 梁思成当即赶到鼓楼，他通过照片上巨大而奇特的斗拱确信，蓟县（今天津市蓟州区）这座寺庙一定是一处宋元以前的古代建筑。因而改变了行程，马上去蓟县独乐寺，开创了中国建筑史上第一次科学调查，并发现了当时中国最古老的一座木结构建筑，并写出了中国建筑史学界第一次用科学方法分析研究古建筑的调查报告——《蓟县独乐寺观音阁山门考》。[37]

梁思成、林徽因、刘敦桢到北平的中国营造学社任职以后，都曾协助过杨廷宝负责的北平古建筑修缮工作。林徽因非常喜欢杨廷宝的水彩画，杨廷宝就特地画了一幅北京雍和宫一角的画送给了她，梁思成将此画与林徽因的水彩花卉画一起挂在书房。林徽因性格外向，知道杨廷宝性格内向，不苟言笑，就故意逗他，让他陪着逛街，杨廷宝只好应允。当时，著名汉学家费正清及其未婚妻费慰梅来中国北平学习中文兼实习，其间在清华大学兼教，所租居之地的北总布胡同与梁宅相近，因而与几位建筑师得以时常往来，建立了深厚的友情。

刘敦桢是湖南省新宁县人，1897年9月出生，1916年考入日本东京高等工业学校机械科，后因对建筑发生兴趣而转入该校建筑科。1921年毕业，进入其师池田所在的建筑事务所见习。1922年回国后，参与创建了第一所由中国人主持的华海建筑事务所，1923年与人在苏州工业专门学校创设建筑科并任讲师，该科后来并入江苏大学，旋改国立第四中山大学，1928年改称为国立中央大学，刘敦桢就在该校工学院任教。早年在日本读书期间，刘敦桢就注意到日本政府和民间都很注意保护古迹，而拥有更为丰富建筑遗产的中国，却没有相应的保护措施，学术界也无人问津，这种反常现象促使他树立了致力研究中国古建筑的决心。归国之后，他考察了江南一带的很多古建筑和遗址，并发表了不少相关学术论文，引起了远在北平的中国营造学社社长朱启钤的注意，力邀他加入学社。1932年，刘敦桢离开中央大学到营造学社担任文献部主任，与梁思成一起，成为营造学社的台柱子。说起刘敦桢与梁思成第一次见面，杨永生记下了一个小故事："据传，他们二人第一次见面是在梁思成家里。当时刘敦桢问梁先生：'研究中国古代建筑，应从何处入手？'梁先生没有回答，顺手从桌子上抄起一张纸写了两个字，刘先生也拿起一张纸，也写了两个字。等两个人互相亮出纸上的字，竟不约而同，都写了同样的两个字，即'材、栔'二字（材、栔是宋代衡量建筑物和建筑构件尺度的基本模数单位）。"[38]

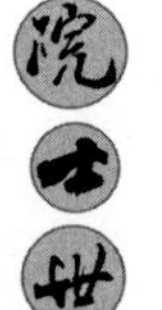

而杨廷宝早在应营造学社之邀修缮北京古建之前，就已经认识了刘敦桢。1929年，杨廷宝拜访了正在中央大学建筑系任教的刘敦桢。当时，刘敦桢住在中央大学西侧不远的大石桥旁，一个人租了一间房子。多年以后，杨廷宝对刘叙杰回忆说："我去时他正伏在桌上绘图，桌上、床上和地上都堆了不少书籍，还有一些收集来的唐砖汉瓦以及穿着的衣服零散地放着。我们就在这不太整齐的小屋里畅谈了一个下午，相互感到很默契，从此开始了数十年不渝的深厚友谊。"[39]

从1934年起，杨廷宝因业务关系时常到上海、南京等地出差，在上海一住就是几个月。杨廷宝在上海的建筑师熟人很多，但他一有空就跑到童寯家中。童寯喜欢江南的园林建筑，杨廷宝对此也兴趣盎然。每逢周末，两人就一同游览苏锡常一带的大小园林，尤其是上海周边的一些古镇，两人或去苏州角直保圣寺观看唐代雕塑，或去南翔古猗园看园林，一直畅游到苏州、无锡等地，有时童寯会带着夫人关蔚然一同前往。游了一整天回到上海，杨廷宝就留在童寯家中吃晚饭。去的次数多了，他也就不客气了，河南人爱吃面，杨廷宝就自己下厨用面条加鸡蛋一起煮，简单易做，关蔚然笑称他做的是“杨廷宝面”。晚饭过后，大家又围在一起闲聊，童寯经常把自己近期买来的画册和旧书拿出来共同欣赏，关蔚然又笑称丈夫此举是“献宝”。

1935年杨廷宝（右）与童寯合影

1937年卢沟桥事变爆发后，北京很快沦陷。梁家、刘家被迫立即举家迁往天津暂避。到天津刚过一周，侵华日军就又逼近天津，杨家便与梁家、刘家一同乘英商太古公司的轮船离开天津，途经青岛南下。此后，刘家、梁家一起到了湖南的长沙，之后又辗转到了云南的昆明，杨家则在南下的途中转回了河南的老家南阳。

1943年，两年多前就已迁到四川宜宾李庄古镇的中国营造学社，因经费来源枯竭使得研究工作举步维艰，难以为继。刘敦桢为解决家庭生计问题不得不离开学社回中央大学建筑系任教。就在刘敦桢离开李庄的前一天晚上，他与梁思成促膝长谈，两人边谈边流泪，最后直至号啕痛哭。此后刘敦桢一直在中央大学工作，再也没有离开过。

刘敦桢曾谦逊地对人说：“我不过具中人之资，捷思聪睿不及思成，细致慎重莫如仁辉（杨廷宝的字），博通中外无逮伯潜（童寯的字）。能够做出点成绩，主要靠多干了一点。”[40]这种虚心与诚恳的态度，使刘敦桢在工作中能够尊重别人，从来不摆人师和专家的架子，更不会独断专行，相反总是虚心地听取别人的意见，处处以身作则，严于律己，率先垂范，为人楷模，从而赢得了很多人的尊重。

刘敦桢到中央大学建筑系任教后，梁思成每到重庆，都要去刘家看望，有时还住在刘家。1944年秋，童寯也应时任中央大学建筑系主任的刘敦桢之邀，从贵阳赴重庆兼任中央大学建筑系教授，后来又任专职教授。杨廷宝与刘敦桢、童寯便聚首重庆沙坪坝的中央大学，从此再也未分开过。抗战胜利后，杨、刘、童三人又随中央大学复员而迁回南京。在南京，三位建筑大师朝夕相处，在这里共同度过了他们生命后面的几十年。

尽管杨廷宝与刘敦桢、童寯在学术、专业上各有所长，性格也各不相同，但彼此之间却能互相尊重、相互支持，工作中更是相互合作、相互帮助，生活上相互关心、相互照顾，友情非常深厚，故被人们亲切地称为中央大学建筑系的“三驾马车”。

1946年，清华大学校长梅贻琦先生接受了梁思成的建议，在清华大学设立了建筑系，由梁思成担任第一任系主任。梁思成将原中国营造学社最后的三位成员刘致平、莫宗江、罗哲文一同带到清华大学，并且热情地向童寯发出邀请，但童寯不愿离开中央大学。梁思成认为，建筑系的任务不仅仅是培养设计个体建筑的建筑师，还要造就广义的“体形环境”规划人才，他以自己对建筑的理解，将“理工与人文结合”，对学生进行“博”而“精”的修养教育与训练。

从1946年起，杨、刘、童、梁四位中国现代建筑史上的大师都走上了高等教育的第一线，将他们丰富的知识和高深的才学奉献给中国的建筑教育事业，为中国培养了一大批优秀的建筑人才。

1949年上半年，北平、天津、南京、上海相继解放。梁思成再次致信童寯，希望他能到清华大学任教。梁先生在信中说：“现在北方已安定下来，并且已展开了建筑工作。北平是新中国的首都，以后需要大量的建筑师，并且需要训练大量的新建筑师。我企盼你早早的北来，华盖可在平设一分事务所，先立下基础。从清华及我个人的立场说，我恳求你实践我们在重庆的口约，回来提携母校的后进。我已对学生谈了多少次你早已答应过来清华，他们都在切盼。清华建筑系的师资太缺乏了，你若肯来，可以给我们无量的鼓励。因此双重原因，我恳切地求你毅然离开南京，来为母校养育后辈。我知中大也需要你，但在宁沪的建筑师多，总可以找个替身；而清华之需要老兄，都是迫切之至。”[41] 梁思成这份情真意切的求贤之心、同窗知己的肺腑之言，虽然深深地打动了童寯，但在梁信到达之前，刘敦桢已亲自登门，聘请童寯留任南京大学建筑系教授，童寯允诺并且签了字。[42] 因此童寯没能满足梁思成的愿望，仍旧留在了南京。与此同时，梁思成又推荐杨廷宝担任北京市都市计划委员会副主任一职，但杨廷宝也未北上，而是选择继续留在南京承担教学工作。

刘敦桢先生的夫人陈敬女士，早年毕业于湖南大学，她也是中国现代“建坛四杰”数十年交往的最好见证人。多年后，陈女士在她的《屐齿苔痕》一文中真切回忆：“众所周知，士能（系指其夫刘敦桢）和杨廷宝、童寯是几十年的知心老友。可是平时往来不多，也绝少客套应酬，大概是‘君子之交淡如水’吧。可是他们在工作中相互支持，团结精诚，坚如磐石，我从来没有发现三人发生过任何龃龉和误会，这种深厚而亲密的友谊，恐怕世间也不多见。”[43]对这种友情，刘叙杰是这样解释的：“这是因为他们的友谊早已始于20世纪的二三十年代，通过长期工作和学术上的合作与交流，相互间十分了解和信任。再加上他们的人生与价值观上的几乎一致，即将献身建筑事业作为毕生始终不渝的奋斗目标，而对个人名利及物质享受不屑一顾。”[44]1955年，杨廷宝、刘敦桢被评为一级教授、中科院第一批学部委员（今称院士），担任中国建筑学会理事、理事长等职位。童寯则被评为二级教授，在建筑学会也没有任何职位，但一向视名利如浮云流水的童寯既不羡慕，更不嫉妒，依然以凝重、严谨的治学态度，一贯从容淡定的心态教书育人，著书立说。他们三人同为国内建筑学界公认的权威，但没有互相排斥，也无门户之见，而是彼此尊重对方的学术成就，谁出版了专著，谁设计了作品，均“引为欣慰”。童寯30年代作品《江南园林志》至1962年才得以出版，刘敦桢很欣喜地为其作序言，介绍该书的学术价值。刘敦桢在“文革”中逝世，其著作《苏州古典园林》80年代初出版的时候，童寯和杨廷宝都为老友的著作作了序。[45]

在平常的生活中，杨廷宝除了写生作画和建筑设计外，并无其他的特别嗜好，综观他的一生，除了留下了大量的画作，以及在中国现代建筑史上留下了众多不朽的建筑佳构外，主要是以一个建筑教育家的身份，为中国培养了一大批优秀的建筑人才。杨廷宝无意做一个理论家，虽然也留下了一些关于建筑方面的论述，但他觉得自己的理论水平不及童寯、梁思成、刘敦桢等几位，他们都有不少有益于国家建筑事业发展的建筑理论专著，自己与他们相比差很多，于是感慨地对人说：“我很羡慕童老他们。”1958年毕业于清华大学建筑系的奚树祥，是梁思成在清华大学建筑系任教时的得意弟子，曾在清华大学建筑系教研组工作并担任梁思成的助理，1963年调入南京工学院建筑系任教，他对梁思成、杨廷宝都有非常深入的了解，在《一代巨匠，万世师表——纪念杨廷宝教授诞辰100周年》一文中，他盛赞杨廷宝的“谦谦君子”的风范和“待人和善”的态度。他写道：

和梁先生朝夕相处，常在客厅听他妙趣横生的谈话，言谈之中，多次谈到他在美国宾夕法尼亚大学长他三届的学长杨廷宝先生，敬慕之情溢于言表。他称赞杨老“内韧外秀，积厚薄发”，说杨在宾大学业超群，作业和笔记就像他本人一样，非常工整，赏心悦目，成为同学们的范本。说杨一辈子用心学习，到老了，和他一起开会或出差，还保持着用心观察、用心丈量、用心速写的习惯，叫我们年轻人都要向他学习。

还有一次谈到南工杨、刘、童三位老先生的治学态度，梁师称他们都是“赫赫大将”，也谈到他们之间的合作和他们之间的情谊，梁先生自谦地说，他们三位不像我喜欢说笑，不善言表，都很谦让，但三位彼此相处甚笃，互相敬重，这是南工建筑系越办越好的原因。梁先生还称赞杨老在开会时能顾全大局，不为南工掠一席之位，夺一时之利。

梁思成老师和杨、刘、童三位教授是几十年的老朋友，也是同窗、同事，私交都很好。老人们谢世前后，建筑界，尤其是台湾建筑界，有一些传闻，说南杨北梁，清华、南工有矛盾，梁公和刘敦桢教授有矛盾等等，绘声绘色，都是捕风捉影，无中生有。梁和童寯教授不仅是在美国宾大先后差一年的同学，而且还都是张学良为创办东北大学建筑系聘请的教授，梁童和睦共事多年。梁和刘敦桢教授的关系更是不同一般，都是朱启钤老先生创办营造学社时聘请的两员主帅，梁掌法式部，刘掌文献部。抗战后期刘离开李庄营造学社前，二人曾促膝谈心到深夜，梁公每去重庆，必往中大刘家看望，有时还住在刘家，可见情谊之深。

林徽因老师生前非常喜欢杨廷宝先生的水彩画，杨送了一幅北京雍和宫一角水彩画给林。此画我亲眼见过，梁公把它连同林徽因先生自己画的水彩画并挂在书房。杨先生的水彩画非常细腻精彩，梁公笑说杨当年曾调侃自己，说他画水彩画像炖红烧牛肉，要花九个小时。

严格讲，清华建筑系是南工建筑系早年派生出去的。我1963年到南工建筑系任教学秘书时，曾作过比较，发现二校的教学体系和教学内容都极相似，同受到美国宾夕法尼亚大学建筑系的影响，而宾夕法尼亚大学在美国是受法

国巴黎美术学院建筑教育影响最大的学校，二个系不仅教学体系相似，连学风都相似。

我在清华念书时，建筑系的师生沿袭营造学社的传统，把南工的刘敦桢教授尊称为“大刘公”，而把本系的刘致平教授称为“二刘公”。对杨老更是崇拜异常，50年代清华建筑系的年青教师和学生很狂妄，对解放后的新建筑评头论足，很少有满意的，杨老解放后设计的北京和平宾馆却是唯一例外，师生同声赞扬，学生们谑称杨老为“铁皮大师”（T.P.Yangy 谐音）。

杨老和梁、林夫妇之间的友谊历久不衰。杨先生是美国哈佛大学著名教授费正清夫妇40年代的老朋友，1980年还在北京会面。费、梁二对夫妇之间深厚友谊已为大家所熟知。我在美国时，几乎每周应邀去费家帮助整理梁公遗著，费夫人慰梅（Wilma Fairbank）就曾多次提到老朋友之间交往的小故事，至今还有印象。林洙女士告诉过我两件事，林徽因曾对她说过，杨廷宝是一个非常严肃古板的人，而美国人的个性非常活泼，杨去了美国也受到影响，回国后，曾允诺愿陪林徽因去逛街，实属不易。第二件事是梁公和林洙的婚事，当时曾受到一些舆论压力，杨老对梁丧妻之痛深表同情，对他的生活也非常关心，杨老曾遇梁再冰，劝她支持父亲的婚姻。这两件事充分说明两位大师从年青到老年，是何等的亲密友好。[46]

杨廷宝与刘敦桢、梁思成和童寯这四位中国现代建筑史上的大师，以他们深厚的友情和精湛的才艺，谱写了中国建筑史上的一曲美好的乐章。

6. 人民会堂

1957年，为了迎接新中国成立十周年大庆的到来，中央决定修建人民大会堂等十大工程，以向新中国十周年献礼。所谓的北京十大工程是：人民大会堂、革命博物馆、历史博物馆、国家大剧院（后未建）、军事博物馆、科技馆、艺术展览馆、民族文化宫、农业展览馆，加上原有的工业展览馆（即北京展览馆）共十大公共建筑。杨廷宝参加了十大工程所有的建筑设计讨论，并亲自进行了人民大会堂的初步设计，绘制了平面图、立面图、鸟瞰图以及各种剖面图和透视渲染图。他还提出了北京火车站初步设计方案，以后又参加人民大会堂工程验收，对来自全国的建筑师们发表的意见进行归纳总结。

1958年8月，中共中央指示，在建的包括人民大会堂在内的十项重大建筑工程必须在1959年国庆节时投入使用。9月8日，北京市副市长万里向在京的设计、施工单位的专家做动员报告。他指出，中央政治局扩大会议做出了明年要大规模庆祝建国十周年、展现我国各方面成就的决定。届时将邀请外宾和华侨来参加国庆活动，需要建设万人大会堂和5000人的大宴会厅以及居住的宾馆等重点工程。这些工程要少而精，既实用，又美观；既保证质量，又讲究艺术，且要具有民族风格和特色。报告会结束后，根据中央指示，北京向各地的建筑专家发出了邀请信，在全国范围内请来了17个省、自治区、直辖市的老、中、青专家和学者进京共商建设事宜，并提出按共产主义大协作精神参加竞赛。

9月9日晚，杨廷宝正在家中看书，江苏省一位副省长忽然亲自登门造访。这位副省长是来通知他和江苏省建筑设计院副院长兼总工程师江一麟到北京参加紧急会议，并送来了第二天一早到北京的飞机票。

翌日午后，杨廷宝与江一麟顺利地到达北京并到指定宾馆报到，才知道此行的目的是设计建造人民大会堂。会上，有关领导带来了中央最高指示：请专家们五天内务必完成人民大会堂的设计初稿！

来自全国的建筑专家和学者于9月10日晚到齐，在杨廷宝的带领下，立即投入工作，加班加点，酝酿讨论，在世界建筑史上首创类似集体创作的规划设计方案的做法。9月15日，设计初稿完成。不过，时间紧迫，难免粗糙。9月20日，专家们又完成了第二稿设计方案。较之初稿，显得清新有创新。很快，第三稿也顺利完成。

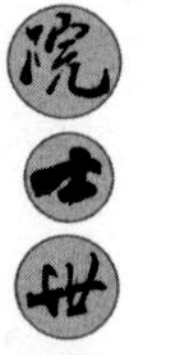

近代，中国人很少自己设计大型建筑，建筑师在设计大型建筑上缺少经验，起步不高。杨廷宝对设计稿不太满意，认为面积超标，不合要求，几次提出自己的意见，觉得方案在建筑形式上类似于西方古典柱式的莲瓣、束草花纹与柱础形式，没有鲜明地反映出中国建筑的特色。但专家们认为，人民大会堂时间紧迫，从选址到确定设计图纸，仅用了50天的时间，而且任务十分繁重，无法精益求精。当年曾参加人民大会堂方案会审的唐璞先生，在《不是我师，胜似我师》一文中写道："北京人民大会堂的设计，这个设计方案是周恩来总理和万里部长（万里担任过城市建设部部长——编辑）主持的，会审地点在前门饭店，我也被邀请在内，会审的方案只有几个，其中就有杨先生的方案，当时我最欣赏的就是杨先生的方案。当我看到杨先生的方案时，发现这个方案的风格是与天安门十分谐调的，他结合使用上的需要，利用各式屋顶组合，形成了一座雄伟、庄严、生动、壮丽的巨大的雕塑形建筑。使我想到，如果能把杨先生的方案选上并实现，则将与美国的白宫各据东西，堪称奇迹。”[47]但可惜的是，杨廷宝的这一方案最后并未被采纳。

杨廷宝的学生、中科院院士、第二代建筑师戴念慈在《回忆杨廷宝老师》一文中深情地写道：“为庆祝中华人民共和国成立十周年而建的工程，以及北京图书馆等重大工程进行方案设计的时候，每次都要集中很多专家、学者。搞方案竞赛，杨老几乎每次都提供一两个方案。参加竞赛者，都希望自己的方案被采纳，有的便红着脸去争，如果不被采纳，情绪就一落千丈，甚至把别人被采纳的方案挖苦讥笑一番，以此来消气。杨老则大不然，他不管自己的方案是否被采纳，或被采纳多少成分，也不管自己的意见是否得到重视，都采用同样积极的态度，有时，别人的方案被采纳了，实施过程中遇到困难来请教杨老时，他照样客观地提出意见，并加以解决……”[48]

经过专家们多次集体研究和商讨，最后，赵冬日、沈其合作的设计方案中选。在此基础上，赵、沈两位建筑师又广泛听取众多专家的合理化建议，对设计进行了多次修改和细化，使整个设计方案更趋于合理。

当时，周恩来总理一直在关注人民大会堂设计的进展情况，他在百忙中多次抽出时间听取设计组专家的汇报。在看过图纸后，他用商量的口气说：“大会堂是不是这个方案（第六方案）比较好一些？”同时，他又指着一个设计有大屋顶的方案说：“这个可以作美术馆的建筑形式。”接着又说：“革命历史博物馆可以和大会堂基本对称，但建筑面积要小一些，做成一实一虚。”关于人民大会堂内部的形式，设计方案有圆形、方形、六角形、扇形和椭圆形等几种形状。周恩来审视了一会儿又说：“大会堂要看得好，听得好，是不是可以采用这种形式？”说着，他用笔在纸上画了一个近似的马蹄形，又补充说：“你们研究一下，是不是这样好一些？”他还提出人民大会堂的穹隆顶设计满天星的构想，以达到水天一色的效果。

人民大会堂的设计定稿完成，离1959年的国庆节只剩下不到一年的时间。人们很难相信，这座世界上最大的会堂从规划、设计到施工，一共只用了短短的一年零十五天时间，这是前无古人的伟大创举，不但体现了中国优秀建筑师集体的智慧，也充分地体现了新中国人民积极向上、奋发豪迈的拼搏精神。为了赶在建

1959年建成伊始时的人民大会堂

国十周年大庆之前完工并交付使用，人民大会堂“边设计、边供料、边施工”，落在设计图纸上的每一笔都将立即被付诸实践，每一个小小的疏忽都可能是致命的隐患。杨廷宝在这一年中，可以说经历了前所未有的严峻考验，他总揽全局，严格把关，终于按照中央的指示，保质保量地完成了党和人民所赋予的光荣任务。

1959年8月，人民大会堂的建设工程顺利进入尾声阶段。9月9日凌晨两点半，中共中央主席毛泽东在万里和张鸿舜（北京市建工局副局长——编辑）等人的陪同下，连夜到施工工地上视察。临走时，毛主席亲自将这项伟大工程定名为“人民大会堂”。

十余天后，杨廷宝又应邀从南京专程赴京，主持负责工程检查验收工作，对工程提出了许多宝贵的意见和改进的方案。

在社会各界共同努力下，巍峨壮观的人民大会堂终于在1959年9月24日胜利竣工！

经过半个世纪的风雨检验，今天的人民大会堂不但成了北京这座古城的地标之一，也成了中国建筑史上当之无愧的经典佳构，成为中国人心中的一种象征，一种精神的向往与寄托。

著名作家冰心这样描述人民大会堂：“走进人民大会堂，使你突然地敬虔下来，好像一滴水投进了海洋，感到一滴水的细小，感到海洋的无边壮阔。步进万

人大礼堂，使你突然地开朗舒畅了起来，好像凝立在夏夜的星空之下，周围的空气里洋溢着田野的芬芳。”

2007年12月19日，经北京市人民政府批准，北京市规划委员会、北京市文物局将人民大会堂列入《北京优秀近现代建筑保护名录（第一批）》。[49]

注释:

[1].《广厦魂》，117 页，刘向东、吴友松著，江苏科学技术出版社，1986 年 。

[2].《陈植谈话录》，齐康、杨永生记述，载《建筑师》第 72 期。

[3].《建筑师》丛刊第一期，中国建筑工业出版社，1991 年。

[4].《一代宗师——怀念杨廷宝老师》，吴良镛著，载《杨廷宝先生诞辰一百周年纪念文集》，3 页，中国建筑工业出版社，2001 年。

[5].《中国现代建筑史》，89 页，邹德侬著，天津科学技术出版社，2001 年。

[6].《杨廷宝建筑言论选集》，172 页，东南大学建筑研究所编辑，学术书刊出版社，1989 年。

[7].《杨廷宝建筑言论选集》，51 页，东南大学建筑研究所编辑，学术书刊出版社，1989 年。

[8].《东南一隅，温故知新》，汪正章著，载《东南大学建筑系成立七十周年纪念专集》，151 – 152 页，潘谷西主编，中国建筑工业出版社，1997 年。

[9].《杨廷宝：中国建筑永不消逝的乐章》，徐勇著，2008 年 1 月 11 日《新华日报》创刊 70 周年特别专题第 Z68 版。

[10][14][16].《最珍贵的五年》，缪启珊著，载《东南大学建筑系成立七十周年纪念专集》，149 页，潘谷西主编，中国建筑工业出版社，1997 年。

[11].《回忆两则》，甘柽著，载《杨廷宝先生诞辰一百周年纪念文集》，61 页，中国建筑工业出版社，2001 年。

[12].《到处留心皆学问》，杨廷宝著，载《杨廷宝谈建筑》，9 页，齐康记述，中国建筑工业出版社，1991 年。

[13].《绘图房上空的歌声》，沈国尧著，载《东南大学建筑系成立七十周年纪念专集》，141 页，潘谷西主编，中国建筑工业出版社，1997 年。

[15][17].《难忘的母校培育情》，陶仲英著，载《东南大学建筑系成立七十周年纪念专集》，潘谷西主编，161 页，中国建筑工业出版社，1997 年。

[18].《东南一隅，温故知新》，汪正章著，载《东南大学建筑系成立七十周年纪念专集》，156 页，潘谷西主编，中国建筑工业出版社，1997 年。

[19].《齐康传》，74 页，李伶伶著，江苏人民出版社，2012 年。

[20].《中国当代杰出的建筑师、建筑教育家——杨廷宝》，52 页，刘怡、黎志涛著，中

国建筑工业出版社，2006 年。
[21].《杨廷宝建筑言论选集》，171 页，东南大学建筑研究所编，学术书刊出版社，1989 年。
[22].《中央研究院的回顾、现况及前瞻》，载台北《传记文学》，56 页，第 48 卷第 5 期。转引自谢泳著《1949 年后知识精英与国家的关系——从院士到学部委员》，载《开放时代》2005 年第 6 期。
[23][26].《1955 年的学部委员》，谢泳著，载《中国新闻周刊》2006 年第 6 期。
[24][25].《中国科学院史事汇要（1955 年）》，47 页，王忠俊著，中国科学院院史文物征集委员会办公室，1995 年。转引自谢泳著《1949 年后知识精英与国家的关系——从院士到学部委员》，载《开放时代》2005 年第 6 期。
[27].《中国当代杰出的建筑师、建筑教育家——杨廷宝》，191 页，刘怡、黎志涛著，中国建筑工业出版社，2006 年。
[28].《中国当代杰出的建筑师、建筑教育家——杨廷宝》，208 页，刘怡、黎志涛著，中国建筑工业出版社，2006 年。
[29].《梁思成建筑创作思想的几点思考》，朱少华著，载《四川建筑科学研究》，2012 年 12 月。
[30].《我国建筑教育和建筑历史研究的开拓者——刘敦桢》，刘叙杰著，光明网，2005 年 7 月 27 日， http://www.gmw.cn/content/2005-07/27/content_273572.htm。
[31].《梁思成建筑教育思想的形成及特色》，赖德霖著，载《建筑学报》1996 年第 6 期。
[32].《承前启后与时代风格》，齐康著，载《建筑学报》1983 年第 4 期。
[33].《中国古建筑学科的开拓者和奠基人——梁思成》，楼庆西著，载光明网 .2005 年 9 月 28 日，http://www.gmw.cn/content/2005-09/28/content_310137.htm。
[34].《刘敦桢：学问才是安身处》，张伟著，载《中国青年报·冰点人物》，2007 年 8 月 15 日。
[35].《忆杨、童二师》，汪正章著，载《建筑百家回忆录》，杨永生编，191 页，中国建筑工业出版社，2000 年。
[36].《梁思成传》，92 页，窦忠如著，百花文艺出版社，2007 年。
[37].《杨廷宝》，68 页，黎志涛著，中国建筑工业出版社，2012 年。
[38].《建筑百家轶事》，7 页，杨永生著，中国建筑工业出版社，2000 年。
[39].《建筑四杰——刘敦桢、童寯、梁思成、杨廷宝》，10 页，杨永生、明连生著，中国建筑工业出版社，1998 年。
[40].《梁思成传》，124 页，窦忠如著，百花文艺出版社，2007 年。
[41].《建筑百家书信集》，14 页，杨永生编，中国建筑工业出版社，2000 年。
[42].《童寯与南京的建筑学术事业》，赵辰、童文著，载《中国近代建筑学术思想研究》，中国建筑工业出版社，2003 年。
[43].《屐齿苔痕》，陈敬口述、刘叙杰执笔，载《东南大学建筑系成立七十周年纪念专集》，潘谷西主编，中国建筑工业出版社，1997 年。

[44].《巨匠宗师 伟业永存》，刘叙杰著，载《杨廷宝先生诞辰一百周年纪念文集》，63页，中国建筑工业出版社，2001年。
[45].《童寯的博学多才及人格魅力》，黄一鸾著，载《东南大学校友会》，http://seuaa.seu.edu.cn/s/14/t/33/1a/d4/info6868.htm。
[46].《一代巨匠，万世师表——纪念杨廷宝教授诞辰100周年》，奚树祥著，载《杨廷宝先生诞辰一百周年纪念文集》，73－74页，中国建筑工业出版社，2001年。
[47].《不是我师，胜似我师》，唐璞著，载《杨廷宝先生诞辰一百周年纪念文集》，61页，中国建筑工业出版社，2001年。
[48].《回忆杨廷宝老师》，戴念慈著，载《建筑学报》1983年第2期。
[49].《杨廷宝与人民大会堂》，刘建民著，载《集邮博览》2009年第8期。

第七章　建筑外交

1. 海牙风波

杨廷宝一生以从事建筑设计和建筑教育为主，由于他在社会上的声望，新中国成立后担任了很多社会上的重要职务。平时，尽管各种工作十分繁忙，但为了新中国的各项建设，他多方奔波，献计献策。

在一批有识之士的积极倡导下，1953年10月23日至27日，中国建筑学会在北京成立并召开第一次全国代表大会。在这次会议上，来自祖国各地的36名建筑师和专家学者，代表全国1600名建筑师，通过了《中国建筑学会会章》，并选举了以周荣鑫为理事长、杨廷宝和梁思成为副理事长以及汪季琦为秘书长、吴良镛

20世纪60年代初，杨廷宝（前中）与梁思成（前左）、刘秀峰（前右）及中国建筑学会其他负责人合影

为副秘书长的领导机构。之后的第二、三、四届会议上，杨廷宝连续当选副理事长；第五届会议上，他当选为该会的理事长。作为一个全国性的学术研究机构，中国建筑学会对促进建筑学术研究与交流，促进建筑学术的繁荣与发展，同时对促进国家的各项建设，都做出了很大的贡献。

中国建筑学会成立后，决定派团参加国际建筑师协会的一系列活动。1954年6月17日至26日，应波兰建筑师协会之邀，中国建筑学会派杨廷宝、汪季琦、佟铮和翻译张光宇等四人组成代表团，由杨廷宝担任团长，前往波兰首都华沙，参加在此召开的国际建筑师及市政界人士集会。这是杨廷宝参加国际外事活动的开端。

当时，正值第二次世界大战结束后不久，保卫和平和防止再次爆发大规模战争的运动在各国蓬勃兴起，在第二次世界大战中遭到严重破坏的城市正在瓦砾堆中缓步重建，各国建筑师们一方面为他们亲自设计建造的建筑物被战争毁为废墟而感到痛心，另一方面积极为城市的重建出谋划策，于是发起了这次国际会议，并邀请在第二次世界大战中遭受破坏最为严重的12座城市的市长参加，如斯大林格勒市市长、华沙市市长、德累斯顿市市长、海牙市市长等。因为华沙是被德国法西斯破坏最严重的城市，又是战后欧洲重建城市中最好的典型。因此，会议选择在华沙举行。

会议期间，主办方组织与会者参观了奥斯维辛集中营，与会者对纳粹暴行表示痛恨和谴责。到大会闭幕前夕，大会主席团决定在闭幕式上发表一份号召书，号召书草案严厉地谴责纳粹德国的残暴罪行，但因措辞不甚严谨引起了主席团成员的激烈争论。在战争中深受重创的苏联、波兰等国代表坚持要这样写，而联邦德国代表则表示坚决反对，他们认为这伤害了德国建筑师的民族感情，甚至连民主德国的代表也表示无法接受。双方争得面红耳赤，相持不下。眼看争论再不平息下来，定会伤及与会者的感情，一向不善在大会上发言的杨廷宝站了出来，说：在第二次世界大战中，德国人民同样是法西斯战争的受害者，受谴责的应当是德国法西斯，建议把词句改一下。争论双方都认为改动后的措辞能够接受，马上同意了杨廷宝的意见。第二天的闭幕式上，全体代表鼓掌通过了号召书，会议圆满结束。

多年以后，汪季琦在《回忆杨廷宝二三事》一文中对这场争论进行了详细的描述：

双方相持不下，越争论越动感情，争论到天快亮了还解决不了。杨老在这种会议上一向是不大讲话，不轻易发言的。这时，他提出自己的意见，主张不要争这几句话究竟是不是事实，同样的事实是不是可以用另外一种措辞来表达呢？他提出几句措辞把谴责集中在少数纳粹分子身上，而把德国民族和人民放在同样是受害者的地位上。这样，双方马上全同意中国代表的意见，问题迎刃而解，皆大欢喜。[1]

在这次会议上，杨廷宝表现出来的处理突发问题的智慧和大度风范，给与会代表留下了深刻的印象。

1955年春，法国建筑学家、国际建筑师协会秘书长皮埃尔•瓦哥先生，打国际长途电话给他的中国同学、时任北京市都市计划委员会总建筑师华揽洪，为中国尚未参加国际建筑师协会而感到遗憾，并探询中国是否愿意加入国际建协，如果申请加入即可顺便参加将在荷兰海牙召开的第四届大会。

放下电话，华揽洪立即向中国建筑学会秘书长汪季琦做了汇报，汪季琦与国务院建筑工程部副部长兼建筑学会理事长周荣鑫等人商量之后，报请中央，决定申请参加国际建协并同时参加在海牙召开的第四届国际建协大会。建国初期，西方资本主义国家在外交、经济和文化等方面联合对我国进行封锁。在这种形势下，中国建筑学会如能利用民间学术团体的渠道，成功加入国际建协，将成为新中国第一个得到国际学术组织承认的中国学术团体。[2]

中央很快批示同意，于是有关方面选派了杨廷宝、汪季琦、贾震、沈勃、徐中、华揽洪、戴念慈和吴良镛等八人组成代表团，由杨廷宝担任代表团的团长。周恩来总理非常重视中国建筑学会加入国际建协，特地委托陈毅副总理在中南海接见了以杨廷宝为团长的出席海牙国际建协大会的中国代表团。

国际建筑师协会简称国际建协，英文简称UIA。1948年6月28日，由联合国教科文组织协调于瑞士洛桑成立，并在此举行了第一届大会。该协会的宗旨是：联合全世界的建筑师，不论他们的国籍、种族、宗教或政治信仰、职业训练和建筑观点，建立起相互了解、彼此尊重的关系，交流学术思想和观点，吸取经验，扩大视野，取长补短，在国际社会代表建筑行业，促进建筑和城市规划不断发展；确定建筑师的职能，在各个领域促进建筑教育的发展，建立职业范围，积极支持各国的建筑师组织维护建筑师的权利和地位；促进建筑师及有关人员之间的国际交流活动。

1955年7月初，杨廷宝率中国代表团抵达海牙，准备参加翌日在此召开的会议。

海牙是一座美丽的海滨城市，位于世界上最大的港口鹿特丹的西北，是荷兰的中央政府所在地。中国代表团一下车就被热情的主人迎进了各国代表团下榻的宾馆。在稍作安顿之后，代表团成员准备上街领略一下荷兰美丽的异国风光，却忽然抬头看到了宾馆门口悬挂着参会各国的国旗，在飘扬的各国国旗中，有一面国民党政府的青天白日满地红旗。这一意外事件，立即引起了中国代表团的强烈不满。

中国代表团出发之前，有关部门召开外事出访会议明确规定：凡在国际交往场合当中，只要发现制造“两个中国”的迹象，中华人民共和国的代表就必须立即声明退出，情况严重的还要提出抗议。难道会有人在这里制造“两个中国”的阴谋？大家感到非常气愤，决定下午就买票回国。杨廷宝建议大家先把情况弄清楚再考虑对策。到底是怎么回事？他要求中国代表团在没有弄清情况之前，先不要贸然行事。

由于当时中国还不是国际建协的会员国，加之会议还未开幕，不便直接向大会提出交涉。于是，中国代表团的秘书汪季琦就带着翻译找到了苏联代表团团长，一则说明情况，二则请他代为交涉。作为东道主的荷兰方面，会议的组织者在得知发生这一不愉快的事情后，连忙向中国代表团道歉，立即派人前去调查。调查后得知，原来是宾馆老板不清楚新成立的中华人民共和国才是中国的合法代表，五星红旗才是新中国的国旗，这才发生了这种外交事故。

事情原委清楚后，会议组织者立即要求宾馆降下国民党政府的旗帜，并连夜赶制了一面五星红旗挂上，才使中华人民共和国国旗飘扬在了国际建协大会上。

同去参加会议的华揽洪在《中国是怎样加入国际建协的》一文中回忆说：

八人团到了海牙，没想到却出了岔子。第二天准备在会场上给中国挂出的国旗竟然是过去民国的青天白日〔满地红〕旗。当时，我们中间有一位同志火了，说：“回家！”但团长杨廷宝和其他团员却不同意回国，并认为肯定是误会，找苏联代表团商量，他们也这么想，说新中国刚刚建立没几年，五星红旗在外国，不是任何人都熟悉。这样，我便拿起画笔画了一个五星红旗图案，交给大会组织者连夜赶制，使开幕式上总算飘起了中华人民共和国的国旗。[3]

第四届国际建协大会于1955年7月3日至16日召开，共有41个国家的1000余名建筑师代表参加了大会。会上，中国等6个国家被新接纳入会，中国还被选为执行委员，参与国际建协领导机构的工作；中国建筑学会理事长周荣鑫担任这一委员职务。但由于周荣鑫没有出席此次海牙会议，所以就由杨廷宝代表出席执行委员会的会议。翌年，周荣鑫正式通知国际建协，执行委员以后由杨廷宝担任。

7月16日，国际建协第四届大会圆满地完成了历史使命宣布闭幕。但在闭幕式结束后的晚会上，又发生了一场意外的风波。当时，汪季琦等一行五人兴致勃勃地来到宾馆礼堂，等着观看晚会。谁知舞台的帷幕刚刚拉开，汪季琦等人便像被毒虫咬了似的，在台上众多的国旗中又赫然出现一面青天白日满地红旗。如果说会议开幕前的一次是由于宾馆工作人员的无知，那么今天就是明知故犯了！

真是一波刚平，一波又起。中国代表团成员感到义愤填膺。

"实在太不像话了！"

"他们是有意为之，故意找麻烦嘛！"

"走，退出去。不看了！"

大家七嘴八舌。汪季琦说着，便站起身来，转身离开了礼堂。旁边的几位中国代表也都在后面跟着，在众目睽睽之下，昂首挺胸退出了晚会会场。

当时，作为执行委员的杨廷宝正在另一处参加宴会。中国代表团成员找到杨廷宝，向他汇报了这一情况。杨廷宝听后，立即找到荷兰有关方面进行交涉，东道主对屡次发生这样不愉快的事感到十分抱歉，再三道歉。后经查询，宾馆老板第一次将原旗撤下后，未及时向工作人员交代清楚，这次值班人员也是由于不了解情况才又挂错了旗，加之老板忙于他事而疏于检查，这才酿成了第二次事故。

杨廷宝弄清了情况，得知无论是宾馆老板，还是工作人员都真是出于误会，并没有制造"两个中国"的恶意，又想到此行所担负的工作任务已经完成，从增进和平与友谊的大局出发，也不便深究。他向东道主提出严肃的批评与意见后，要求中国代表团成员继续照常开展交往活动。

在海牙国际建协会议上，杨廷宝对"国旗事件"的妥善处理，既掌握了原则，又维护了国家的尊严，同时还增进了与各国人民的了解和友谊，他的这种有理、有利和有节的做法得到了与会的国际友人一致称赞，并受到我国驻瑞典大使（当时中国与荷兰尚未建交）的热情称赞，说他具有外交家的胸襟和气度！

2. 荣膺巴黎

杨廷宝率团参加了海牙会议后，两年后又率团参加了在法国巴黎举行的国际建协大会。

1957年9月5日至7日，国际建筑师协会在巴黎召开第五次代表大会，中国建筑学会组成了由杨廷宝为团长，汪季琦、吴景祥、殷海云为团员的代表团前往参会。

国际建协巴黎大会的重要议程是改选协会的领导机构。国际建协是国际建筑界名流荟萃之所，当选这个组织领导成员的个人，不仅所代表的国家要在世界上有威望，而且本人也要具有深厚的建筑造诣和高尚的品德，并为国际建筑界所熟悉认可。

会议接近闭幕时进入选举阶段。按照议程，此次大会要补选两位副主席，一个名额分配给资本主义国家，另一个名额分配给社会主义国家。在酝酿候选人时，“老大哥”苏联代表团团长阿伯拉希姆主动光临中国及兄弟国家代表团的下榻之处，与这些国家的代表们一起商榷，建议推荐波兰建筑师学会的国际部长锡尔库斯女士，认为她通晓五六国语言，在国际建筑界颇有声名，是一位能力出众、人品俱佳的合适人选。中国代表团从团结的愿望和大局出发，未提出任何异议。于是，大会初步确定：一个候选人名额给英国，另一个名额给波兰。

但是，到了正式选举时，有一个国家的代表却突然提出，按照此前选举的惯例，应当实行差额选举。大会主席采纳了这一意见，于是宣布休会，让各国代表重新酝酿人选。

休会期间，联邦德国的代表首先跑来找到中国代表，说他们想推选杨廷宝，让中国代表不要推辞。当时，联邦德国与中国尚未建交，这个提议究竟出于何意，谁也说不清楚。谁知，联邦德国的代表刚一离开，民主德国的代表也跑了过来，声称他们也要推选杨廷宝。直到会议结束，中国代表团成员们才省悟：几年前杨廷宝在波兰参加华沙会议时的公道之言，引起了联邦德国、民主德国的双双好感，加上他本人在国际建筑界的地位，使许多国家的代表都对杨廷宝非常尊重。

但是，联邦德国和民主德国此举，使中国代表团不免犯难，因为中国代表团业已协议推选波兰代表，如果现在要改选本国代表，明显有失诚信。可是，如果其他国家代表要选新中国的代表，这就不是代表团及代表个人自己的小事了，而是关系到祖国的荣誉与地位的大事，而且新中国成立才不足8年，如果真能当选为副主席成员国，对于提高国家的地位与声誉都是十分有益的。不过，万一只是个别国家的提议，开票后票数寥寥无几，这又会不会影响到新中国的声誉？

到底该怎么办？正当大家举棋不定的时候，杨廷宝再次展示了他的持重、稳健与智慧。他对中国代表团成员表示，此时必须将国家的荣誉和地位摆在首位，自己对个人名利没有丝毫的觊觎之意。按照他的提议，中国代表团最后商定：仍按照原定协议，中国不失信誉，将自己的一票投向波兰代表；如果别的国家代表选举我国代表，我们也当仁不让。至于能得多少选票，谁也不能未卜先知，到时候看情况再说吧。

选举在热烈而又紧张的气氛中进行。中国代表团信守诺言，投票选举了波兰代表锡尔库斯女士，而其他国家的代表也将一张张选票投入了选举箱。很快，选举结果揭晓：中国代表杨廷宝当选国际建筑师协会副主席，波兰的代表锡尔库斯女士反而落选。

当大会执行主席宣布最后的结果时，会场上爆发出经久不息的掌声。各国代表纷纷拥来向杨廷宝表示祝贺，大家热情地与他紧紧握手，还争先恐后地与他合影留念。

对于选举的结果，杨廷宝自己也感到出乎意料，他本人没有参加竞选，却轻松地当选了。

其实，杨廷宝此次能够意外当选，也是国际建筑界对他学识丰厚、立场公正、处事灵活、坚持原则的高度认可。事实上，杨廷宝的名字早在20年代就以《建筑设计习作》中的作品，让不少欧美国家建筑系统的人士有所了解，而在近年来几次国际会议上，他所表现出来的高超智慧和非凡气度，则更是给各国建筑师们留下了深刻的印象，他在国际建筑界威信渐高，此次当选为国际建协副主席自然是众望所归。

自此，中国人开始参与国际建筑界的组织与领导。杨廷宝的当选，也说明了新中国在国际上的地位不断升高，她正以崭新的形象被世界所接纳认可，成为国际舞台上越来越耀眼的一颗新星。

3. 平息纷争

1958年，国际建协在苏联首都莫斯科召开第五届大会。在大会的间隙，东道主安排了各国建筑师代表参观莫斯科的克里姆林宫、红场等著名建筑。

对于社会主义国家的建筑师来说，莫斯科是大家神往已久的圣地。同时，这里的建筑也以独特的俄罗斯风格吸引着来自世界各地的建筑师们。当然，杨廷宝最感兴趣的还是同辈人的建筑作品，如莫斯科的苏维埃剧院大厦，就是国际建协大会主席、苏联建筑科学院院长、苏联建筑师协会主席阿布拉西莫夫的杰作；莫斯科红场前的列宁墓，则是建筑师舒谢夫一夜工夫设计出来的佳作。杨廷宝认真地欣赏着这些独特的现代建筑，驻足再三，流连忘返，一边看一边画，将所见一一记录摹写下来。

会议的前几天十分顺利，大会很快进入尾声阶段。闭幕这一天，大会主席阿布拉西莫夫手捧大会宣言，郑重其事地朗声宣读。宣读完毕，会场照例是一阵热烈的掌声。这时，突然有人发出了不同的声音。掌声刚刚落下，国际建协秘书处的一位成员——来自法国的一位建筑师站了起来，以质问的口吻对大会主席说："请问主席先生，您的宣言是从哪里来的？是主席团讨论的吗？我们怎么不知道？"

面对法国代表的质问，大家左看看，右看看，互相用眼神询问：是呀，我怎么不知道？你知道吗？怎么大家都不知道？与会代表面面相觑，会场骚动起来。但是，大会主席阿布拉西莫夫却没有予以应有的重视，大家已经以热烈的掌声对宣言表示通过了，所以他也就没有从正面回答这位代表的质询，而是匆匆宣布："议程到此结束，散会！"

大会主席阿布拉西莫夫的态度不仅引起了法国代表的强烈不满，也引起了其他与会代表的质疑。但到底是怎么一回事？

这天晚上，在执行委员会议上，代表们就此问题展开了激烈的争论。提问的法国代表不是执行委员，他委托本国的一位主席团成员、时任国际建协秘书长的皮埃尔•瓦哥先生弄清原因。

在执行委员会议上，皮埃尔•瓦哥先生质问大会主席阿布拉西莫夫道："为什么会突然宣读宣言，为什么没有经过主席团的讨论？为什么有人提出异议，主席就赶紧宣布散会？是不是有什么不可告人的目的？”

皮埃尔•瓦哥先生这一连串像炮珠似的质询，使阿布拉西莫夫无言以对。紧接着，皮埃尔•瓦哥先生又拿出国际建协章程，指出主席先生这一行为违背了国际建协章程。

作为大会主席的阿布拉西莫夫辩解说，在白天的大会上，大家未提出异议，用掌声表示通过，所以宣言合法。

大家你一言我一语，各执己见，相持不下。而其他执行委员有的赞成皮埃尔•瓦哥的意见，有的则认为大会主席阿布拉西莫夫讲的也不无道理，纷纷加入论争，双方谁也说服不了谁，更不肯让步，争得不可开交。

杨廷宝本来无意介入这场纷争，但眼见争论愈演愈烈，许多执行委员都以期待的目光望着他。想到自己身为国际建协副主席，有责任促进建协成员之间的团结，于是，他站起来，说：“这样争到天亮也没有结果。你们争论的焦点在于宣言起草的程序是否合理，但却忽视了一个更实质的关键性问题——宣言的内容是否正确？大会主席在程序上可能存在缺陷，但已经散会，再争下去也于事无补。不如这样，我建议以大会秘书长为首，加上几位委员，对宣言的内容进行审查，如果宣言的内容本身没有错误，也不违背建协的宗旨和历来主张，就不必要再在程序的问题上争执下去，我们就接受宣言。如果宣言内容有实质性的错误，那当然不能接受，我们再召开执行委员会会议，进行研究处理。”[4]

杨廷宝的建议马上得到了与会者的一致赞成和拥护，经过进一步协商，争论双方基本上取得了谅解，不再纠缠于程序问题，开始认真地阅读起内容来。最后，各方对宣言没有不同意见，最终都接受了宣言，会议圆满结束。

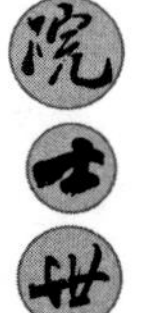

会议结束时，已是深夜两点了。但按照中国代表团惯例，当天就要将情况向带队负责同志进行汇报，绝对不能隔夜。杨廷宝作为国际建协副主席，他所下榻的宾馆与其他代表团成员所住的宾馆不在一处，两处宾馆相隔的距离较远，因此他只好叫了一辆出租车，赶到了中国代表团所住的宾馆，把已入睡的党组书记杨春茂等同志叫醒，向他们详细地汇报了当晚执行委员会会议情况，以及自己的言行。[5]

杨春茂书记听完了杨廷宝的介绍后，充分地肯定了他的做法，并称赞他处理国际事务的稳健与老练，能做到有组织性和纪律性。

4. 功留建协

从1957年到1965年，杨廷宝前后两次当选为国际建筑师协会副主席，代表中国先后参加了12次国际性会议。杨永生在《杨廷宝与国际建协（二）》中称评："在国际建协若干次会议的关键时刻，中国代表杨廷宝教授都发挥了举足轻重的作用。"[6]在处理国际事务上，杨廷宝表现出了很强的交际能力，不管面对什么情况，始终都保持着不卑不亢的态度，给国际友人留下了极好的印象。一度担任国际建筑师协会主席的英国建筑师麦修（Robert Mathews）先生，对他敬仰有加，彼此以名字相称。

苏联莫斯科会议后，杨廷宝又多次参加国际建协的各种会议与活动。

1959年8月，杨廷宝前往葡萄牙首都里斯本参加国际建协代表大会，并经瑞士、捷克斯洛伐克等国返京。

1961年，杨廷宝率代表团赴英国首都伦敦开会。会议期间，他主持了一个关于新材料、新技术对建筑影响的讨论会。当时，会场设立了一个临时展览厅，厅里展出了各国代表带来的照片等。我国展出了部分城市规划方面的照片和一些建筑设计成就方面的图册。会议召开前，杨廷宝应英国方面的要求，在国际建协刊物上发表了一篇文章、一幅水彩画和一张照片，后来这篇文章被美国的建筑专业杂志转载。在此次会议期间，杨廷宝还被授予英国皇家学会名誉会员的称号。

1961年杨廷宝（前右三）出席国际建协会议时与建协负责人合影

1963年，杨廷宝到捷克斯洛伐克与其他社会主义国家建筑师聚会，研究确定在古巴召开的国际建协会议筹备情况。是年7月，我国应古巴的邀请，派了一个规模相当大的代表团参加，途经莫斯科、布拉格抵达哈瓦那。会议期间，古巴政

1963年，杨廷宝（坐右四）与梁思成（坐右二）等参加国际建协学术活动时的合影

府举行了纪念古巴革命的吉隆滩胜利纪念建筑设计国际竞赛，并进行展览和评图。杨廷宝参加了这次国际竞赛的评图委员会，收到1000美元的酬金。他当即将这笔酬金交给我国驻古巴大使，请大使代为捐赠，慰问吉隆滩受难的人民。会议期间，中国代表团还和古巴建筑学院师生会面。

同年10月，杨廷宝只身随同建协执委会先行动身，由古巴飞往墨西哥参加国际建协代表大会。大会开幕时，中国代表团的其他与会成员因飞机票难买尚未到达。

大会通过会议日程后，紧接着讨论南朝鲜（韩国）申请入会的问题。当时，资本主义国家代表表示赞同，苏联和其他东欧国家代表则默不作声，会场上气氛十分沉重。杨廷宝虽然只是单独一个人，但他毅然抓起话筒，根据我国政府在代表团出国前给予的指示，表示反对。他陈述道："我在瑞士举行的执委会上，已经建议不要在这次大会上提出南朝鲜申请入会的问题，并且向主席马休先生表示过这个意思。"最后，经过大会磋商讨论，会议未接受南朝鲜的入会申请。

大会结束之后，中国代表团又应巴西建筑师协会之邀，前往该国进行友好访问，并在那里停留了两个多星期。这期间，杨廷宝一行除与巴西建协同行畅谈建筑学术问题外，还通过巴西建协进行了其他学术交流，并参观了若干建筑工程。

此外，又通过巴中友协向巴西朋友介绍了中国的情况，促进了中巴两国双方的相互了解和友谊。

1964年5月23日，杨廷宝经莫斯科抵达匈牙利首都布达佩斯，前去参加在此召开的国际建协执委会，讨论下届大会的准备情况和对国际建协章程的修改建议。会后，他于6月11日离开布达佩斯前往德国的柏林，参加由国际建协组织的专题学术讨论。会上，通过了规划委员会的组织办法。

1965年，国际建协在巴黎举行大会，重点讨论建筑人才的培养问题。杨廷宝在广泛征求国内建筑业和教育界人士意见的基础上，撰写了一篇关于我国建筑教育的文章，会后发表在国际建协会刊上。

在众多的国际文化交流与外事交往活动中，杨廷宝以他精湛的建筑设计杰作和崇高的人格魅力，感染了众多中外友人，不但为国家赢得了无上的荣誉，也使这些国际友人通过他看到了中华民族的伟大与宽容。汪季琦先生在《回忆杨廷宝二三事》中对杨廷宝参加国际外事活动中的贡献做如是评价：

> 杨廷宝教授在国际活动中，总是谦虚谨慎，不随便发言表态，善于听取各方面意见，而在各方争执不下、难分难解的时候，他能用几句话就把一件看来复杂的问题顺利解决，而且往往得到争执双方的拥护。除了他为人正直无私、诚恳坦荡的品质之外，还应该充分估计这和他多年接受党的教育、努

1965年，杨廷宝（前排右二）参加国际建筑师协会在法国巴黎举行的会议

力学习，在政治思想上不断提高有很大关系。[7]

杨廷宝的学生、两院院士吴良镛回忆说："杨老在担任国际建协副主席期间，在处理国际事务上很得体，既提出意见和批评，又使别人感到不是咄咄逼人，是可以接受的。从这里也可以看出他的风度。"[8]当时，由于国际政治气候变化多端，政治上的种种矛盾难免对学术组织会有影响，但杨廷宝总是以十分谦虚的态度，谨慎处事，无论大小事务都和有关同志商量，办事细致周到，总能圆满地完成上级所赋予的各项任务，维护国家的声誉。对此，杨廷宝是这样理解的："我碰到这类问题时，总感到受祖国人民和建筑界的委托，责任重大，不敢掉以轻心。"

新中国成立后，杨廷宝除了建筑师兼教授身份外，还有很多新的政务工作，行政职位也越来越多，这些占据了他大量的科研时间。他常说自己"身不由己"，他渴求专注建筑教育事业，但又无奈。而参加国际会议，往往时间短、任务重，从精神到身体都非常疲劳，回来后他还会认真地向中国建筑学会的会员做一次出访报告。每次回国，他都要生一场病，可从未要求休息，总是带病上班。有一次，波兰会议结束后，杨廷宝又为领事馆设计基建图样，连续开夜车达十天之久，以致头上生了许多疖子，眼睛也因感染发了炎症，但他一面注射青霉素，一面仍然继续工作，两周内画了三十多份图。工作完成，炎症尚未消除，造成左眼视力明显减退，经常昏花，夫人陈法青非常心疼，劝他多休息。但杨廷宝却说："工作时我就会感到是在休息。让我坐在屋里什么也不干，反而心里着急，得不到休息。"

从第一次率领中国代表团参加国际建协会议，到后来被选为国际建协执行委员，再到两次被推选为国际建协副主席，其间，杨廷宝以出色的才干、丰富的学识，为国际建协做了大量行之有效的工作，促进了各国建筑师之间的团结与友谊，增进了各成员国之间的学术交流和学术繁荣，推动了国际建筑教育的发展和建筑活动的开展，同时为国家争得了无上的荣光，提升了中国的地位。鉴于他对国内和国际建筑界所做的巨大贡献，不少人称他参加的这些外事活动为"建筑外交"。

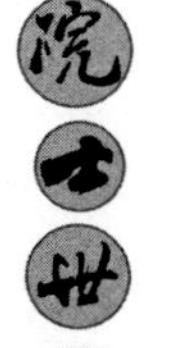

注释:

[1][4].《回忆杨廷宝二三事》，汪季琦著，载《杨廷宝先生诞辰一百周年纪念文集》，40页，中国建筑工业出版社，2001年。

[2]. 引自中国建筑学会车书剑理事长在2013年中国建筑学会年会暨学会成立60周年纪念大会开幕式上的致辞，2013年10月21日。http://news.xinhuanet.com/video/2013-10/21/c_125570308.htm。

[3].《中国是怎样加入国际建协的》，华揽洪著，载《建筑百家回忆录》，39页，杨永生编，中国建筑工业出版社，2000年。

[5][7].《回忆杨廷宝二三事》，汪季琦著，载《杨廷宝先生诞辰一百周年纪念文集》，41页，中国建筑工业出版社，2001年。

[6].《建筑百家轶事·杨廷宝与国际建协（二）》，35页，杨永生编，中国建筑工业出版社，2000年。

[8].《名人谈杨廷宝及其他——纪念杨廷宝诞辰九十五周年》，载《杨廷宝先生诞辰一百周年纪念文集》，109页，齐康、杨永生编辑整理，中国建筑工业出版社，2001年。

第八章　风雨旅程

1. 运动尖口

从20世纪50年代开始，政治运动一场接着一场，如反右派斗争（1957—1958）、“大跃进”运动（1958—1960）、四清运动（1963—1966）、“文化大革命”（1966—1976）等。在这些运动中，数十万计的知识分子受到不公正的对待，被批判、挨“整”，许多人甚至因此失去了宝贵的生命。杨廷宝在南京工学院也受到了冲击和批判，但同时，身处逆境的杨廷宝又以其外柔内刚的人格魅力感染、影响着南工的学生以及身边的建筑师们，并得到师生们的护佑，最终得以度过一次次运动。

新中国成立后，杨廷宝全身心地投入到教学工作中，他带领南工建筑系的师生不断总结教学经验，并积极向全国推广。在1956年全国第二次建筑学专业教学计划会议上，南工建筑系根据本系几十年教学经验，结合社会需要，提出了“喇叭口式”的建筑设计教学计划。其主要内容是低年级着重加宽基础，设计课让学生放开思路；高年级增加技术、结构等课程，以期达到艺术与科学的统一；同时增加建筑历史和美术课的学时，建筑设计课的学时占总学时的45%左右。这些主张是建筑系多年来形成的教学特色的体现，据此培养出来的学生，基础扎实，思路开阔，动手能力强，受到兄弟院校的赞许。[1]

由于运动频繁，学校随时可能面临停课，学生也随时会被调出学校参加各类社会活动，无人敢制止。当时的南京工学院院长汪海粟（1952—1957年在南京工学院任职）坚决反对学生参与运动，他说，学校的中心任务是教学，如果离开了教学，学校就不成其为学校；而办好学校，首先必须有稳定的教学秩序。他规定教学进程和课程表是学校的法规，一经制定，不得任意改变。一次，某领导机关

要南工停课一天，派学生去列队欢迎某国元首。汪海粟知道后，严肃地说：“学生的主要任务是学习，要停课，事关重大，必须经高教部批准！”没有同意。他规定教师要立足本职，专心搞好教学，校外要调用老师，必须经学校同意，要保证教师每周有六分之五的时间从事业务活动。这一系列强硬措施，对于南工的稳定起到了至关重要的作用。[2] 但是，汪海粟院长本人很快受到了批判，被定性为“严重右倾机会主义”，撤销党内外一切职务，并调离南京工学院。[3]

当时，学生受到校外思潮的影响，遇到问题，随时贴大字报，不少学生把贴大字报当成解决问题的方法，当成一种时尚。1957年春，建筑系部分学生对个别助教辅导设计课有意见，时有议论。有的学生就写了大字报贴在系办公室门口，要求系里撤换一些教师，改派有经验的教师辅导设计。大字报贴出后，引起了骚动。第三天上设计课时，杨廷宝带着系里几乎所有的建筑设计教授，包括童寯、陈裕华、刘光华、成竟志，以及当时还比较年轻的张致中、潘谷西、钟训正等老师，来到大礼堂东侧的设计教室。杨廷宝非常严肃地说：“大家对设计课有些意见，这可以理解。今天我们教设计的老教师都来了，目的是向大家表明，系里对大家的意见是重视的，我们要想办法进一步改进设计课的教学。但是我要告诉你们，你们对助教的看法是错误的。我们这些助教每个人都受过极其严格的专业训练，每个人肚里都有很多学问，这些学问足够你们学好长一阵子的了。你们当前的任务就要尽快把他们肚子里的学问学到手，要踏踏实实地学，不要好高骛远。”杨廷宝的一番话既严肃，又热情，可谓其语谆谆，其情切切，让贴大字报的学生无地自容，从此改变了对老师的看法。

1957年6月，全国开始发动反对右派的斗争。1958年，“大跃进”的浪潮又轰轰烈烈地扑面而来。运动开始之后，南京工学院也和全国一样，校内到处都贴满了“双反双比”的大字报：反保守、反右倾；比速度、比干劲；还有插红旗、拔白旗的“两旗”，擂台摆得东一个，西一个；有些人甚至还提出了“只怕想不到，不怕做不到”的口号。在反右斗争中，南京工学院揪出大大小小的“右派”达108人，与《水浒传》中的“一百〇八将”相吻合。之后，运动一个接着一个，几乎占用了师生的全部时间，正常的教学、科研工作受到了严重的冲击。

国内各大学的建筑院系也集中精力搞大批判，如同济大学在批冯纪忠先生提出的“空间论”；清华大学在批梁思成先生的“唯心主义建筑思想”等，南京工学院的杨廷宝以及他的老朋友刘敦桢等均未能幸免，先后卷进了这场大批判当中。原属于正常的学术观点上的争论，不同学派之间的相互探讨和争鸣问题，现在却因形势的“需要”被政治裹足，在上纲上线之后，演变成为一场“政治+学术”运动，用染上政治色彩的狂热语言套上种种“主义”的帽子，甩向曾经是一条战壕里的朋友。

1958年，杨廷宝根据自己多年的实践经验，并结合近二十年的教学经验和教育观点提出了“建筑办学十条”，积极探索适合中国国情的建筑教育道路，强调理论与实践相结合，借以服务于国家建设这一大局。很快，他的这些观点就被冠之为“教学十条”而受到批判，被认为是办学保守的典型。在这个问题上，杨廷宝的弟子齐康在回忆时说：“杨先生在50年代末提出‘教学十条’，实际上并不是真的分得很清楚的十条，只是一些话，别人将它分解成‘十条’，为此在‘双反’运动中，杨先生遭到批判，当时国内建筑界都在搞批判，比如同济批冯纪忠先生的‘空间论’。当时批杨老不注重工业建筑，不注意城市规划，不注意低标准建筑，还有‘插红旗拔白旗’之口号。今天看，几个不注意提法并不全错，但运动搞过了头。”

李伶伶在《齐康传》中写道：“反‘右’运动还没有结束，又一个‘反’来了，那就是‘双反’（反保守、反浪费），还有两‘旗’（插红旗、拔白旗）。在这些运动中，杨廷宝被认为是办学保守的典型，一夜之间上百张批杨的大字报铺天盖地。”[4]

为了表明个人的立场，很多人不得不站在了杨廷宝的对立面。齐康当时作为党员干部和支部书记，不但不能保持低调，甚至必须也“送”恩师一张大字报。他考虑来考虑去，最后在大字报的开头郑重地写上：“尊敬的杨廷宝老师。”这一个“尊敬的”立刻遭来指责：都什么时候了你还这样恭敬。

当时，全国学习苏联模式而“一边倒”，不仅在教学上全面学习苏联，在建筑界也提倡以“快速设计”“快速施工”为核心，以“技术革新”“技术革命”为手段“多快好省”地追赶苏联，杨廷宝的老朋友梁思成1958年6月在青岛参加城市规划座谈会后应邀为《青岛》一书作序，以赞扬的口吻写道：“在大跃进的形势下，城市规划和建设工作也在以‘一天等于二十年’的速度飞跃前进。许多中、小城市鼓足干劲、力争上游，用快速的办法、土办法多快好省地编制出了城市规划，彻底打破了过去对城市规划的迷信，解放了思想，做出了过去不敢想象的奇迹，给全民性的工业化准备了良好的条件。”[5]然而杨廷宝却不盲目跟风，

坚决反对“讲究速度高、数量多，论排场，讲气派，好大喜功，华而不实”的作风，因而招来了种种批评，南京工学院建筑系被批评在设计思想上学习苏联不力，热情不够。在本来就已经被批判的情况下，杨廷宝顶着巨大的压力，坚持自己一贯的建筑教育主张，认为按照苏联办法而不结合我国的情况，是不妥当的，学苏联经验不能生搬硬套、生吞活剥，强调中国的建筑教学一定要结合中国的国情，这些思想使当时的南京工学院建筑系在教学上少走了许多弯路。

当时，南京对城市规划也提出了要在十五年内超过巴黎，办法是一靠革命的思想加干劲，二靠仿效苏联老大哥的“蓝本”。首先提到议事日程的是对中央路的改造。不少建筑师认为，中央路是南京最主要的干道，可是到现在还是一条弯曲的石子路，有损南京的形象。建议按照苏联的做法“逢山找对景，逢路拉直线”，把中央路拓宽、取直，使它与北京西路、保泰街成九十度直角。这个提议，得到了很多同志的赞同：道路讲究对称、笔直，在建筑中一直是惯例，古代的长安、北京都是这样建设的。南京作为六朝古都，理所当然在这方面也要做楷模。

杨廷宝却坚决反对这样的做法，尽管他素来不事张扬，低调做人，又处在被批判的地位，但如鲠在喉，不吐不快：“我反对拉成直角。人常说‘设计一条线，落笔值千金’。建筑师的落笔，大有讲究，落得好，利国利民，省千省万；落得不好，劳民伤财，浪费成千上万。大家算算账，如果把中央路与北京西路、保泰街成九十度直角，要拆多少房，挖多少土方，花多少钱？

“据我所知，中央路与保泰街在子午线上只偏三五度，也就是说大体上还是垂直的。人们站在路上看不出偏斜，甚至坐在飞机上也看不出弯曲，为什么一定要追求对称、规范、气派呢？如果一定要讲什么规范，那么，是不是南京的城墙也要拆掉重建？

“我听有的同志说，我国古代的城墙都是方形、长方形的，那么，根据地形的起伏、山和湖的起身而建的南京城墙就恰恰违反了这一常规。你们可以到市府大院一墙之隔的玄武湖去看看，南京城墙到了湖边就拐了弯，直线就变成了曲线，整个南京城墙是个不规整的几何图形！这不正是我们老祖宗在城市规划上因地制宜的一个范例吗？”[6]

除了反对在建筑上“多快好省”赶超苏联老大哥外，在很长一段时间里，杨廷宝想要反对的、担心的，是建筑系要被砍掉。从1940年到中央大学建筑系任教后，杨廷宝就一直在建筑系工作。南京解放后，他被任命为南京大学建筑系系主任。虽然1959年，杨廷宝被任命为南京工学院副院长，建筑系主任由刘敦桢担任了，但建筑系仍然是杨廷宝的家，是杨廷宝的命根子。

1960年10月至11月，南京工学院一些人以“适应教学与生产的需要”为名，别有用心地将建筑系砍掉，与土木系合并为土木建筑系，由刘敦桢担任系主任。与此同时，土木系成立了建筑设计院，由童寯任院长，陈昌贤、朱敬业任副院长。但好景不长，翌年8月，建筑设计院又不得不奉命撤销。对于某些领导的这一举措，杨廷宝心有不满，大为担心，他的老友、素来耿直的童寯也不理解这种做法，他说：“建筑系与土木系有根本的区别，如果两系不并，地球就不转，那就合并。不然，建筑系还是要办！”但是在那个“流言谎言满天飞、愚蠢行为天天见”的年月里，“运动当头”，凡事上纲上线，杨廷宝与童寯的心也随着建筑系与木土系数次分分合合，如十五个吊桶打水——七上八下，忐忑不安。

建筑系办办停停，1963年8月，建筑系和土木系两系再次分开，仍由刘敦桢担任建筑系主任。1965年11月，南京工学院又从土木系和建筑系中抽调专业人员，成立建筑研究室，由杨廷宝任主任，童寯、张致中等任副主任。

1966年5月，“文化大革命”开始，中共中央政治局扩大会议通过的《五一六通知》要求“全党必须……彻底批判学术界、教育界、新闻界、文艺界、出版界的资产阶级反动思想，夺取在这些文化领域中的领导权”。这一运动持续十年，使中国人民遭受了一场空前的浩劫。南京工学院和其他高校一样，被迫“停课闹革命”，几年混乱、折腾，直到1972年春才开始招收工农兵学员。

这期间，破四旧，打倒“反动学术权威”的“红色浪潮”把南京工学院建筑系冲得天翻地覆。建筑系留存的图纸变成了“四旧垃圾”被付之一炬。一夜之间，不再需要建筑学这个专业了，建筑学被论定为伪科学，建筑系处于随时被取消的境地。各地的建筑尤其是古建筑被作为“四旧”砸的砸、烧的烧。而作为设计这些建筑的建筑师们，当仁不让地站到了被批判、被侮辱的队伍里，南京工学院建筑系的老中青年教师都受到了极其不公正的对待，顶着烈日，集体跪在建筑系的大门口。

此时，杨廷宝的很多老朋友、老同事也都被揪出来挨批挨斗。刘敦桢因为从事中国古典园林的研究，被指为假借整理民族文化之名，积极宣扬封建阶级腐朽和没落的一面，被诬蔑为“封建与资产阶级反动学术权威”，受到无端的迫害和严厉的批判，身心受到严重创伤，于1968年4月30日凌晨含恨离开了人世。梁思成更是受尽了屈辱和折磨，于1972年1月9日在北京含恨去世。对于两位老友的先后辞世，杨廷宝既感到万分愤懑，又无能为力，情不自禁地泪流满面。

其他院系的很多教授和老师也都成为批斗的对象，有的教授因承受不了非人的折磨和凌辱而寻了短见，自缢、投湖、投河、跳江、跳楼和吃安眠药的人一个接着一个，搞得人们整天心惊肉跳。而更多的生存者则仍然接受着无休止的批斗折磨，像杨廷宝这样在国内建筑界数一数二的“权威”更是逃脱不掉，自然也被套上了“反动学术权威”的帽子，有人还诬蔑他出国访问时当“叛徒”。他虽然名为副院长，却一直“靠边站”，成为一个摆设，被迫接受劳动改造和批判，交代“问题”，一夜之间学校里贴满了批他的大字报。

在“革命无罪，造反有理”的巨大声浪中，杨廷宝踉踉跄跄地被推到建筑系大门口，胸前挂着黑牌子，推倒在地。否定一切的思潮，无中生有的谩骂及人身攻击，使杨廷宝感到极度的苦闷；被批斗，被抄家，挂黑牌子，被贴大字报，并被要求到大字报栏前学习，反思自己的“罪行”，写检查，等等。对于这些，杨廷宝都只能默默地忍受。建筑系的学生虽然被工宣队、军宣队所利用，被这股浪潮冲昏了头脑，但对自己的老师还不至于下手太狠。面对种种侮辱，杨廷宝以更加沉默来坦然处之，他真正担心、挂念的，一是不能安心从事建筑设计工作，他对自己心爱的事业将要荒芜而备感焦虑；二是工宣队、军宣队要取消建筑系！他悄悄地问他的学生、尚在建筑系任教的齐康：“真要取消建筑系吗？”[7]

随后，全系教师下放到南京师范学院附属中学劳动，住在附中学生宿舍，每天顶着烈日在工地上敲碎几百块砖头，劳动强度虽不大，但劳动条件很差，灰尘很大，一天八小时敲下来，中、青年教师都累得站不直身来，杨廷宝、童寯、刘光华、龙希玉等几位老教授也同样劳动，工宣队对老教授没有任何照顾。年青的教师经常找出各种各样的借口休息，“上厕所”的人特别多，也特别频繁，但杨廷宝却规规矩矩，不仅出勤率高，而且敲得也最认真。造反派要他画工厂的图，他也是一笔笔认认真真地画好。

有一天傍晚，不知来了什么“特大喜讯”，校工宣队命令全体人员召开晚会。会议在一间教室里开始后，大家都上去表演了节目。当大家要求杨廷宝出节目时，杨廷宝没有任何的矜持，马上站了起来，走到前面的空地上，赤手空拳，徒手翻了个凌空筋斗，倒把他的老同事和中青年教师吓了一跳，那时他已近七十高龄，真担心他会出什么差错和意外。但当看到他身体如此矫健时，大家的心里都很高兴，暗中为建筑系庆幸，默默地祝愿他健康长寿。[8]

虽然受批挨斗，他关心的仍是为之奋斗终生的建筑学！中国的建筑领域这些年受到了种种冲击，除1959年国庆十大工程以及一些纪念性建筑以外，几乎可以说鲜有大的工程项目。后来，等到国家建设总局通知齐康去开会说要恢复建筑系时，杨廷宝这才放下心来。事实上，直到1978年，南京工学院才真正恢复了建筑系，成立建筑研究所。

吴良镛回忆说，在“文革”后期，当杨廷宝又能有自己的声音时，他马上又挺身而出，坚决反对民族建筑文化中近乎虚无主义的倾向，明确提出要有民族风格的主张。[9]

虽然运动一个接着一个，杨廷宝在这多事的岁月里备受冲击，为了祖国的建设和自己的心爱事业，他的干劲一直都没有稍减。

但是，令他没有想到的是：身体一向健康的父亲却在60年代初离开了人世。

2. 鹤飞九皋

1949年10月，新中国成立，在南京与儿子杨廷宝同住的杨鹤汀分外地高兴，创作了七绝《咏毛泽东〈沁园春〉词》以纪。诗云：

万里长征胆气豪，十年游击战术高。
秦皇汉武数不尽，自古英雄几解骚？[10]

解除了种种阴霾，老人安享着人生的片刻宁静，1950年，他作《春日偶成》等诗描写这段生活。诗曰：

我年七十四，偷闲学圃夫。小院多隙地，晨起理荒芜。
瓦砾一一检，基肥匀匀铺。拔去窗前草，栽成阶下蔬。
分种葱和蒜，移植瓜与瓠。春韭两三畦，蕃茄五十株。
须要勤灌溉，不必事镰铲。园艺列专科，技术亦特殊。
季节应注意，经验忌浅肤。无怪樊生请，孔氏信不如。[11]

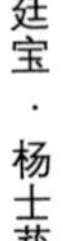

这位经历了清朝、中华民国和新中国三个历史时期的老人，从内心深处称颂新中国政治清明，欣慰各项建设蒸蒸日上。1952年，他虽已年逾古稀，但仍然关心国家大事，在毛泽东主席发出“抗美援朝，保家卫国”伟大号召之后，立即将长孙杨士莪送入中国人民解放军海军，不久又送次孙杨士芹参加了空军。他甚至申请参加抗美援朝医疗队，豪情满怀，创作《请入医疗队抗美援朝》以寄已志，准备亲上战场，保家卫国，但上级考虑到他年纪较大而未予应允。诗云：

我生七十六年春，敌友两方认识真。
抗美援朝伸正义，保家卫国是当仁。
海空孙辈已投效，医疗队中愿步尘。
为问从军志所在？快驱强寇安东邻！[12]

1953年春，远在东北的杨廷宾借出差之机来宁看望父亲杨鹤汀和长兄杨廷宝一家。之前，他曾回过一趟南阳老家，看望阔别整整18年的母亲李氏，此时，李氏已72岁高龄，所幸身体还硬朗。在成贤小筑，杨廷宾与父亲和哥哥互叙别后十余年的情形，感慨万分。杨鹤汀见几个孩子都走上了正途，踏踏实实地做着有利于党和国家、有利于人民的工作，心里特别欣慰。他经常跟孩子们讲：“要学一技之长，赌吃坐穿最没出息。”因此，他的子女们都学有所长。

杨廷宾是杨鹤汀次子，清宣统二年（1910年）生于南阳，七岁入家塾，与叔伯兄弟们一起师从皇甫先生读“四书五经”，后入南阳城内新式小学。不久，杨鹤汀到省城开封经营织布厂，杨廷宾随父到开封并入省立第一师范附属小学，因喜爱美术于1926年夏考入北京中法大学附设的西山中学。其间，他与王正朔、王冶秋等人结为异姓兄弟，王正朔老大，张恩泽老二，王冶秋老三，董云汉老四，杨廷宾老五。是年杨廷宾秘密加入中国共产党。

1953年杨廷宾至南京探望父亲

1930年，杨廷宾从西山中学毕业，考入徐悲鸿任院长的北平大学艺术学院西画系。1931年九一八事变后，杨廷宾积极投身学生运动，一度遭到反动军警逮捕。1935年毕业后被天津一家广告公司所聘，后回南阳老家担任南阳女中美术教员。

杨廷宾（左）与王冶秋年轻时的合影，王冶秋后来任国家文物局局长

与父兄一样，杨廷宾为人忠厚耿直，性格文静刚毅。1935年，杨廷宾在南阳女中任教时，在父亲及朋友的帮助下，为鲁迅先生搜集南阳画像石拓片。他在《忆鲁迅先生为搜集南阳汉代画像石拓片倾注了心血》一文中写道："我于1935年回家乡河南南阳小住，经王冶秋同志介绍为鲁迅先生张罗搜集南阳汉代画像石刻的拓片。在搜集到第一批拓片直寄上海后，当即收到先生的复信，对拓片内容与拓片印制质量表示满意，并指示如何注明拓片印石的出处及发现年月注写于每张拓片下角空白处，此后每次寄去，先生皆有所指示。当我因事离开南阳移交给王正朔同志继续为鲁迅先生搜集画像石拓片。"

"因事离开南阳"是指杨廷宾到南京的中央研究院工作。他离开后，为鲁迅寄南阳汉画像石拓片的工作交由好友王正朔、王正今堂兄弟等人负责。鲁迅先生在1935年12月21日的日记中也曾写道："21日，晴。……得南阳汉石画像拓片六十五枚，杨廷宾君寄来，先由王冶秋寄泉州。"同日，鲁迅在给王冶秋的信中还写道："今日又收到杨君寄来之南阳画像拓片一包，六十五张，此后当尚有续寄，款如不足，望告知，当续汇也。"1936年1月28日，鲁迅先生写道："28日，晴。午后得南阳汉画像拓片五十幅，杨廷宾君寄。"据黄廷珦先生回忆，从1935年至1936年10月9日，也就是鲁迅先生去世的两月前，杨廷宾、王氏兄弟等，先后为鲁迅搜集并汇寄南阳汉画像石拓片241幅。

1936年春，杨廷宾经南阳同乡、考古学家、 甲骨文字学家董作宾之介，入南京的中央研究院历史语言研究所担任技术员，并参与了第十三次殷墟考古发掘。抗战全面爆发后，历史语言研究所相继迁往长沙、昆明。途中，杨廷宾与刘曜（尹达）、王湘（王元一）等五人同赴延安。

到延安后，杨廷宾入延安陕北公学学习，不久转入延安鲁迅艺术学院，三个月后分配到西安附近三原县安吴堡青年训练班工作，与中国共产主义青年团负责

杨廷宾为中共七大代表使用的火柴盒创作的毛泽东像贴面

杨廷宾木刻的《朱德同志》

人冯文彬、刘瑞龙、黄华等人共事并建立了深厚的友谊。1940年，国共两党关系紧张，安吴堡训练班撤回延安，杨廷宾就职于延安青年干部学校，不久调到中共中央出版局发行部，从事美术设计工作，创作了大量木刻作品，其最具代表性的作品是为中共七大召开所创作的毛泽东主席像、朱德总司令像，以及发给七大代表火柴盒上的毛主席像。此外，他还创作了斯大林、罗斯福、丘吉尔等苏、美、英等二战统帅及延安各界抗日军民的肖像，这些肖像成为后来研究延安历史的重要材料。

抗战胜利后的1945年9月，杨廷宾与萧三、陈学昭同赴张家口，翌年奉调至哈尔滨在牡丹江日报社工作，先后任报社党支部书记、副社长等职。1948年任牡丹江市委委员兼区委书记。是年10月，调任松江省总工会秘书长，1950年8月至1953年5月间担任东北总工会组织部副部长。1953年5月至1960年5月间担任哈尔滨一二二厂副厂长，1960年担任中国科学院黑龙江分院副院长、黑龙江省科委副主任。

1964年3月，杨廷宾被任命为中国美术馆副馆长、党支部书记、中国美术家协会党组成员。“文革”期间，一伙造反派叫嚣着要冲进画库“揪出黑画”，而这个新中国第一座国家美术馆画库里，珍藏着数以万计的国宝，包括古代经典、五四时期到新中国成立后的中国美术红色经典等。杨廷宾闻讯迅速赶到事发现场，挡在画库门前断然高喝：“我是国务院周总理任命的馆长，谁要砸画库，就从我身上踏过去！”一帮乌合之众被镇住了，危机消解。此后，美术馆“造反派”斗争很激烈，杨廷宾作为唯一未被揪进“牛棚”的当权派，兢兢业业地主持工作，使中国美术馆收藏的艺术珍品历十年浩劫而完整无缺，功不可没。1970年因病骨折休养，担任中国美术馆顾问，1983年离休，2001年4月与世长辞，享年91岁。此是后话。

幼子杨廷寘，1924年生于南阳，1930年入省立南阳第五中学附属小学，1936—1938年在南阳宛南中学、宛西联中上初中，1942年从南阳中学高中毕业，入川到重庆，先在沙坪坝中央大学旁听，后入江津白沙大学先修班。1947年夏考入大夏大学中国文学系，同年加入中国共产党，因参加上海爱国学生运动被通缉，被迫离开上海，辗转南京，回到家乡南阳。后被党组织派到鄂豫陕边区的淅川县，参加剿匪反霸土地改革和巩固基层政权的工作，局势稳定后，他根据上级指示，筹办一所包括初高中并附设师范班的学校，因此于1949年9月创办了淅川中学，任校长。1951年起参加治淮工程，转战在治淮水利工地近30个年头，曾任南湾水库宣传部副部长兼《南湾工报》总编辑、宿鸭湖水库指挥部政工科科长、板桥水库扩建工程指挥部党委宣传部副部长、河南省水利厅党委宣传部副部长和办公室主任。“文化大革命”结束后在充实公检法队伍时，调河南省高级法院工作，担任档案科科长、《法院志》办公室负责人等职。

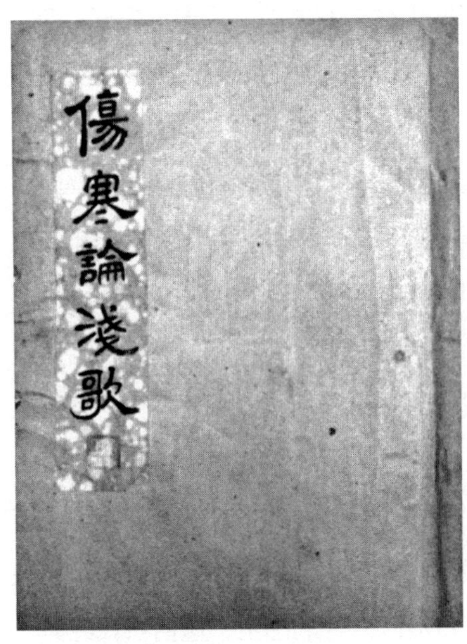

杨鹤汀先生撰写的《伤寒论浅歌》封面

赋闲于南京的杨鹤汀，虽然年事已高，但从未停下来，除整理自己的诗文作品外，他利用自己的中医特长，将医圣张仲景的两部医学巨著《伤寒论》和《金匮要略》译成了白话歌口诀，便于后人学以致用，在中医学的继承和普及，弘扬中国传统医学上做了大量的工作。后来，南阳市卧龙区政协文史委还将其《伤寒论浅歌•序》和《金匮浅歌•序》刻成碑立在了南阳张仲景医史文献馆院内。

由于杨鹤汀通晓传统中医，平时又善于自我保健，所以身体一直很好，没有生过什么大病。1961年，杨鹤汀突然觉得身体不适，他以为是上了年纪的正常现象，未放在心上。但杨廷宝、陈法青夫妇不放心，再三劝老人家到省工人医院检查检查。老人拗不过，才到医院去检查。谁知，检查结果出来，竟然是食管癌，已到晚期。

杨鹤汀先生撰写的《金匮浅歌》封面

杨家一下子紧张起来，又不敢告诉老人，只说有点小毛病，还要化验一下，将他骗进了工人医院，接受临床治疗。此后老人的病情一直未有好转。杨廷寅和杨廷宁也来到南京，守在医院，日夜服侍老人。1961年9月21日，杨鹤汀因医治无效去世，享年84岁。

杨廷宝将父亲安葬在南京城南中华门外雨花台近侧的望江矶公墓，墓前石碑上镌刻着“南阳杨鹤汀之墓”七个大字。

1967年8月5日，夫人李氏病逝，享年84岁，葬于赵营。

1994年，南京市共青团南路进行道路扩建。9月2日，杨鹤汀的骨骸被子女们迁回南阳，与夫人米氏、李氏一同安葬于当地的卧龙墓园，终于叶落归根，回到生养他的故乡。

3. 以民为本

上世纪五六十年代，杨廷宝虽然受到批判，但他还是力所能及地为党和国家、为人民做了大量的工作，并充分体现他一贯倡导的“以民为本”的思想。

从1956年起，运动一个接着一个，教学、科研、建筑设计等各项工作都受到了严重的干扰，尤其是进入“大跃进”时期，全国上下大唱高调，在城市建设上也要跃进。但杨廷宝不为外省的“十大工程”所动，潜下心来，带领公共建筑研究室的科研人员，坚持研究，力争为国家多做一些有实际效用的工程，为人民群众真正谋利造福。他立足于国家建设的实际，从国家建设的大局出发，坚持“以民为本”的思想，牵头并主持了“综合医院建筑设计”这一重大课题的研究，对国内综合医院这一较复杂的建筑类型，首次在全国范围内进行了大规模的摸底调查，了解其内容及功能要求，并在此基础上进行系统的研究和总结。

杨廷宝认为，应遵循“医院是建筑中功能最复杂的一种建筑类型，并且与人的关系十分密切，不同于一般建筑”的理念，他要求研究人员分别选择大、中、小城市中具有代表性的医院进行调研，将调查对象分为城市医院、县医院、农村卫生院等不同类型予以研究，尤其是要以农村医院为重点。出于对学术的执着追求，以及对科学研究的责任感和使命感，杨廷宝不顾古稀之龄，亲自带领学生深入调研，足迹遍及华北、华东、华南、西北等地。每到一处，他顾不得旅途中的鞍马劳顿，亲自踏勘调研，调查各地医院、卫生院的建筑分布、功能结构，并会同医务人员进行讨论。当时，我国的医疗卫生服务网络已经比较完备，但设施条件却远远不够。杨廷宝特别关心各医院尤其是偏远山区乡村卫生院病人的生活，经常向医务人员及病人仔细询问卫生院内自来水的使用情况啦、病人饭菜如何加热啦等问题。在他看来，开展医院建筑的研究不仅是一项普通的科研课题，更是一种对病人、医院以及社会的责任。在调研过程中，杨廷宝与学生们同吃同住，从不享受任何特殊待遇。

回到南京以后，他每天都泡在研究室里，一方面认真总结调查研究的情况，另一方面悉心指导中青年教师和学生，与他们共同切磋，促进他们在科研上成长。在研究工作中，杨廷宝对青年人严格要求，同时又诚挚地关心和爱护着他们。研究室和谐而严谨的研究氛围激励着每一个人。

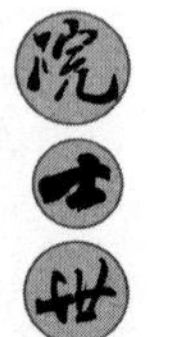

身负研究领导任务的杨廷宝，当时身处逆境，上有压力，外有干扰，整个课题也因各方面的干扰而断断续续，差点半途而废。但只要政治运动稍歇，有了机会和时间，他马上又张罗大家回到研究室，继续开展课题研究，还不断地鼓励大家：“希望大家顾全大局，坚持把国家确定的医院科研课题，善始善终，如果半途而废，那所写的文稿，所拍照片和收集到的资料，就将变成一堆废纸，实在可惜。”[13]

在杨廷宝的支持下，这群年青的老师和学生忍辱负重，在条件极其困难的情况下，硬是坚持了下来，按原定分工计划和步骤的要求，踏踏实实地完成了研究工作。

他们坚持理论和实践相结合，一边研究，一边为试验基地的江浦县人民医院提供设计施工图纸，然后边总结经验，边写稿发表。

经过大家的共同努力，《综合医院建筑设计》一书终于在1962年底审查定稿，并于1964年8月由中国建筑工业出版社出版发行，受到全国各地医院及相关建设者的欢迎。然而由于“文革”的到来，这本好书被束之高阁。1973年，为尽快弥补由频繁运动所造成的“书荒”，出版社想重印此书，但南京工学院公共建筑研究室业已撤销，研究人员流失，要重新组织一支科研队伍对原书进行修订并非易事，出版社只好试探性地给杨廷宝写了一封信，希望他出面重新修订《综合医院建筑设计》一书，造福社会。

杨廷宝接到出版社的信后，非常重视，立即向南京工学院院系两级领导做了汇报，并在有关领导的大力支持下，召集旧部，增聘新人，重起炉灶，组织调研，不畏艰辛，对《综合医院建筑设计》进行了重新编订。

在政治高于一切的大环境之下，读书学习都会受到各种干扰，做科研和编写学术专著更是举步维艰。一次，杨廷宝带队赴北京调研，有人便说：“还造医院干什么！用四根棍子支一块塑料布就能开刀。”杨廷宝听了只能苦笑。而且“左”的思想也给调研工作带来许多不利的影响，在此形势下，有些问题难于下笔。1974年3月10日，杨廷宝在致编辑王伯扬的信中提出：“现在有一个问题还不够明确，例如《苏州园林》将来出版究竟是面向国内抑或面向国外，若是对内作为资料则文字措辞就必须写进不少批判的语气；若对外发行又重点得宣扬劳动人民的创造。二者兼顾实不容易。……我们这本《综合医院建筑设计》多少亦有类似问题，况且运动尚在进行中，卫生工作的前途有哪些变动现在尚无把握。我们准备写一章就初步打印一部分，送各有关方面征求意见，广泛走群众路线。经过几次修改，可能问题少一点……”

在杨廷宝的领导下，编写组再次北上南下，对医院建设的新发展和新设施进行多次调研。经过近三年的努力，增订后的《综合医院建筑设计》终于在1976年4月完成初稿，10月杀青付梓。[14]

1960年1月23日，中国建筑学会受铁道部大桥工程局委托，对南京长江大桥桥头堡建筑设计方案进行招标，方案评选工作由杨廷宝主持。是年3月19日至22日，杨廷宝牵头负责对58个方案进行评选，最终选取出最佳的施工方案，为我国自行设计建造的第一个长江大桥做出了贡献。

为了缅怀在淮海战役中壮烈牺牲的勇士们，中央决定在江苏徐州市南郊的凤

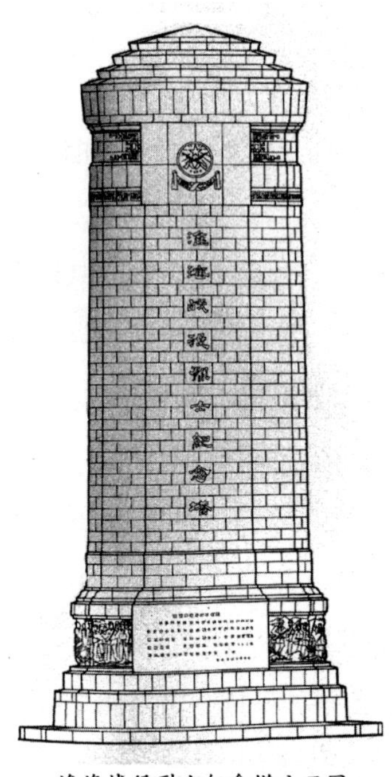

淮海战役烈士纪念塔立面图

凰山麓，建造一座淮海战役革命烈士纪念塔，并聘杨廷宝担任这项工程建设领导小组的首席顾问。1948年底到1949年初的淮海战役，是解放战争期间规模最大的一次战役。整个战役历时66天，全歼国民党军队56个师，共计55.5万余人。淮海战役的胜利解放了长江以北的华东、中原等广大地区，使国民党政府从此陷入了土崩瓦解的局面，为解放全中国奠定了坚实的基础。

1961年夏，烈士纪念塔处于紧张的施工阶段，谁知却发生了意外的变故：纪念塔上花岗石的贴面贴到塔身30米高度时，忽然发现塔身往东北方向微有倾斜，如继续按原图纸施工，倾斜程度还将继续加剧。于是，工程施工被迫停止，只能等待专家前来会诊，找出解决方案。

很快，江苏省政府派来了工作组和专家组，其中包括省建委的有关同志和知名的土木建筑专家、学者，以及建筑设计、施工人员都赶到了现场。

勘查现场后，出现了两种声音：一种主张炸掉重建；另一种主张进行补救。“主炸派”认为，这是一件永久性的纪念工程，上要对得起血洒疆场、头枕青山的先烈，下要对子孙后代负责，不能有一丝一毫的马虎。出现了倾斜，本身就是失职，理应炸掉重建。而“补救派”则认为，此项工程耗费巨大，在国家经济困难时期，炸掉了让人心痛，最好是能在原来的基础上，予以改进和补救。主持会议的领导见双方各持己见，各有道理，一时也无法拍板，这项规模浩大、意义重大的工程，如果有了问题和重大失误，谁也担当不起责任。

杨廷宝心中倾向于“补救派”。但他又觉得，如果拿不出一个令人信服又经得起时间考验的补救方案，说得再多也没用。于是，他悄悄地离开现场，再次跑到工地上，又认认真真地将正在建设中的纪念塔仔细研究了一番，拿尺量、拿笔画；同时，又找来施工的能工巧匠，向他们询问：“贴在最上面的几块花岗石，如果不用火药，而用别的方法，能拿下来吗？”

“能！不过相当费劲。”工人回答他。

“那我们看看，用什么方法好。”杨廷宝招呼大家一起想办法。他认为，纪念塔的倾斜度并不大，肉眼看不出来，况且又建在地基坚实的山腰上，只要认真对待，修改设计施工方案，是不会有太大问题的。在听取了工人们的建议后，他大胆修改了塔肩下平直的部分，突出了回纹线，使之和塔顶相连接，就好比给宝塔戴上了一顶桂冠，使宝塔在雄浑粗犷中平添了几分俊逸端庄之气，比原来的设计更壮观、更富有立体感。

杨廷宝将修改方案贴在了会场上，说：“我勾了草图，供大家参考，意在补救。”紧接着，他做了进一步的解释：“请同志们不必担心，这么高的建筑物，稍有倾斜无关大局，除非用仪器测量，用肉眼从外观上是根本看不出来的，也不会影响质量。”并举出了意大利比萨斜塔、北京天坛祈年殿的例子，“上面一圈回纹线再突出一些，就可以避免继续倾斜。”听了杨廷宝的话，在场的专家纷纷点头表示赞同；主炸派见连建筑界最有名的杨教授也不同意炸掉重建，只得放弃原来的主张。最终大家一致同意，按照杨廷宝的修改方案进行补救。

1965年11月，淮海战役烈士纪念塔终于建成，纪念馆也同时开放。塔身正面，镌刻着中共中央主席毛泽东亲笔题写的“淮海战役烈士纪念塔”九个字；塔的上端，雕塑着五角星照耀下相交的两支枪和松子、绸带组成的塔徽；塔座正面镌刻着镏金碑文，两边分别镶刻着描绘战斗和支前场景的大型浮雕，四周围以回廊；塔前是宽敞的平台和129级石阶。全塔雄踞高台之上，采用钢筋混凝土结构，花岗石贴面，显得格外粗犷有力、雄伟挺拔。

杨廷宝以自己的智慧和经验对烈士纪念塔进行了合理的校正，充分体现了他一贯倡导的“以民为本”的思想，为国家避免了一大笔经济损失。

4．三宝随身

建筑学是个实践性、应用性极强的学科，建筑设计又是直接为社会的生产、生活服务的，这就需要建筑师在考虑问题时，要兼顾到方方面面，而绝不是仅仅简单画几张图，它要求建筑师具有广阔的知识面，在实践中积累丰富的经验，并将这些知识和经验融于设计图纸。

杨廷宝给学生讲过一个故事：新中国成立前有一位建筑师自命不凡，对待营造厂（施工单位）态度极其傲慢粗暴。有一次，这位建筑师设计了一幢房子，在楼梯下做了一个主出入口，可是却犯了一个很大的错误：入口高度不够，人走不过去。施工的人看了图纸，没有给他指出来，而是“按图施工”，等钢筋混凝土楼梯浇好后，这个建筑师看了，大发雷霆，责怪施工者，营造厂不动声色地将图纸拿给他看，他才明白是自己的失误，只好赔礼道歉，请客送礼反复说好话才打掉重做。故事讲完之后，杨廷宝又谆谆告诫学生们说：“在设计中不要只看平面，要重视空间立体。”[15]

1955年，杨廷宝和中国建筑学会的同事们在前往参加国际建协第四届年会的途中，顺道访问了苏联。在参观苏联的农业展览馆会场时，杨廷宝与中国代表团成员刚一走进场地，就看到一个巨大的拱门，杨廷宝问身边的吴良镛说：“你注意到这门的尺度没有？如果没有靠近大门的人的对照，你未必能发现它的巨大。这么高大的建筑物，却并没有发挥出它应有的庄严效果。”听了老师的话，吴良镛才注意到：由于设计者将小图样等比例机械放大，使得拱门本身的细部处理非常粗糙，周围又缺少陪衬和尺度对比，失去了建筑本身应有的效果。[16]

杨廷宝经常对学生说：“你们看这教室的木窗，可以想一想，这是杉木还是松木？变形不变形？用多大面积的玻璃？诸如此类，看到一个问题，你就联想到图纸以外的许多问题。”他送给他的学生们“处处留心皆学问”的七字真言，让学生们学会观察周围的环境，学会认真地思索、考虑问题和解决问题。在教学中，他特别注重学生基本功的训练，重视艺术修养，鼓励学生多动手、多画图，强调仔细观察，掌握建筑的比例、尺度和构图，要求学生做建筑设计一定要注意与周围环境的协调，要学会利用环境和地形，避免经济上的不必要的浪费。

从青年时代起，杨廷宝就养成了“画日记”的好习惯，每当他遇到大自然中优美的风景或富有艺术性的建筑时，他就会随手勾勒出来，这也成为他从事调查研究的主要方法。杨廷宝随身携带着“笔、小本、钢尺”，他自己称之为“三宝”，无论走到哪里，一有需要，他就马上拿出来，量量、画画、记记，并且坚持终生，持之以恒。到各地调查参观时，杨廷宝常常拿着随身三宝，边听、边量、边记，有时还一边参观一边讲解，给年轻同志精心的指导，或提出问题让大家探讨。他对学生们说：“我的学习方法之一就是带个小本子，一个钢卷尺，看到了好的设计，好的实例，就画下来，记下来，这是很有用的，比你单用文字记下来有用。适用的建筑，其中的空间布局，优美精致的细部，材料的特性，一一描绘下来，使你印象深刻。照片固然重要，但亲自测绘，记录个人的体会，就不

易忘掉。”

吴良镛回忆了一个小故事：1954年春天，北京，正是乍暖还寒的季节，窗外刮着阵阵风沙。一天中午，杨廷宝应梁思成、吴良镛、汪季琦三位在京友人之邀，到东安市场的西餐厅聚会。老同学、老朋友之间的聚会，显然特别亲切和热闹。一会儿，牛排、烧鸡、啤酒和各式点心就摆满了一桌子。年龄较轻的吴良镛起身倒满了四只高脚玻璃杯，梁思成拿起刀叉热情地说：“廷宝，吃！”

杨廷宝却顾不上梁思成的热情招呼，随口应道：“你们先吃，我马上好，马上好！”只见他刚坐下去，又站了起来，随手掏出卷尺，俯下身子，把餐桌、靠背椅之间尺寸认真地量了一遍，又记在了小本子上。原来，他坐下后感到桌、椅间距适中，人坐着很舒服，认为记下来对今后的教学、设计会有帮助，于是就迫不及待地动起手来。[17]

杨廷宝说：“人不能生而知之，可以感觉和感应，要成为一名优秀建筑师，要有刻苦的训练和自己的判断。美不只是外表，更重要的是内在的。”又说：“美的训练是可以适应的，一种心、手、物的结合。”[18]他认为做一名建筑师一定要训练自己有一种建筑美的心灵和能表达的手。他就是这么做的。

20世纪50年代后期，杨廷宝有一次带全国建筑系的一些教授到捷克斯洛伐克考察。首都布拉格是一座美丽的古城，给杨廷宝一行留下了很深的印象。这座古城可以说是城市建筑和城市规划的典型范例：城市中坐落着各式各样的建筑，都与自然环境紧密地结合在一起，浑然一体地体现着自己的独特风貌，不但在整体的规划布局上让人叹为观止，而且在细节上也非常富于艺术表现力。

当他们来到市中心的一座广场时，杨廷宝看到广场南侧有一座哥特式建筑特别引人注目。这座建筑是市政厅所在地，远远望去，其塔楼顶有一个奇妙的天文钟，它非常大，是旧时的一个计时工具，同时又是一件难得的艺术品。

杨廷宝立刻被这座奇特的建筑吸引了，他忙掏出小本子，飞速地勾勒起来：巨大的天文钟的左边是照着镜子自我欣赏的虚荣神祇，以及紧捂着盛钱口袋的吝啬鬼；右边则是白骷髅死神和手执乐器的古代宫廷里的土耳其人。每隔一小时，死神转动着计时用的沙漏，并拉动钟绳，钟面上方的两个小窗子就会自动打开，露出一个基督徒的塑像，他先面对广场，一会儿又随着时间流逝而转身隐退。接着，随着小窗闭合，窗子上方的公鸡开始啼鸣，似乎在告诉来往的行人：一个小时又过去了。

晚年的杨廷宝速写时的留影

杨廷宝一边认真地看，一边仔细地画，把古钟钟面上指示日、月、星辰的指针和表示一年四季农民生活的日历图案都勾勒下来，完全忘记了身边与他一同前来考察的清华大学、天津大学、同济大学建筑系的一群教授。直到结束时，他才意识到自己失礼了，对身边的教授们歉意地说："这些图案是捷克民族绘画艺术奠基人约瑟夫•玛内斯绘制的。你们看，画得多么精巧啊！"

他自己从速写中获益良多，因此特地将自己多年的经验写成《谈写生》一文与学生们分享：

> 学建筑的人多画点速写很有好处。首先，建筑设计从某些方面来说，是一种形象思维。如果说，速写是直观的记录，那么，设计草图就是构思的记录，两者触类旁通。画得多了，久而久之无形中就会丰富思维能力。再者，写生多了，对建筑的比例、尺度，不需过多地硬记数字，可以部分地依赖自己的直观。我画古建筑就常常信手勾上几笔，尺度差不离。这种尺度概念的掌握，对学建筑的人甚为重要。此外，速写也是搜集资料的一种方法，通过自己亲身实地测绘画下来的东西，往往印象很深，经久不忘。我以为，这也是一种学习方法，也可以说是我的"癖好"。[19]

他认为，速写这种方法大大地开阔了自己的眼界，提高了自己的艺术修养，同时使他对尺寸比例变得敏感，以至于手可以像比例尺似的那么精确。

速写的方法也使他养成了对细节的特别关注，在考虑建筑问题时，往往会从细节入手，注重建筑的实用性。他的学生黄康宇在《恩师杨廷宝，我心中的一盏指路明灯》中回忆，教学中杨廷宝让学生思考的经常是最简单的小问题："人的最小空间是多少？人的活动空间至少要多少？""吊灯离地面至少要多高？""门把手和门锁装在什么高度才合适？一张八座位的餐桌至少需要多大空间？""电灯开关怎样布置才好使用、灶台菜板和橱柜如何布置才最方便又省时省事？""对外门户如何防止降水延入室内？在设计室内装饰和建筑门窗时，如何考虑日后的修理与清洁问题？"……他认为一个建筑师给人类提供的生活和生存环境应该是合理、合法、合用的。[20]每当绘画作图时，他总会在大门的框下画上一个人，借以表现大门的比例和尺度。他对学生们说："有两样东西的尺度应严格遵守，一是踏步，另一是栏杆的高度。" 有一次，学生会请他给同学们做讲演，同学们早早地到科学馆阶梯教室占座，很快教室就坐满了，晚来的只好坐在台阶上。结果，他开口给同学们讲的却是"台阶的踏步怎么做"，并深入浅出地讲了踏步尺寸与人体的关系。很多同学不解，这么一位世界知名教授，怎么讲这么一个小问题？别的老师也可以讲呀，何必劳他大驾呢？事实上，他希望同学们懂得，建筑细部的重要性绝不亚于方案设计。[21]他认为就是建一座厕所也不容易，厕所要排除臭气，人工掏粪，冬天不受冷风，做好也不容易。他开玩笑地说："别看和尚庙，那方丈和尚在建设中也度量山门和其他的方位和尺度呢，有时不断地修改。"[22]

他对美国建筑师赖特有很高的评价，认为赖特是空间组合的天才，是处理建筑与自然的能人。他从心底里佩服赖特的创新风格，但对赖特的某些设计不注重细节，他却持批评态度。比如约翰逊（Johnson）制蜡公司的一把把大伞经常漏雨，比如赖特设计的小会堂的斜楼梯，非常不方便。他非常注重人的活动，对齐康说："纽约古根海姆旋转展览馆，自上而下叫人一脚长一脚短地走，这样好吗？"[23]

5. 大局为重

1976年9月9日，一代伟人毛泽东主席因病在北京溘然长逝。同一天，中共中央政治局召开会议，决定长期保存毛泽东的遗体。9月13日，中共中央决定成立"中央保护毛主席遗体小组"，国务院副总理谷牧任领导小组办公室主任。办公室的职责是负责提出毛主席纪念堂的建设和遗体保护的决策性意见。

根据中央指示精神，毛主席纪念堂设计方案定位要达到国际标准，基于这一定位，中国向世界建筑界发出了征稿启事。不久，来自世界各地的建筑师纷纷将自己精心创作的设计方案以各种方式传到北京。可是，尽管风格迥异的各种设计方案琳琅满目，但最后却没有一个可以执行的方案。在此情况下，中央又提出新的要求：先对其中的优秀方案进行初选，之后再对初选方案进行改进。

10月8日，中共中央、全国人大常委会、国务院、中央军委做出了《关于建立伟大的领袖和导师毛主席纪念堂的决定》，包括著名建筑师和艺术家在内的来自北京、上海、天津、广东、江苏、陕西、辽宁、黑龙江等八省、市共四十余名专家学者会聚首都，对毛主席纪念堂进行选址和设计。

当时，南京工学院与全国一样，正举行大规模的悼念活动。就在这时，杨廷宝接到了来自中央高层的指示，要他以最快的速度赶赴北京，主持和参加毛主席纪念堂的选址和设计工作。

接到中央指示后，杨廷宝就带着齐康、丁大钧等人匆匆北上进京。

10月12日，谷牧副总理主持召开办公会议，着重讨论了水晶棺的设计、制造问题，同时又着重提出了要在毛主席逝世一周年时建成一个高水平、高质量的纪念堂，使广大人民群众满意，并以北京为主着手筹备设计和施工机构，组织施工队伍。北京市委决定：毛主席纪念堂的施工建设由李瑞环同志具体负责。谷牧还代表中央特别指出：在考虑建设设计方案时，要集中反映毛主席光辉战斗的一生，建成后的纪念堂既要庄严肃穆，又要雄伟开阔，还要能够充分体现出时代的精神特征。

毛主席纪念堂选址工作首先展开，经有关专家商讨，在近两个月的选址工作中，纪念堂选址方案多达三十余处，重点选址在天安门广场、天安门北端一带、中南海、香山、景山、北海等十余处。有人甚至提出要将端门拆掉在端门原址上建设毛主席纪念堂的想法。对于这种意见，杨廷宝表示坚决反对，他以自己不做方案进行默默的抗议。

11月6日，中央政治局在听取有关纪念堂规划、设计方案汇报后，确定了纪念堂的选址、建筑造型和设计指导思想，提出了以突出政治含义的主旨，选址应从天安门、景山和香山当中选出。基于这个标准，中央最后决定将毛主席纪念堂建在天安门广场南端，位于人民英雄纪念碑和正阳门城楼等距离200米之间，即原“中华门”的旧址上。

毛主席纪念堂与人民英雄纪念碑都是纪念性建筑，但在政治意义上又各自独立。纪念堂是一个安静、庄严、肃穆的场所，设计方案要求其建筑形式和布局与建筑地点的周围环境相协调，形式体现丰富的内涵，布局要与环境和谐。

在设计毛主席纪念堂时，不少人主张借鉴苏联列宁墓和美国林肯纪念堂的宝贵经验，彻底跳出陵墓的概念，摆脱悲哀阴森的老调，打破封建帝王陵墓的固有规制。

1976年10月，杨廷宝（中间站立发言者）参加全国建筑专家讨论毛主席纪念堂设计会

当时，“四人帮”刚被粉碎，全国还处于思想禁锢时期，“文革”中所遗留下来的“左”的思想尚未得到完全清理，各种大规模的建筑创作还来不及取得实质性的进展。在此情况下，应邀来京的著名建筑师们，都铆足了劲儿，纷纷开动脑筋，出主意、想办法，献计献策，决心创作出一座伟大的建筑物以缅怀这位历史伟人。

来自南京工学院的齐康参加了设计竞标，杨廷宝认为他的设计方案很不错，让他继续参加第二轮的设计。设计稿规定使用铅笔作图，但齐康认为钢笔更富于表现的张力，于是就申请用钢笔作图，他的申请得到了组委会的同意。

齐康的身体一向不是很好，为了尽快完成设计稿，他不分昼夜地连轴转，杨廷宝看在眼中，疼在心里。齐康十八岁进入南京工学院，跟自己学习，二十多年来，埋头苦干，默默耕耘，成为南京工学院建筑系的教学骨干和自己的得力助手。他打心眼里为这个勤奋能干的学生感到欣慰，在他眼里，齐康就像是自己的孩子一样。

夜已很深了，杨廷宝看到这个年轻人还伏在案上任劳任怨地工作，设计稿已经画得差不多了，就对他说：“你先去睡一会吧，剩下的我帮你处理！”齐康实在太累了，放下笔，倒在床上便呼呼地睡着了。

第二天早晨，齐康醒来一看，桌上图纸的配景已全部画好，而且连其中的细节也全都重新处理过了。齐康深知，杨师做事向来一步一个脚印，向着目标不慌不忙地迈进，对于开夜车特别反感，认为开夜车有损健康，平时很少加班加点，但是，这次为了帮助自己竟然熬了一整夜。一个年近八十高龄的老人，为了帮学生完成设计方案，破了多年的惯例，开了一宵的夜车，看着满头白发的杨师若无其事的样子，他感动得不知说什么才好，眼睛一下子湿润了起来。[24]

当年曾参加过毛主席纪念堂设计的建筑学家、后来成为中国工程院院士的张锦秋女士，深有感触地说：

> 我真正接触杨老是在参加毛主席纪念堂设计方案时，那是1976年9月（应为10月——编者）。见到他，我总觉得他是位大师。大师，我想象中总是很严肃，很难接近。可是在二次方案设计中，我感到这位有名望的人非常平易近人，我和杨老不是差一代，而是差两代。他是学术上的师长，而我们是晚辈，和他的接近像见到老爷爷一样。当时我和其他老总在一起总感到有点怯生，之后在方案设计过程中，我们总向他请教，他总是那么诚恳，那么耐心，看我们的图，提意见，很实事求是。每次请他看方案。他总是先肯定你对的地方，也指出不足之处。[25]

在年轻人眼里，这位建筑界的大师如此谦逊、平易近人，就如同身边的一位长辈，是自己的良师益友。

在毛主席纪念堂的第二次设计方案讨论会上，杨廷宝曾建议在纪念堂的南、北入口柱廊的台座之前，再各加上一个月台，但这一建议终审时未被采纳。

关于纪念堂的建筑形式和规格，当年担任纪念堂工程设计小组领导成员的沈勃，在《参加毛主席纪念堂建设回忆》一文中回忆："当时大家衷心怀念毛主席对中国人民的伟大贡献，认为只有宏大的建筑才能体现毛主席的伟大和崇高。有的建筑方案几乎把天安门广场南半部全部占满了，有的方案建筑面积达十几万平方米。在所有专家当中，只有南京工学院杨廷宝教授提出的方案，是50米见方二层高的建筑。杨廷宝教授冷静地考虑了天安门广场的整体环境，考虑到纪念堂应该是天安门广场的有机组成部分，建筑规模合理，才能突出纪念堂的光辉形象，使它千秋万代闪耀着光芒。杨教授所做的方案，给予我们以很大的启示。"最后，沈勃在众多专家学者意见的基础上，勾画出了纪念堂实施方案草图，并由北

京市建筑设计院方伯义建筑师画出了正式方案。“这个方案是65米见方的平面，后来经大家进一步研究修改，增加了警卫和管理用房等，平面增大为72米见方。经谷牧同志请示叶剑英、华国锋同志，纪念堂工程实施方案就这样确定下来。接着，下一步的设计工作和挖槽工作也就开始了。”[26]

经过多次修改，确定之后的毛主席纪念堂建筑方案为：建筑形式呈正方形，八开间，重檐屋顶，两层红色花岗岩石台基，绕以汉白玉栏杆，廊柱为正方形抹小角，总高度为33.6米，长宽各105.5米。

这一高度是经过严格视线分析而确定的。规划设计专家首先考虑到的是，站在天安门城楼上或金水桥畔正视纪念堂时，避免在纪念堂的正面重叠着一个正阳门城楼大屋顶的剪影；从广场其他方向和角度瞻仰纪念堂，要高低相宜；同时不能过高，超过纪念碑。这就要求纪念堂高度恰如其分，最后经过分析，确定为33.6米。

毛主席纪念堂这一宏伟建筑，平面布局平整，造型简洁，由于它位于天安门广场中轴线上，是对称的中心，首先给人以稳重平衡的感觉，产生出和谐统一的美学效应，具有强烈的中心感和庄严肃穆的艺术效果；其次是方便群众瞻仰，路线通畅简捷；再次是南北入口各建有三樘大门，甬道是中轴线标志，中轴线直贯诸柱廊，取其开朗、挺拔、有力而与广场原有建筑相配合，也有利于抗震。

纪念堂从1976年11月24日奠基到1977年5月24日竣工，只用了半年时间。纪念堂占地面积57 200平方米，总建筑面积33 867平方米。这一宏伟的纪念工程，基本上满足了当时的政治需要及功能要求。

此前，杨廷宝还参加过北京图书馆设计方案的评定工作。北京图书馆是国家级图书馆，当时藏书近150万册，正向藏书300万册的规模发展。周总理指示说“不能大国小馆”，提出要建14万平方米以上的规模，选址在紫竹院北侧的白石桥高梁河畔。

1975年，杨廷宝在北京图书馆扩建会议上

任务下达后，北京方面请

了五院（北京市建筑设计院、国家建委北京设计院、建筑研究院、西北建筑设计院和广东省建筑设计院）、五校（清华大学、天津大学、哈尔滨工业大学、南京工学院和同济大学）的专家，共同商议设计与建设事宜。

1975年秋，有关单位在日坛路一号召开会议，请出10个单位参赛的专业建筑师，在宾馆礼堂摆上各自设计的方案参加评选。对于此次会议，张镈在《我的建筑创作道路》中写道："杨廷宝这次也来了，是属于南工的。他认为国家图书馆必须有传统建筑艺术的风格和气派，不能只讲功能不讲形式。在学校建筑系作方案时，他提出这个观点，被系党总支和工农兵学员否定，并加以批判，认为是因循守旧。……这次竞赛已是第三轮了，基本上以洋式为主。宋养初很不以为然，向大家宣告说，民族形式的概念还不清楚，但是还应该向这个方面去努力探索。他特别向杨廷宝说，你看怎么样？你有什么想法？杨师拿出一张32开的信纸，上面画着一个高低错落、互相对应的鸟瞰总平面说，我原来有这样一种想法，但是校方和群众都不接受，所以罢了。宋主任看到这个草案，如获至宝说，请南工来的同志帮你画出来，画清楚，好不好？又说，三天后会议。会后，南工同志们鉴于系党总支已否定在前，不少青年又拒绝于后，不敢伸手帮忙作画。杨师不仅自己动手绘图，还主动找院模型组，做了宾主、高低的石膏模型块块，想从图面到三度空间做个检验。"[27]

对杨廷宝参加国家图书馆设计方案的审定之事，张镈先生在《怀念授业恩师杨廷宝》一文中再次回忆：

1975年7、8、9月正是江青（原文中"江青"加了引号，后面的"谣言"没加引号，据当时的政治形势和引号的正确用法，改之——编辑）追查"谣言"的当口，臭老九正是臭到顶的时期，基层来人不敢从命。杨先生以七十四五的高龄，就在日坛路一号的会场和招待所里，戴起花镜，趴在板上，一笔一划一丝不苟地画出图来。我商得院领导同意，领宋主任之命做了塑料切块模型。这个模型主次分明、高低错落、舒展有势，传统韵味很足，得到宋（养初）主任的肯定。会后把与会的作品分为三组进行深入的研究。一组是建研院与清华合作。二组以上海方面为主。三组以杨先生为主，由我辅之，再请建研院的戴念慈总、清华的吴良镛教授和广东省院的黄远强总等成立五人小组，共同研究带有一定民族形式的方案探讨。宋主任结论说："这个尝试可能成

功也可能失败，可能会创新也可能再复旧。但在创作我国重点建筑时不能回避在地方民族性上有所发挥、有所创新。”在这次会上宋主任对老专家的作用作了估计，得罪了一些初露头角的青年学员，也指责个别中青年专家担心这是奇谈怪论的冲刺（疑为“冲击”——编辑）。周荣鑫同志这时还健在，宁、沪的专家、学者去看望这位学会的老理事长，异口同声地认为老知识分子在京接近中央就敢于在知音面前畅所欲言。

建委领导下了令，杨先生就留京开始工作。住在建委招待所，吃在大食堂，一个人在京再过起学生时期的生活。工作在设计所，每人一块板，名义上是五个人，但每日坚持八小时不离画图板的只有杨先生一人。在独立思考和集体讨论当中，每个人都积极表达自己的思想意见。但是总的目标是在杨先生最原始的设想下统一了功能和形式的矛盾。尤其是在1976年1月周总理逝世以后，大家以沉痛的心情要按总理生前对图书馆的眉批和指示竭尽全力。在1976年3月统一了意见之后，杨先生才先回去销假，4月初完成方案、模型送审。王冶秋同志看后说：“我本来对这个竞赛没有信心，看了第三方案后很高兴。”谷牧同志和养初同志首肯了这个尝试。北京市工宣队师傅认为可以。郑天翔同志恢复工作后倾听了汇报表示赞许。这个图纸在我院模型室制作精致模型时，工人师傅赞扬，但部分中青年专家认为保守，个别领导认为太古太旧，说明探索新的艺术形象是相当复杂而艰苦的。经过评选之后，建委领导把这个试作的第三方案推荐成正式向国务院报审的第一方案。现在正式图纸由建研院设计所负责，基本上维持了中选方案的风格。[28]

在政治运动期间，作为一个高级知识分子，杨廷宝的心中十分痛苦，身心遭到了严重的挫伤，有形和无形的压力摧残着这位老建筑师的心灵。但在任何情况下，他都坚持从大局出发，忍辱负重，任劳任怨，从不做任何有损于国家和民族的事情，他也以自己的人格魅力一再赢得人们的尊重。

注释：

[1].《在教学改革中创新的建筑系和无线电系》，载《梅庵史话——东南大学百年》，151页，

闵卓著，东南大学出版社，2000 年。

[2].《汪海粟院长备受爱戴》，载《梅庵史话——东南大学百年》，143 页，闵卓著，东南大学出版社，2000 年。

[3].《1957-1960 年间的“反右”、“大跃进”》，载《梅庵史话——东南大学百年》，184 页，闵卓著，东南大学出版社，2000 年。

[4].《齐康传》，126 页，李伶伶著，江苏人民出版社，2012 年。

[5].《梁思成传》，254-255 页，窦忠如著，百花文艺出版社，2007 年。

[6].《广厦魂》，136 页，刘向东、吴友松著，江苏科学技术出版社，1986 年。

[7][24].《思念》，齐康著，载《杨廷宝先生诞辰一百周年纪念文集》，6 页，中国建筑工业出版社，2001 年。

[8].《一代巨匠　万世师表——纪念杨廷宝教授诞辰 100 周年》，奚树祥著，载《杨廷宝先生诞辰一百周年纪念文集》，73 页，中国建筑工业出版社，2001 年。

[9].《一代宗师——怀念杨廷宝老师》，吴良镛著，载《杨廷宝先生诞辰一百周年纪念文集》，5 页，中国建筑工业出版社，2001 年。

[10].《杨鹤汀先生诗文稿》，载《八十忆往》，28 页，未刊稿。

[11].《杨鹤汀先生诗文稿》，载《八十忆往》，31-32 页，未刊稿。

[12].《杨鹤汀先生诗文稿》，载《八十忆往》，36 页，未刊稿。

[13].《综合医院建筑设计研究》，江德法、陈励先著，载《东南大学建筑系成立七十周年纪念专集》，186 页，中国建筑工业出版社，1997 年。

[14].《忆杨老（四则）》，王伯扬著，载《杨廷宝先生诞辰一百周年纪念文集》，81 页，中国建筑工业出版社，2001 年。

[15].《怀念杨廷宝老师》，戴复东、吴庐生著，载《杨廷宝先生诞辰一百周年纪念文集》，20 页，中国建筑工业出版社，2001 年。

[16][17].《一代宗师——怀念杨廷宝老师》，吴良镛著，载《杨廷宝先生诞辰一百周年纪念文集》，2 页，中国建筑工业出版社，2001 年。

[18].《杨廷宝的建筑学术思想》，齐康著，载《杨廷宝先生诞辰一百周年纪念文集》，8 页，中国建筑工业出版社，2001 年。

[19].《谈写生》，杨廷宝著，载《杨廷宝建筑言论选集》，181 页，学术书刊出版社，1989 年。

[20].《恩师杨廷宝，我心中的一盏指路明灯》，黄康宇著，载《杨廷宝先生诞辰一百周年纪念文集》，45 页，中国建筑工业出版社，2001 年。

[21].《零霖滴露亦如醍醐——纪念杨廷宝先生》，李大夏著，载《杨廷宝先生诞辰一百周年纪念文集》，78 页，中国建筑工业出版社，2001 年。

[22].《杨廷宝的建筑学术思想》，齐康著，载《杨廷宝先生诞辰一百周年纪念文集》，13 页，中国建筑工业出版社，2001 年。

[23].《杨廷宝的建筑学术思想》，齐康著，载《杨廷宝先生诞辰一百周年纪念文集》，10 页，中国建筑工业出版社，2001 年。

[25].《张锦秋谈话录》，齐康、杨永生记述，载《建筑师》第 72 期。

[26].《参加毛主席纪念堂建设回忆》，沈勃著，转引自《天安门往事追踪报告》，曹宏、李月兰编，中央文献出版社，2010 年。
[27].《我的建筑创作道路》，张镈著，中国建筑工业出版社，1994 年。
[28].《无限怀念授业恩师杨廷宝先生》，张镈著，《光明网》，http://www.gmw.cn/content/2005-01/31/content_164392.htm。

第九章　夕阳青山

1. 重新上马

1978年12月18日至22日，中国共产党第十一届中央委员会第三次全体会议在北京举行。会议从根本上冲破了长期“左”倾错误的严重束缚，端正了党的指导思想，重新确立马克思主义的思想路线、政治路线和组织路线，做出了把党和国家的工作重点转移到社会主义现代化建设上来和实行改革开放的战略决策。

中共十一届三中全会的精神像阳光一样照亮了杨廷宝的心坎。

1979年，教育部批准南京工学院成立“建筑研究所”，年近八旬的杨廷宝担任所长，杨廷宝戏称自己这次是“重新上马”。他再次焕发青春，以百倍的热情投入到他所挚爱的事业当中。

建筑研究所成立这天，会议就要开始了，杨廷宝突然说：“请将会议稍作推迟，等一会。”原来，童寯教授还没到，他马上让人去请童寯，直到老朋友出来了，他才对大家说：“这是我们的家。”他还让童寯和齐康一同担任研究所的副所长。[1]在他“招贤纳才、谦让和睦”的风范带动下，所里的老、中、青三代研究人员精诚团结，和睦相处，为科学研究打下了坚实的基础。

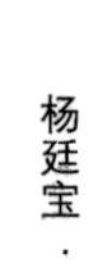

众心齐，泰山移。在杨廷宝教授的领导下，南京工学院建筑研究所硕果累累。刘怡、黎志涛在《中国当代杰出的建筑师、建筑教育家——杨廷宝》一书中写道：“仅他在建筑研究所工作的短短二年多里，建筑研究所出版学术专著8部，已交稿付印的学术专著10部；在国内专业杂志上发表学术论文55篇，结合科研完成工程43项，锻炼了青年科技人员，培养了一大批专门人才。”[2]1982年9月，教育部正式批准南京工学院建立全国第一个“建筑设计与理论”专业博士点，成为全国第一个建筑学博士点教育培训基地，杨廷宝也以丰富的实践经验、阅历和声望，当仁不让地担任了博士生指导教师的重任。

1982年，杨廷宝（中）与南京工学院建筑研究所教师齐康（左四）、刘叙杰（左三）等教师合影

1979年后，杨廷宝当选为江苏省副省长，同时担任江苏省政协副主席。在他生命的最后几年里，他多次参加国家制定科学规划等会议，还率代表团赴朝鲜考察访问，参加国际学术会议等外事活动。同时，学校里的工作他丝毫没有放松，学校制度建设、研究生培养规划以及建筑研究所的课题规划等会议，他都亲自参加，发表自己的观点与看法。此外，他还和以前一样，奔波在祖国建设一线，亲临现场，指导各项建设。

1979年7月9日18时57分，江苏溧阳一带发生了6级地震，震源深度达12公里，震中烈度为11度。11个公社受到不同程度的震害，死亡41人，重伤654人，轻伤2305人，倒塌房屋44万余间，水库、桥梁等均有不同程度的损坏。面对这一重大灾情，江苏省上上下下都伸出了援助之手。但最紧迫的任务，是尽快帮助灾区人民重建家园，让他们安居乐业。一批建筑师在江苏省政府的组织下随即奔赴灾区，帮助当地政府和人民规划建设住宅。

建筑师们到溧阳后，马上投入工作，很快，一张张棋盘式的新村规划图就设计了出来。照这样的规划设计、施工后落成的新村必定是整齐、划一、漂亮的，但问题是必须将原有的农舍全部推倒，将山坡平整，将水塘填平。而且建筑中大约需要几亿块砖，这些砖原镇江地区所属的几家砖厂要几年时间才能烧制出来。为此，江苏省建委负责同志专门召开了会议，请杨廷宝等专家出主意。

杨廷宝接到任务，不顾年迈，立刻赶到了灾区。但杨廷宝和助手并没有马上到会场，而是直接到灾区的几个村子走了走，看了看，认真地进行了调查研究，广泛地听取了当地群众的意见。

当杨廷宝与助手走到一个山脚下时，看到这里依山傍水，绿树成荫，农舍仍然错落有致地分布在绿树丛中。原来，虽然整个灾区受灾严重，但各村受损程度却并不相同，有的地方受损严重些，有的地方房屋倒塌现象却并不严重，如能针对不同的情况进行重建，那么就能最大限度地保护原有的自然环境。想到这里，杨廷宝转身对助手说：“新村设计为什么不能因地制宜，结合这样美的自然环境呢？为什么要用推土机把它一股脑儿地推光，而不在原有基础上翻建、新建呢？走，到会场去看看。”

杨廷宝带着助手到了会场后，他耐心地听取了来自各方面的发言和意见，认真地研究了挂在墙上的方格子，然后才提出自己的观点，他说：“我不赞成在这样的自然环境中，用丁字尺、三角板打成方格画出来的规划设计图，更不能同意用推土机把城区房屋全部推倒了重建！

“周总理生前对震区重建曾经指示说，‘奋发图强，自力更生，发展生产，重建家园’，这个棋盘格式的方案不符合总理的指示精神。搞规划，要从实际出发，量力而行。我以为，凡破坏不严重的，能恢复的，应该尽量恢复；即使破坏严重的村落，原有的地基也是可以利用的。

“农村居民点的规划，各地地势不一，山区的，丘陵的，平原的，水网的，都有自己各自的特点。而农民的生活习惯也因地而异。自然村是农民祖祖辈辈居住的地方，所以采用什么样的布置方式，要照顾他们世代居住的习惯，要结合不同的自然环境，要多和农民们商量，不然群众不满意，规划的实现有阻力。”

杨廷宝指着墙上的规划图说：“我们为什么不能把整个新村建设得跟传说中的桃花村、杏花村一样美好呢？为什么要把它画得那么整齐，跟罗马人的兵营一样，千篇一律呢？这样整齐的、完全相同的房子，小孩子弄不好会迷路、走错了家门，跑到别人家去了。”

听了杨廷宝的这一席话，大家都禁不住哈哈大笑起来。但设计这个方案的建筑师还是心有不服，方格网也总有它的优点吧？杨廷宝仿佛看出了他们的心思，笑着说：“方格网确是人类建筑史上的一个进步，这是我们搞建筑的人都懂得的道理。但是，随着城市交通状况、住宅类型和聚居方式的不断改变，方格网的建筑形式也在随之改变自己的内容和形式，如果不管条件、环境、地形、地质的变化，不假思索地加以套用，这就变成一种设计处理简单化的表现。如果不问青红皂白，一律用推土机推倒重来，要浪费国家和人民多少财力物力呀！如果全国各地的建筑都统一用丁字尺、三角板画棋盘格，其结果必然是到处都是千篇一律的房子，那还要我们建筑师干什么？这种简单化的作风如不改正，将会给我们的事业带来多么严重的后果啊！”

杨廷宝继续语重心长地说：“建筑规划中的道路、建筑一定要结合地形，宜乎自然，不失原有自然村落的风貌。拖拉机的道路可以略为取直。而村舍之间的小路，要考虑现状、水塘、地形，可曲折自如。水塘是局部地段的积水处，没有必要全填平。能保留一些不好吗？大自然的地形，其形成是有个过程的，它的高差构成天然排水，一经你改造了，就要牵动这一局部的整体。”

杨廷宝掷地有声的一席话，震动了与会者的心。那些棋盘格的设计人员也心悦诚服，最终重新到各村舍勘察地形，征求群众意见，重新设计了地震灾区村落建筑，使灾区建筑呈现出桃花村、杏花村那样仪态万千、百花齐放的新貌。

2. 规划美景

“重新上马”后的杨廷宝在行政、社会和高校等各方面的事务繁忙众多，虽已年近八十，但步履匆匆下又显得信心十足，干劲不减。回首“文革”十年所耽误的工作，他总是不无遗憾地对夫人陈法青说：“我如果再年轻上十年，就可为国家多做一些事。”暮年的杨廷宝志在千里，满怀豪情，并以长者风范使人感佩，催人向上。也许，这就是杨廷宝作为一代建筑大师的人格魅力和榜样力量。

在生命的最后两年，他不顾年老体衰，仍像以前一样到处奔波，先后参加了福建武夷山风景区的规划、南京清凉山崇正书院的规划以及旅游城市杭州的规划等活动，以自己的影响和地位，宣讲城市规划的重要性，强调保护古迹和爱护绿化的责任，积极为各地建设出主意、想办法，以使祖国山河更加美丽！

晚年时的杨廷宝奔波于全国各地指导规划建设工作

当时，在改革开放的春风

吹起来后，不管大城市小城市，不管地理环境如何，到处都在盖高楼大厦，而且越盖越高，没有规划，更没有创新，不少地方还破坏了原有的美丽风景，拆除了很多名胜古迹，建了不少假古董。“天天高论历史建筑古迹的保护，却不时在看到、听到古建、古迹被人为地破坏。”过去是能不能盖楼，现在是随便盖楼。针对一些小城市“以盖高楼而炫耀，费大力，不经济、不适用，也破坏了原有环境”[3]的行为和做法，杨廷宝痛心疾首，不断地提出善意的批评意见。在指导各地的城市整体规划和建设上，他强调必须要加强系统管理，建立行之有效的机制，促进建设与发展。

有一年到北京出差的时候，正值春天，星期天没什么事，齐康建议到玉渊潭公园去写生作画。杨廷宝饶有兴致地讲起他25岁时在玉渊潭写生时的野趣，并说那里当时是多么的宁静，水中长出的大树，倒影很奇丽。两个人一边聊着，一边回忆过去，一边对偶然得来的一点空闲时间充满憧憬，期盼着美丽的景色与难得的宁静，但谁知下了公共汽车，却什么也找不到了，当年的景色已不复存在。齐康带着内疚画了几棵树，杨廷宝异常地沉默，很长一段时间都没有跟齐康说话。最后，看齐康画得差不多了，淡淡地说：“我们回去吧！”[4]

他喜悦地迎接着建筑科技发展的春天，同时也感受到没有规划、乱拆乱建带来的负面效应。他心底里充满着对伟大祖国的热爱，也不免带上深深的焦虑。

因此，在各种会议上，他多次语重心长地发表演讲：“世界上很多国家的城市规划对城市发展和城市管理都起着重要的作用。很多城市都有一个很强的机构来管理城市规划工作，而不是少数几个人想怎么搞就怎么搞。”“城市规划首先要有权威机构，定下几个大框框，不管是谁都得遵守，不管是领导、群众都要遵守，如不遵守，规划就是浪费时间。”“沿街建筑处理不要规划死，对设计人员不要束缚，为什么领导住的房子就有很多挑台，而不准群众建挑台，值得好好讨论，不好硬性规定。”[5]

弟子吴良镛在《一代宗师 —— 怀念杨廷宝老师》一文中写道：“从苏联访问回来后，他对当时苏联建筑设计很少提及，实际上有所保留，但对建筑的整体性及首都莫斯科的气魄，非常赞赏。”1980年10月，杨廷宝以中国建筑学会理事长的身份，带团赴朝鲜平壤进行回访，“回来也赞赏平壤规划的完整和环境绿化的美丽。这些年来他对城市的规划与设计考虑得更多了。记得他有一次和几个人谈起，解放后如果北京城向东郊即向天津方向发展，西郊保存大片田园或林地，

1980年，杨廷宝在建筑学会第五次全国代表大会上作报告

直至西山，既保存了清洁的水系，旧城保护也可以好些”[6]。

在对风景区的开发和建设上，他指出对风景区的青山绿水这些原生态要给予行之有效的合理保护，使自然环境与人工环境协调一致，同步发展，反对胡乱开发和盲目建设。除强调系统管理、搞出特色外，身为建筑师的他却提出“在风景区设置建筑要十分慎重，因为它是大自然的陪衬”的观点，他甚至超前地意识到游客流量控制与服务质量的关系，建议形成与实施旅游管理制度，提出将游人组织起来，定量发售门票以及加强关于制度的宣传等措施。

杨廷宝在谈到现代化与风景区的关系时特别强调要权衡二者得失，认为“环境保护是现代工业发展后引起人们重视的一门科学，现代化的措施带进风景区要加以思索。不能硬搬城市建设那一套，要有区别”[7]。他于20世纪40年代后期设计南京延晖馆，独具匠心地运用屋面水池降温、隔热，反映了他利用自然要素解决建筑问题，减少能耗、保护环境的意识。

1979年秋和1980年冬，杨廷宝在助手齐康等人的陪同下，两次专赴福建武夷山风景区指导规划。第一次进入武夷山区时，他看到沿途风景秀丽，山峦连绵起伏，黄昏下，蓝灰色的群峰，闪亮的江水，急流中的行舟，深褐色的礁石，仿佛一幅幅名家所作的山水画卷。他看到这些，十分欣喜，深深地为美丽的湖光山色而陶醉。齐康也感叹地说：“我们真是在画中游啊！”

听了齐康的话，杨廷宝说：“动听悦耳的音乐，往往只是一瞬间，自然环境却是瞬息万变的幻景，是时间上、空间上我们所画不到的境界，而我们所画到的只是佳景的‘次品’；你看那风景转折，霞光透过迷雾，这一瞬间多么奇妙。大自然是我们学画的好老师，大自然中的民居，是我们进行风景建筑设计的好素材，要受到它们的熏陶。”

杨廷宝因此写下了：“游武夷山，陶醉于大自然之美丽，奇态殊非凡境，悬崖结屋，实系仙居，有感。”并赋诗曰：

桂林山水甲天下，武夷风景胜桂林。

幽涧奇峰行画里，蓬莱何必海中寻。

齐康看了，不解地问老师：“难道武夷山的风景真的就胜过了桂林吗？”

杨廷宝听后，非常感慨地说：“倒并非如此，且两地也没有可比性。我只是觉得，桂林的风景由于工厂的污染，再加上建筑缺乏规划，使景区大为逊色。而杭州的西湖、太原的晋祠等风景名胜，也都付出了昂贵的学费，不知有关领导和规划设计人员能否从中吸取这些教训：我们常常是好心办坏事！武夷山的美景，真像首饰上光耀夺目的宝石，如不掌握风景区建筑规划和设计的特点，真担心不要几年就要重蹈其他风景区的覆辙，给珠宝抹上灰暗的尘土。”

杨廷宝是应福建省政府的邀请，对旅游区规划进行指导的。改革开放后，不少地方开始兴建土木，搞建设、搞开发，可是缺少长远的整体规划，零打碎敲地东搞一处、西搞一处，这一路看下来，他不免感慨良多。

杨廷宝与齐康抵达闽北重镇南平时，当地负责建筑的领导将南平旅社扩建工程的方案拿出来请他们提意见。杨廷宝接过图纸认真地看着，他说：“福建省是我国的主要侨乡之一，随着旅游事业的发展，回国探亲、观光的侨胞和外籍游客必然越来越多。因此，应当根据城市性质、规模、条件、环境，因地制宜地建造不同类型、多种形式的旅社。……高层旅馆固然要，但考虑我国目前条件，最好采用多种手段，通盘规划，以满足旅游事业的发展需要。盖一批低层、少层的旅馆，或者可以修缮一批民

杨廷宝与弟子齐康一起指导学生

居，加以改造，外表是民间式样，内部可以设置必要的设备，甚至可以在近风景区的地段，就地取材，因地制宜，建造富有地方特色的旅馆。”他对于不少城市将外国设计杂志中的“摩登建筑”一成不变完全照搬照抄到中国非常不满，说：“吸取国外经验，一定要注意国情。尽可能采用有地方特点的建筑材料，丰富室内外的建筑装修。泉州的石雕刻、福州的脱胎漆以及竹木工艺，都可以作为装饰手段，加以发展利用。福州新建机场会客室里的竹器家具，就很有特色。这些民族风格、地方色彩对久居海外的侨胞，还能引起怀念故乡的感情。”

第二天早饭后，杨廷宝又捧起南平旅社扩建方案细细推敲，发现方案中要锯掉一棵老榕树。主管的同志轻描淡写地说：“这种树，在我们这儿多得很，不算什么！”杨廷宝触景生情，想起和平宾馆里留下的五棵古树，想起南京五台山体育场建造时被设计人员轻轻一笔抹掉的一片松林，感叹道：“人有不幸，树也有不幸，这株树要是长在上海，就成了宝。下次我再来这里，要是能见到这株树，我要好好庆贺；如看不到，那可要深感惋惜了。树木，特别是一些古老、名贵、姿态优美的大树，不是一年两载能长成的。设计人员要爱惜它，充分利用，有机地组合到建筑中去。”南平建筑部门的几位同志听了杨老的话，非常感动，受到启发，最后留下了大榕树，作为旅社风光的点缀。

杨廷宝的水彩画——《武夷山一景》

在武夷山风景区，年届八十高龄的杨廷宝拄着拐杖，一步步登上大王峰，还拿出画笔，将一峰独耸的大王峰画在了他的速记本上。游云窝时，他看到陡峭的山壁前有几座亭子，一座新铺了琉璃瓦，刷上红绿漆，杨廷宝笑着说：“游人到这儿来，要看的是真山真水，而不是城市公园的那一套。”另一座是新建的竹亭，他又说：“这种就地取材的做法可打100分。”当地陪同的同志问他：“我们想在水边修个食堂、茶室，边上再修个水榭，您以为如何？”杨廷宝答道：“风景区设置建筑要十分慎重，因为它是大自然的陪衬，如果功能上没有十分必要，尽量不要把服务设施引到景区中来。建了大食堂，就会污染水面。在没有把握的情况下，可以建造一些临时性或半临时性的建筑。现在建造的竹亭、茶室不是很好嘛！不要一上来就用钢筋混凝土造亭子、廊桥，漆上大红大绿，盖上琉璃瓦，这样既费钱，又取不到好的效果，叫‘事倍功半’。”

坐着竹筏沿九曲溪而下，山狭水转，忽而水平似镜，忽而急流湍湍，丹崖凝紫，碧水泛烟。有同志建议把竹筏改作汽艇。杨廷宝十分反感：“那叫煞风景。游客到此就是要坐竹筏，缓缓前行，可以仔细观赏天游峰、仙掌峰、大藏峰、小藏峰，还有那明丽动人的玉女峰，以及那巍然耸立的悬崖峭壁……”

至水帘洞，路口正在炸山石筑路，杨廷宝惊叹地说：“炸山填谷，结果陡峻的山岩、幽雅的峡谷都破坏了。必要的道路是要修的，十分必要的情况下，可以规划单行线，适当的地段设交会点。想当初，山势挺拔，曲折迂回，景色定然比现在美丽。”

在武夷山景区的入口，听说一座480米长的大桥将要建起来，大饭店、高级宾馆将建在迷人的九曲桥边，杨廷宝忍不住摇头说：“这未来的大桥可以和大王峰媲美了，大王峰会不会变成小王峰呢？人们来到武夷山，主要是欣赏、游览大自然的风光，如把旅馆、疗养院、商店等都搬来，不但会损害景观，还会污染水面，那还有什么意思呢？风景区的建筑既是游览线上的观赏风景的停留点，其本身应该又是被观赏的风景点。”

在回程的途中，沿途错落散布着许多民居。闽南和崇安武夷山附近的民居都有浓郁的地方色彩，它简朴、活泼，与自然环境很协调。杨廷宝很欣赏这些地方匠人的创作，他认为风景区的建筑，要多采用一些民居的手法，通过创作也会产生一种独特风格。设计人员要从民居的优秀部分中取其精华、弃其糟粕。风景区的建筑要结合实地环境、地形、地貌来进行设计。

杨廷宝为武夷山附近民居的那凌空欲飞的屋檐、活泼自然的造型而打动，回到南京后，决定设计一条具有民族风格和地方特色的古色古香的“武夷一条街”，进而，又和南京工学院建筑研究所的研究人员讨论、酝酿，提出了宜低不宜高，宜散不宜集中，要有乡土特色等因地制宜规划武夷山景区的“十条建议”。这些建议后来都被福建省有关部门所采纳。

1983年，也就是杨廷宝去世后的翌年，他的学生齐康等人完成了武夷山庄的设计工作，这项按照杨廷宝生前的指导思想设计的作品荣获1984年度国家设计一

等奖、建设部优秀工程设计一等奖和福建省优秀工程一等奖等奖项，并成为国家开发名胜风景的一个经典之作。李伶伶在《齐康传》中写道：

> 20年后，齐康和当初一起设计武夷山庄的同事们又去了一次福建，再次站在武夷山庄面前，他百感交集。虽然时隔那么多年，他仍然感觉当初他们设计无论从比例，从色彩，从风格，从材料等方面，都比较朴实而接近民风，很自然，很亲切，也应了那句话："像是从环境中'长'出来的一样。"[8]

3. 心系山河

1980年5月，中国建筑学会在山东泰安召开第四届理事会第四次常务理事扩大会议。会议结束之前，泰安地区邀请与会建筑师讨论泰山游览区规划。参加讨论的有杨廷宝、戴念慈、张开济、张镈、金瓯卜等20多位建筑界的翘楚。在这次会议上，泰安当地的负责同志说，他们已从国外定购了全套索道设备，准备在中天门到玉皇顶之间建一条索道，这样只需十几分钟便可到达山顶，大大地降低游客爬山的负担。对此，杨廷宝十分焦虑，自古道，"爬泰山"，泰山是要爬的，不攀登，那还有什么意义？泰山的主要风景点诸如岱宗坊、王母池、一天门、孔子登临处、虫二、斗母宫、卧龙槐、经石峪、回马岭、峰回路转、中天门、斩云剑、云步桥、云桥飞瀑、五松亭、望人松、万丈碑、对松山、十八盘、升仙坊、南天门、月观峰、碧霞祠，等等，都在盘山道两侧，只有爬泰山，才能一一领略这些景点的风光。现在，盘山公路修了，还要搞空中索道、缆车，大自然的本来面目破坏殆尽。但泰山管理局的负责同志又说，索道设备业已定购了，不修仿佛也不可能了。可是要修，又破坏了景观。对此，杨廷宝提出了自己的看法：我并不是一概都反对修索道，问题是泰山要不要修，如何选线？他一边指着窗外，一边说：你们看，这条线路，正好经过泰山的主要景区十八盘，就好像在人的面部划了一刀，多煞风景啊！

经与会同志的再三讨论和实地踏勘，泰安当地的负责同志最后终于同意了修改线路：决定避开十八盘这个正面，改由中天门通往南天门左侧的月观峰，将划在脸上的一刀，改在了后脑勺。

对于这次在泰安召开的泰山风景规划会议，时任中国建筑学会副秘书长并主持会议的曾坚先生，后来在《修索道是泰山现代化的象征吗？》一文中回忆道：

那天泰安地区的领导兴冲冲地夹着方案图纸来到会场，本以为这些全国闻名的建筑专家会首肯他们的泰山"现代化规划方案"，并且还会加以赞赏。对专家们这些突如其来的与原来期望完全相反的意见，领导们感到茫然，甚至表情上还有些发呆，只是支支吾吾地说什么这件事地委已经决定，省上领导也已点头，而且设备已经订货，估计不大可能作太大的变动，等等。

这时，除了杨廷宝（在耐心地向他们解释大家的意见）和我（时任学会副秘书长，且这次讨论会由我主持）之外，全部专家都已陆续溜出会议室。有一位专家临走时还说：

"泰山不仅是泰安人民的泰山，也不仅是山东人民的泰山，而是全国人民的泰山。"

这次讨论会，就这样不欢而散。

事情的发展，还不止于此。过了些日子，泰安地区领导人还向国务院副总理谷牧诉苦，表示难听从专家意见，希望谷牧支持支持他们对原方案不作修改。但是，他们又一次未料到，谷牧说："对专家意见要尊重，连我都要倾听专家们的意见，难道你们可以不听？！你们应该根据他们的意见再做方案，再把他们请来审查。"

当年8月7日，国家建委、山东省人民政府邀请40名专家教授，再次讨论泰山缆车建设方案。专家们依然坚持索道建在山后。最后，业主采纳了专家们的意见。一场关于缆车索道是不是泰山现代化象征的争论就此划上了一个句号。[9]

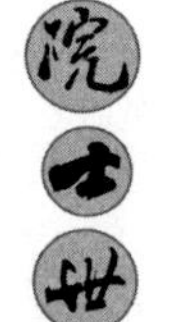

刚从泰安回到南京，杨廷宝听说南京城西的清凉山要重新进行规划，并要重修崇正书院。得知这一消息，他马上来了兴致，第二天一早，就拉着弟子齐康和建筑研究所的其他几位研究人员直奔清凉山。

春天的早晨，乍暖还寒，空气中还透着些微的凉意，山路盘旋，蜿蜒曲折。这两年，出于对古建筑的爱护，杨廷宝对修葺、重建古建筑产生了浓厚的兴趣，一片痴情地跑这儿、跑那儿。老伴陈法青见他一大把年纪了还跑个不停，心中老大不忍，于是就劝他："你年纪大了，不要一厢情愿地到处瞎指挥。"

杨廷宝说："你不想想，'文革'中不知毁坏了多少文物，毁了多少的古

建？十年哪，每年三百六十五天，每天二十四小时，破坏的文物、古建数也数不清，趁我还能走得动，还能看得到，能恢复一座就是一座。只可惜我老了，没多少日子喽，所以就更得抓紧时间哪！”

清凉山风景区大门（苏克勤摄）

清凉山公园位于南京城西汉中门西北、石头城公园东侧。山不甚高，海拔仅65米。公元前333年，楚威王在清凉山上筑起了金陵邑，南京自此得名金陵。孙权在此建立石头城，作为江防要塞，故此又有“石头城”之称。据史记载，五代十国时期的南唐以前，长江从清凉山的西麓断层下流过，这里地势险要，一向被视为军事重镇。清凉山周边环绕外秦淮河、乌龙潭、蛇山、龟山、五台山，山水交融、闹中取静，自然景观得天独厚，名胜古迹随处可寻，有“驻马坡”“南唐古井”“清凉寺”“崇正书院”及“扫叶楼”等。半山腰上的“德庆堂”，其匾额还为南唐的后主李煜亲笔所题，每到夏天，李后主常带着大周后、小周后留宿于此。寺僧将内藏的董羽画龙旧作、李后主的八分书和李霄远的草书，合称为该寺的“三绝”。该寺中还有一处古井，据说凿于南唐的保大年间，故名“保大泉”。相传，寺僧因饮此井水，虽老而须发不白，故又名“还阳泉”。清凉山的南麓，还有明末清初著名的爱国诗人、画家龚贤所筑的 “半亩园”。清凉山的后坡，还留有三国时期著名政治家、军事家诸葛亮所遗的“武侯驻马坡”。相传，诸葛亮当年为联吴抗曹，曾亲赴京口与孙权会谈，他在途经秣陵之时，曾作短暂逗留，骑马纵观了秣陵城的山川形势，并留下了“钟阜龙蟠，石城虎踞，真帝王之宅”的名言。

杨廷宝和弟子们沿着石梯拾级而上，只见这里林木苍翠，凉意拂面，沿途游人不多，静谧而又清凉。他爬到山顶后，仔仔细细地观察地形，又在崇正书院的残垣断壁上转了几圈，心里便已经有了想法。

纵观清凉山的地势地貌后，杨廷宝提出：崇正书院应依山就势，随坡高下，正门开在南端，使建筑成轴对称等。是年10月11日，在“清凉山设计座谈会”上，杨廷宝又谈了自己的观点，并且同意多数人的主张：要把园林布局和建筑设计结合起来，设置假山、屏风、亭台等，巧妙融合空间与景点；书院不一定完全按南唐时期的建筑恢复，可以在古建筑的基础上创新和发展；古建筑不宜过大，也不宜过于讲究等。但对于清凉寺两层的设计，他有不同意见，原设计两层，上层作为文物古迹陈列室，下层开设茶社，汲寺中“还阳泉”水煮茶，过往游客可以在此喝茶聊天。杨廷宝摇摇头说：“我觉得不太妥当，上有古迹墨宝，乃高雅所在；下面宾朋满座，人声鼎沸，是世俗之地，二者不大协调。我以为，取还阳泉水煮茶的创意很好，但茶社不宜在大殿之内，可否大殿只建一层，略向南移，而在西南之处，另建一长廊式茶社。”大家听后觉得有理，点头称是。杨廷宝补充说：“清凉寺最好不用琉璃瓦，因其价高而不突出，可用青瓦，更与环境协调；古井亭可以用钢筋混凝土，而不用砖木结构；亭子造型要古朴；等等。”

会议一直开到中午，热情的主人要请大家到山下的酒店进午餐，以示谢意。杨廷宝建议，听说“扫叶楼”的素面颇为有名，中午不妨就一人来上一碗素面吧。主人觉得太过于简单，担心怠慢了贵客，但杨廷宝却坚持这样快捷高效又有特色的午餐形式。

不一会，面端了上来，素爱面食的杨廷宝一边吃，一边直夸：“好面，好面哪，多少年没有吃过这样的味道了！”

在杨廷宝的精心指导下，南京工学院建筑研究所的杨德安、赖聚奎等人很快就拿出了方案。在此后的施工中，他一直予以关注和指导。崇正书院重建竣工后，杨廷宝又亲自登上山，仔仔细细地检查了建设的情况。他特别提出，在大雄宝殿外靠石阶的墙面上，要镶嵌上两块条石，花钱不多，又能与石阶上平整的条石相呼应。

之后，杨廷宝又兜了个圈，转到大殿外面的花墙之下，眯起眼睛，从花格窗里向外张望，正好看到书院内的几个游人的腿和脚，他指出：“这是外高内低的缘故，有碍观瞻，最好能再改进一下。”公园管理人员建议：不妨在墙外种植花木以作遮蔽。他点头称好，并称这是个很好的补救措施。一路走一路说，杨德安、赖聚奎等几位学生连连点头，觉得杨先生真是太细心了，连一砖一石都不会放过。

即将离开清凉山时，杨廷宝还应公园负责人的一再要求，为书院题写了“清凉胜境”四个刚劲有力的大字。之后，他的题字镌刻在崇正书院二道院内正中的石壁之上。如今，再去清凉山公园，拾级而上，最先见到的就是龚贤的故居“扫叶楼”；公园东大门北侧山坡的大青石上，嵌着著名国画大师刘海粟所书的“驻马坡”三个苍劲的大字。扫叶楼东侧，掩映在绿树丛中的就是依山而建的崇正书院，这座书院规模宏大，布局严谨，古朴庄重的厅堂，高低参差的回廊，飞檐翘角，典雅幽静，是全山的佳境。

龚贤故居“扫叶楼”（苏克勤摄）

4. 老骥伏枥

“文革”结束后，考虑到杨廷宝年事已高，而且包括刘敦桢、梁思成在内的不少老一代建筑师在“文革”中由于种种原因离开了人世，很多杂志社、出版社都想抢救一些珍贵的建筑资料，他们不约而同地向杨廷宝约稿，希望这位老建筑学家、老教授能为他们写一些稿件，把自己数十年来的建筑、教学等各方面的经验传授给年青的一代。

杨廷宝常说，“我自幼记忆力不佳”“我是个没有本事的人”，类似这样的话，几乎成了他的口头禅，谦逊之态，感人至深。他非常低调，加上严谨治学的态度和谦虚谨慎的品格，平时习惯于默默无闻地做事，很少主动进行自我宣传。他说：“我很羡慕刘敦桢先生和童寯先生会写书，可惜自己只会搞设计，书写不好。”所以对于外面的约稿，他向来都是婉言谢绝。对于自己的作品，他也并不是很在意保存。虽然他有一流的水彩画技巧，在绘画上功底深厚，又勤于动笔创作，作品甚丰，但一直没有个人的专著出版。

《杨廷宝谈建筑》书影

此时，杨廷宝的弟子齐康因身体原因，要求不再担任学校的行政工作，只担任杨廷宝的秘书，杨廷宝答应了齐康。在杨廷宝生命的最后几年，齐康一直伴随在他的身边。后来，齐康听从中国建筑工业出版社总编辑杨永生的建议，从老师嘴里“挤”出宝来，将他的话随时随地记录下来，尤其是与杨廷宝一同出差时，想方设法让老师畅谈，把学问和经验“挤”出来，在杨廷宝给学生和各地人士讲座时，他也一字不漏地记了下来，走到哪里，他都拿出笔，做好记录，回来后再整理成文字。后来，齐康将杨廷宝的口述整理出来，以《杨廷宝谈建筑》为题在《建筑师》丛刊上陆续发表。1991年，中国建筑工业出版社又专门出版了单行本。

为了给后人留下更多的财富，中国建筑工业出版社拟对杨廷宝的画作进行整理并出版一本《杨廷宝水彩画选》。素来不事张扬、低调做人的杨廷宝拒绝了，总编辑杨永生约不到稿，就想出了几个妙招，其中之一是借画，把杨廷宝的水彩画全部借到北京。他在访问杨廷宝时，对他的水彩画再三表示倾慕之情，希望能借到北京去观赏学习。杨廷宝不好意思拒绝晚辈的这种请求，于是就答应把画借出去。杨永生趁杨廷宝在北京时，把这些画都挂在了国家建委的地下室里，名义上是供同仁观赏品评，实际上是搞了一个杨廷宝水彩画展，他特地请来了北京建筑界、美术界的名家参观评议，意在大造声势。这些专家的高度评价，加上杨永生的力劝，才终于使杨廷宝松了口，同意出版一册画选。但对画的选择，他则全权交给了出版社，由出版社做主。当时，选画的著名画家邵宇在看了这些画后，不无感叹地说：“没有想到在建筑界

杨廷宝的水彩画——《北京故宫钦安殿（局部）》

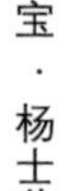

还有这么一位优秀杰出的画家！”[10]

杨永生在《为谁着想？》一文中回忆道：

当年，在我们向杨老提出要出版他的画选，并请他自选的要求后，杨老慢条斯理地说：按我的意思，这两本画册（作者注：系指《杨廷宝水彩画选》和《杨廷宝素描选》）都不必出版，纸张那么缺乏，别浪费纸张了。如果你们一定要出版，我也管不着，让齐康他们和你们一起去选吧！

后来，付印前，杨老从南京写信给杨俊社长提出：要为读者着想，特别是为没有收入的大学生着想，画册不一定用好纸，也不必搞精装，不要弄得很豪华。

就这么几句话充分体现出杨老高尚的道德品格。他首先想到的不是自己，而是广大读者。他想到的，不是怎样把自己毕生所画的作品如何印成豪华的版本来宣扬自己，而是把自己的作品贡献给青年建筑师，特别是大学生。[11]

《杨廷宝建筑设计作品选》书影

从杨永生的回忆中，我们不难看出杨廷宝先生为了祖国的文化教育事业，为了祖国的建筑事业，甘心情愿作为一介“孺子牛”的崇高风范。后来，中国建筑工业出版社又陆续出版了《杨廷宝素描选》《杨廷宝建筑设计作品选》等专辑，为美术界和建筑界留下了一笔丰厚的宝贵财富。

1981年，南京工学院准备为杨廷宝拍摄一部电视纪录片。起初，杨廷宝听说要为自己拍一部电视，执意不肯。后来，经各方领导和建筑界的同志再三解释：拍摄这部电视片，不仅仅只是为了他个人，而是为了给中国的现代建筑史作一个小小的总结。杨廷宝这才勉强应允。

自1927年起，杨廷宝指导、设计、修缮了数以百计的建筑作品：北京的天安门广场、人民英雄纪念碑、毛主席纪念堂，这是十亿人民景仰的地方；天坛、国子监、雍和宫、白塔寺、罗汉堂等古建，是中华民族灿烂文化的结晶；和平宾馆、王府井百货大楼，是对新中国的献礼；著名的清华大学、南京大学、东北大学、四川大学，是年轻学子向往的高等学府；中山陵音乐台、紫金山天文台、中央体育场，是南京的地标建筑。南京长江大桥、雨花台烈士陵园、淮海战役烈士纪念塔，他曾参与、主持设计或修改设计。拍摄者从北到南，从西到东，被这些伫立在祖国大地上的颗颗明珠所震撼！杨廷宝则看着这些拍摄者带回的镜头，仿佛再次走过自己半个多世纪的人生。那些飞扬的青春，那些曾经的岁月，已经成为发黄的老照片，与这些镜头成为鲜明的对比。

为了更好地配合拍片，给后人留下更多、更珍贵的建筑史料，杨廷宝也跟着摄制组走了不少的路。一部电视纪录片拍摄下来，他初观之后，虽然比较满意，但也不无感慨地说："我真的老了！"

晚年，杨廷宝一直在外面奔波，副省长的工作使他必须面对一大堆的行政事务，参加会议、接待外宾、颁发奖状、视察工作，等等。繁重的行政工作让他感到劳累而又困苦。事实上，他更愿意与学生们在一起，调查研究做设计和工程，做他们的老师，督促他们学习外语，指导他们画图，但除此以外，他还有那么多事要做，他常常感到力不从心、不堪重负。而且，有那么多事是他看不懂，看不惯的，有的时候，他觉得自己很幼稚，离现实那么遥远，远到不懂得眼前的社会。由于他德高望重，有人甚至假借他的名义在校外发表各种意见，做一些他不知道的事，他得知后，非常气愤地跑到南京工学院党委办公室，请他们制止这样的行为。

有一次，杨廷宝从外地出差回来，齐康刚把他送到家门口，他突然拿出了一盒绿豆糕，问："齐康，这盒绿豆糕，人家给我的，要不要上交？"他厌恶地方官员的大吃大喝，厌恶请客送礼，弄虚作假，可又逃不开，甚至不能按照自己的想法去做自己的事情。[12] 齐康在《思念》一文中曾回忆说，杨廷宝在最后一次从合肥归宁的火车上，突然问自己："过去历代王朝，总是因腐败而告终，为什么后来的王朝还要走这条路？"杨廷宝热爱养育他的祖国和事业，实在不愿意看到心爱的祖国被一些蛀虫蛀成千疮百孔。[13]

晚年的杨廷宝，从不倚老卖老，仍一如既往地严格要求自己，还像以前一样做人，像以前一样做事。有一次，杨廷宝与齐康一同赴上海出差，下榻于锦江饭店。原安排他们师徒两人各住一个套间，但杨廷宝觉得这样太过浪费，就让齐康去找领导，给他们师徒换成一个双人间，他和齐康同住一间，节省一点房价。[14]

他八十高龄了，却仍按时上下班，除了公务远出用车外，总是以步代车，说这样可以锻炼身体。单位派车来接他时，他也总是会问清楚驾驶员的姓名，下车时一定会说一句："谢谢你，辛苦了！"还有，他不论到了哪里，总是平和待人，与人为善，关心当地百姓的生活，这种厚道的为人让身边的人备受感动。

东南大学奚树祥教授回忆了一个小故事：有一次，同济大学的徐吉浣教授带着一批学子到南京来实习，想要借一个相机，到南京工学院奚树祥教授家借。因为当时照相机是个稀罕物件，奚家没有；奚教授就陪同他们到杨老师家去试试。杨廷宝在得知来意以后，立即返身取出相机，借给了素不相识的同济师生，并教他们如何使用。同济大学的师生们非常感动，觉得一个副省长和一代建筑大师，位高权重，声望卓著，却没有一点架子！[15]

在八十岁这一年，医生给杨廷宝做了全面的身体检查，发现他患有眼底出血、高血压、肾脏动脉硬化等病症。他在住院治疗了一段时间后，就急不可待地出院了。夫人陈法青埋怨他，但他却说："你看我这个样子，不是蛮好的吗？我感觉自己没什么，挺好的，还能工作好多年呢！"年龄越大，杨廷宝越觉得时间太少了，他要做的事还有太多太多。躺在医院里，他满脑子想的都是他的工作、他的学生，还有很多等着他做的事情，他一想就住不下去了，急着要出院。

杨廷宝从十几岁开始就养成了锻炼的习惯，不论在家或出差外地，晴天就到室外，下雨就在室内，每天一定坚持锻炼，经常打拳、舞剑。平时开会，他也会利用休息的间隙，因地制宜地活动活动。几十年的绘图工作，使他摸索到一些职业上保持健康的习惯，他喜欢站在图桌前画图，便于不时地走动走动。工作几个钟头过后，他总是注意抬起头来，向窗外远处眺望片刻，借以调节视力，不至于使眼睛因过度使用而疲劳。他还经常劝陈植他们要多锻炼身体，而且要持之以恒。所以长期以来，他都以为自己身体很好。

在出院后一年多的时间中，杨廷宝如以前一样常常外出到各地调研、讨论、参加风景区或城市规划指导工作，不辞辛劳地奔波在祖国的各个角落。做自己喜欢的工作，无论多忙，他总是精神矍铄，步履稳健。

1980年夏天，杨廷宝结束在北京主持的由巴基斯坦阿尔汗发起的居住建筑评奖会议之后，紧接着马不停蹄地赶到古都西安，之后又沿着丝绸之路一路西行，途中冒着火热干燥的天气，到新疆乌鲁木齐、吐鲁番、喀什和甘肃敦煌等地考察。回来以后，尽管人疲惫不堪，但心里却感到收获不小。

事实上，杨廷宝的身体已经每况愈下，无论到了哪里，出门之前陈法青都要给他准备上一个装着各种药片的百宝囊。一路上，他需要靠药物来支撑体力和精力，但他仍未打算稍微减轻一点工作量，或者长时间地休息。

陈法青见他不顾这么一大把年纪，还把自己当成年轻人，马不停蹄地在外奔波，十分心疼，只好对齐康说："齐康，杨老八十多岁了，不能再出差了。要出差，出了问题可得要你负责啊！"齐康深知自己肩上责任重大，所以每当有人或有单位邀请杨廷宝时，他总是尽可能不去麻烦、打扰他老人家，但杨廷宝知道内情以后，却总是吭哧吭哧地跑到建筑研究所，找齐康商量这商量那。末了，他着重对齐康说："齐康，我还想趁现在能走时多走几步！"可是，杨廷宝登上建筑研究所的三楼已经感到非常吃力。

1979年，杨廷宝设计了他作为建筑师生涯的最后一个作品——雨花台红领巾广场，这是用江苏省700万红领巾儿童每人捐献一分劳动所得的钱建造起来的。昔日的雨花台，是国民党反动派杀害革命者和进步人士的刑场。从1927年到1937年，数以万计的革命者和进步分子在这里惨遭屠杀，烈士的鲜血染红了这片土地。共青团江苏省委、南京市委的领导手捧着孩子们这片沉甸甸的心意，决心请一位最好的建筑师，设计孩子们最满意的广场。当他们找到杨廷宝时，杨廷宝因为眼底出血，在江苏工人医院治疗了一个多月，刚刚出院不久。医生嘱咐他一定要多休息，不要劳累，不能多用脑。可他一听来人介绍的情况，二话没说，"我一生设计了很多建筑，还没有专门为小朋友设计过呢，这个设计我一定参加。"

紧接着，上级部门决定在此建筑南京雨花台烈士陵园纪念碑和南京雨花台烈

雨花台烈士陵园纪念馆南立面图

士纪念馆，江苏省党、政领导又邀请杨廷宝主持对整个陵园的全面规划和纪念馆的设计工作。1981年4月下旬，江苏省和南京市决定通过中国建筑学会，邀请若干评委到南京参加雨花台烈士陵园纪念碑设计方案评选工作。杨廷宝怀着对革命先烈的无限崇敬，对广大设计人员的信任，在与评委商量之后决定采取公开竞选的办法。为了不遗漏一个方案，他要求将几百个方案共展于一堂。展览大厅里，五光十色的各种方案令人目不暇接。

评选期间，杨廷宝主持和参加了江苏省科协大会和江苏省的其他重要活动。但他再忙再累都坚持参加评选工作。他不顾家人劝阻，放弃休息时间，千方百计地挤出空暇，独自一人到挂图厅去补课，一个方案接一个方案，认认真真地观看，不遗漏任何一个。他严肃认真的态度给人们留下了极其深刻的印象。评审中，他尊重谭垣教授对“纪念性建筑”的评述，并请谭垣讲课、讲观点；他鼓励评委们独立思考、各抒己见，尤其是要尊重作者意见，以便更科学更客观地选出中奖方案。评审从个别研究到集体交锋，从各抒己见到个别打分，终于选出了最佳的方案，达到了预期效果。

是年12月23日，作为我国大百科全书建筑学分编的主要负责人，杨廷宝应邀前往江苏镇江参加会议。根据原订计划，大百科全书建筑学分编学科共分为规划、建筑学和园林绿化三大部分，而建筑学项目的会议原定戴念慈主持的，但因戴念慈出国缺席而由杨廷宝代劳。会上，杨廷宝分别参加了三个分组的讨论，由于连续作战，他已精力不支，但他还是始终如一、善始善终地完成了主持任务，促进了这项工作的进展。

1982年，杨廷宝已是虚龄82岁的老人了。这年2月，春节刚过，乍暖还寒，杨廷宝就前往徐州去参加该市的总体规划技术鉴定会。会议之前，他与三四十位中青年专家一道，走街串巷，爬山下湖，几乎走遍了徐州的主要街道。会议期间，他还根据自己调研的实际情况，对徐州市拟建热电厂的选址一事提出了可行性建议，被该市采纳。

4月初，徐州会议刚过，杨廷宝又接到了河南省、湖北省等省、市的邀请，于是就携夫人陈法青继续上路。他存了一点小小的私心，准备借回乡参加南阳城市规划讨论会和学术报告会之机，与夫人一起再看看久别的故乡。他与陈法青在途经郑州时，在郑州工作的小弟廷寘见大哥年纪大，走路已颇为不便，有些放心不下，私下与大嫂商量，决定与大哥、大嫂同行，途上也好照料一下大哥、大

杨廷宝（左三）夫妇在郑州与弟弟一家合影

嫂。

这次回故乡南阳前后共十一天，其中十天半时间杨廷宝在为南阳的城建工作忙碌着，仅抽出了半天时间在老家四周看了看。

在这次城市规划研讨会上，杨廷宝对南阳古建筑的修葺、自然环境保护以及市政建设等各方面都提出了宝贵的建议，他还先后四次到医圣祠等工地进行现场考察，从而推动了南阳城东古建筑医圣祠扩建工作的进展。分别近40年的故乡南阳，这些年发生了天翻地覆的变化，从一个仅有5万来人的小城发展到近30万人的新兴城市，城区也扩大了几倍，这使杨廷宝非常高兴。他满怀深情地写下了《故乡南阳的今昔与展望》一文，以一个归来游子的所见所闻，饱含深情地写道："离开南阳37年啦！现在回来看到城市大变样，几乎认不出来啦！唐朝诗人贺知章有几句诗：'少小离家老大回，乡音无改鬓毛衰。儿童相见不相识，笑问客从何处来。'的确几十年后又有机会能见到少小时代的家乡环境，心情格外激动。……短短几天印象加回忆，南阳已经不是幼年的印象了，发展很快，变化很大，这都是和解放后中央政府和同志们的努力工作分不开的，带来了工农业繁荣和城市面貌的改观……一个人少小离家老大回，就是感想很多，不像同志们天天在这里工作的情况。将近四十年在外，回来看到南阳的景况，改变得这么快，多么令人高兴又兴奋。"[16]

但是，当他"看到许多古建筑年久失修甚至毁坏殆尽，看到从前清澈见底的白河变成污臭不堪的黑河，当他听老百姓反映自来水常常供不应求时，又顿时紧锁双眉，陷入了深思。"后来，陈法青在《重返故里》一文中回忆了当时丈夫回乡的情景：

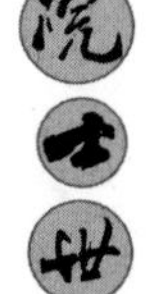

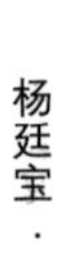

他是作为一位建筑师来为故乡的建筑规划设计添砖加瓦的。谁也没有料到，这竟是他最后一次重返故里。到了住地。刚刚放下行装，廷宝就急不可待了，“看市容去”，说罢，就兴冲冲地往门外奔。他在南阳的十一天中，十足地工作了十天半，每天都在八小时左右。……在城市规划会上，在两次学术会上，他对古建筑修葺、自然环境的保护，以及市政建设各个方面，都提出许多意见。廷宝从来不是光发议论的人，他看准了就要干，实干才是他最大的乐趣。在故乡停留的短暂日子里，他对古建筑医圣祠的扩建提出了宝贵的建议。……此后，廷宝四次上工地，经过实地勘查，缜密思考，提出诸如汉阙不能靠门，就在6米开外处才有宏大的气魄；单层圆形碑亭应改为双层六角形；祠堂两侧的廊沿石刻，除介绍仲景事迹外，能否把中华民族历代名医的头像都雕刻陈列出来。这样，纪念意义就更大了。另外，对大门围墙等建筑物细部装饰、色彩用料一一陈述自己的意见。只用两支烟工夫，碑亭的修改图和三皇殿的平面草图，就勾勒出来了。好清秀端庄的造型，准确的比例尺度，当一百多位中外医学专家来此开会时，修葺一新的医圣祠胜利竣工了。日本医学代表团的一位团长赞叹地说：“这一座建筑真是气度不凡。”[17]

1982年5月初，杨廷宝应中共湖北省委第一书记陈丕显之邀，对该省的建设规划进行指导。离开南阳，杨廷宝下襄阳，上武当，又东返到武汉，行程2000里，奔波一月余。在襄阳，杨廷宝想到母亲米氏祖居在此，与陈法青一同前往米芾故居瞻仰并合影留念。

1982年5月，杨廷宝（右三）、陈法青在襄阳米公祠与米氏后代(右二）和胡松华（右一）留影

5月底，杨廷宝应邀参加武当山风景区规划研讨会。开会时，他联系路途中的观感见闻，以及其他名山大川的规划建设，娓娓而谈，从武当山的宏观规划到微观实施细则，洋洋洒

洒，一口气阐述了十二条意见，并郑重其事地撰写了《武当山的建设与古建筑保护》一文，他提出的十二条建议如下：

一、要有一个坚强的组织管理机构实行统一管理；

二、在名胜古迹、风景游览处不要修疗养、休养所等高大的现代化建筑；

三、交通问题，下边一段公路（元和观至老君堂）要改善；

四、要修建几个水库，解决食用水问题；

五、控制旅客的人数，上山要有预约；

六、要保持好和保存好明初的建筑风貌；

七、重点修缮几个地方，如玄岳门、遇真宫、磨针井、太子坡、南岩、龙头香、金殿、紫霄宫等；

八、迁移民居；

九、山上种茶和绿化的矛盾要解决；

十、加强对地方的教育，包括初中等学校的学生、社员群众和职工等的教育；

十一、修整好古神道，先修外乌鸦岭至金殿一段，再修下一段；

十二、文物保护要有专门机构，还要从事研究工作。[18]

陈法青在《忆廷宝》一文中讲："湖北省委第一书记陈丕显同志听取规划建设意见时，关心地说：'杨老，你千万要保重身体。"廷宝充满信心地说：'现在还能走，就再走几步吧。'短短一句话，道出了他对伟大祖国大海一样的深情。"[19]

从河南、湖北回到南京后，杨廷宝又于6月1日参加了南京雨花台红领巾广场纪念碑的揭幕仪式。从武昌返回南京时，杨廷宝已明显地感到自己心力衰竭，饭后经常会长时间酣睡，可他仍然没有停下前进的脚步。

7月，杨廷宝和弟子齐康等人奔赴上海，视察上海园林局与南京工学院共同设计的南翔古猗园。本来，此行齐康不准备通知杨先生，将上海园林局发来的请柬藏了起来，但杨廷宝在齐康办公室发现了请柬后执意要去。当上海市园林局局长和总工程师看到老人从火车上走下来时，感到分外的惊奇和激动。杨廷宝年事已高，身体不佳，又值盛夏暑热，大家都担心他身体吃不消，但他却仍兴致勃勃地前往古猗园、秋霞圃、淀山湖，以及同济大学设计的松江方塔园等园林参观、品评。行程中，他还为秋霞圃题写了“静观自得”的额匾，之后又跑了上海近郊的一些地方，接待了建筑界的来访者，帮助审图，或帮助答疑，直至大家都满意归去，他才歇下。

晚年的杨廷宝先生

人的精力毕竟是有限的。有好几次，杨廷宝在看图纸期间打起了瞌睡，但他没有因精力不济而停下来，工作也没有因此中止和耽误。活到老，做到老，学到老，杨廷宝一直坚持着，行进在建筑设计的大大小小的工地上，这就是他的工作作风。

1982年9月，从沪回宁不久，杨廷宝感到自己的体力明显不支，他本该去开封师范学院参加校庆活动的，可谁知身体一下子出现了异常情况——毛细管充血，双脚出现了疹状红斑。得知这一情况，组织上劝他立刻休息，医生也让他停止工作。夫人陈法青更是忧心忡忡，整天都在他耳旁嘀咕，不让他上班和外出。不去上班，他的生活还有乐趣吗？“你哪里知道，我的事情多着呢，还有好几个规划要做，有课题要指导，还有一堆的图要看……”“叫我不上班，在家休息，我不干！”“我是一级教授，每月不能白拿国家三百多元的工资！”离开工作，对于杨廷宝来说，也就失去了生命的价值和意义。于是，他执拗地、步履蹒跚地坚持去建筑研究所上班，虽然登三层楼梯他要歇几次。工作就是他的生命，他离不开工作。

9月16日，杨廷宝感到浑身乏力，走路时连脚都迈不动，不得不歇了下来。当天夜里，他起来上卫生间时，一下子跌倒在地板上，陈法青闻声赶来，将丈夫搀扶到了床上。直到这时，倔强的杨廷宝才不得不相信自然法则，万分感叹地说：“看来，我是真的病了。实在不行了！”他被送进了江苏省工人医院。

听说杨廷宝住进了医院，因癌症复发而正在南京军区总医院进行手术的童寯，马上打发刚从北京赶回南京的长子童诗白，要他连夜到工人医院照顾杨老，他担心杨老的子女都不在身边，陈法青一个人照顾不过来。

第二天清晨，杨廷宝一觉醒来，当他看到病榻前一夜未眠的童诗白时，动情地说：“你爸爸怎么样了？你怎么不在他身边，跑来照顾我了？”

62岁的童诗白，故作轻松地宽慰他说：“我爸这几天好多了，他让我过来看看你，等士莪兄弟他们从外地赶回南京后，我再回去。”杨廷宝听后，眼睛一下子就湿润起来。近六十年的真挚友情，一切都在不言之中。当初戏称他做的面是“杨廷宝面”的童寯夫人关蔚然，早在多年前就已驾鹤西去。童老现在也是体弱多病，这两年又检查出了癌症，杨廷宝自己平时忙，没办法照顾老友，只好让几个研究生多陪在童老身边，不想现在反过来让童寯牵挂。童老的病这么重，却把儿子打发到这里来照顾自己，这怎能不让他感动呢！

杨廷宝挣扎着从病床上坐起来，激动地握着童诗白的手：“到底是老朋友啊，老朋友！”

10月的一天，刚从医院回家养病的童寯，体质极弱，连走路都走不稳，却不顾亲朋好友的再三劝阻，硬是让家人扶着他到工人医院探望。

在工人医院的病房里，童寯和杨廷宝这两位相交相知数十年的老友见面了，两双瘦弱的手紧紧地握在一起。看到老朋友有病在身，还执意要到医院探望自己，杨廷宝心有不忍，含着泪对童寯说：“你现在都病成这样，还要来看我，叫孩子们来就行了！”

童寯满怀感慨：“老兄弟，见一次少一次，咱们可见不了几面了！”

两位老朋友在医院里谈了许多，医生催了好几次，童寯才依依不舍地向杨廷宝告别。此次相见也是杨廷宝、童寯这两位中国现代建筑大师的最后一次见面。

进入12月，杨廷宝的身体一天不如一天，白天黑夜都在沉沉的昏睡之中，常常发出喃喃的呓语：“风景区规划要抓紧……古建筑快保护……”夫人陈法青，还有从各地赶回来的女儿、儿子、孙子、外孙等，以及弟子齐康和南京工学院的其他师生，看到这些，都忍不住落下了眼泪。

然而，病魔无情。在中国现代建筑事业默默耕耘了近六十年的杨廷宝，生命已到了弥留之际。临终之前，他躺在病床上，还念念不忘祖国的统一大业，一字一句地给身边的亲人们背诵南宋大诗人陆游的诗句：

死去元知万事空，但悲不见九州同；

王师北定中原日，家祭无忘告乃翁。

1980年，杨廷宝一家在家中合影

陆游是杨廷宝最喜爱的诗人之一，这首诗也是他最喜爱的诗篇之一。这位为了中国的建筑事业操劳了一生的老人断断续续地喃喃吟诵着，郑重地嘱托身旁的孙儿、孙女们："要热爱祖国！"

1982年12月23日16时45分，杨廷宝静静地离开了人世，离开了他的亲人们，离开了他一生挚爱的建筑事业和教学讲台。

5. 风范永存

杨廷宝先生去世的消息不胫而走，他的亲戚朋友、门生弟子、同事故旧，还有熟知他的领导和各界的朋友们，无不为之感到痛惜和怀念。

1982年12月29日下午，江苏省副省长、江苏省政协第四届副主席、第五届全国人大代表、中国科学院学部委员、国际建筑师协会原副主席、中国建筑学会理事长、南京工学院副院长杨廷宝先生的追悼会在南京市石子岗殡仪馆礼堂举行，江苏省和南京市党政负责同志和各界代表，都从四面八方赶到这里，沉痛悼念这位名扬中外的建筑大师和建筑教育家。杨廷宝生前的朋友、同事和学生们，都想来再见他最后一面，但限于殡仪馆的场地，南京工学院只能派出一部分代表，建筑系和建筑研究所只分得了50个名额。前来送别的人们臂缠黑纱，泪水汪汪，悄然饮泣，都在回忆与杨廷宝生前接触、生活和学习的点点滴滴……

在杨廷宝的追悼会上，时任江苏省代省长的韩培信，代表党和政府致了悼词。悼词对杨廷宝的一生做了高度的评价：

> 杨廷宝教授精通古今中外的建筑学，在建筑理论上有很高的造诣，是我国近代建筑设计科学的重要创始人之一，在创造具有我国特色的建筑风格上做出了卓越贡献，在我国近代建筑史上占有重要地位。五十多年来，他完成了一百多项各种类型的建筑工程设计，劳动成果遍布北京、沈阳、天津、上海、重庆、成都、南京、福建等城乡各地。他曾主持编写《综合医院》等建筑设计书籍。他的水彩画选、素描画集已经出版，建筑设计作品集等著作也即将出版……他在设计工作中，主张博采各家之长，兼容并蓄，勇于创新，注重因地制宜，强调符合国情，讲究实用、经济与美观大方，他的设计具有稳健、凝练、庄重的风格。
>
> 作为建筑教育家，杨廷宝同志从四十年代初以来，为培养新一代的建筑师而孜孜不倦地从事教学工作。他重视因材施教，注重设计方法和基本功训练，反对生搬硬套，培养学生有广博的知识和严谨、踏实的学风，经常教导学生努力学习，善于学习，“处处留心皆学问”就是他的名言。四十余年来，他为我国培养了大批建筑人才，其中许多人已是著名的学者、教授、建筑师。近年来，他又亲自培养指导研究生，始终不辞辛苦地坚持在教学工作岗位上，为我国建筑教育事业鞠躬尽瘁，竭尽最大努力，在建筑界和教育界享有崇高的威望。
>
> 杨廷宝同志热爱党，热爱祖国，热爱社会主义……热情参加党所领导的各项政治活动和社会活动。高度依赖党，真诚拥护党的领导。他曾十七次率领代表团或代表我国出席国际学术会议及进行考察活动，在国际建筑界享有很高的声望。在这些国际交往活动中，为维护国家尊严与荣誉，发展与各国人民之间的友谊，开展学术交流，做了大量的工作，做出了重要贡献。……[20]

杨廷宝逝世时，童寯刚因病重而转院到北京肿瘤医院治疗。他在得知杨先生去世的噩耗后，饱含着热泪亲写唁函，一语未尽，泪水已模糊了字迹，但他仍硬撑着虚弱的身体，坚持写完。1983年1月15日，病榻上的童寯又写下了《一代哲人今已矣，更于何处觅知音——怀念杨廷宝》的悼念文章，借以纪念这位相交了数十年的知心老友，表达对杨廷宝的敬重、推崇与思念之情。在这篇文章中。童寯先生沉痛地写道：

> 我和杨廷宝两次同学：先在北京清华，后又在美国费城。
>
> 1925 年我在清华学校毕业，决定到美国进大学攻读建筑专业。那时听说毕业同学在美学习建筑的有杨廷宝（1921 年去美），我就给他写信询问专业情况与入学须知，他回了信，作为我们订交之始。
>
> 我到费城入宾夕法尼亚大学艺术学院建筑系后，除常见杨廷宝之外，还和学建筑的清华同学梁思成、陈植往来，并和梁同寝室。陈、梁两人都认杨为畏友并视杨为师。杨当时已以优异成绩由大学毕业，在费城克芮（Paul Philippe Cret，宾夕法尼亚大学建筑系教授）建筑事务所工作，并深受克芮古典主义影响。
>
> 1926 年杨和赵深结伴经由欧洲回国，在天津暂停，立即被关颂声留下作为基泰工程司成员，负责建筑设计任务。这是杨加入基泰的开端，直到全国解放为止。
>
> 基泰业务由天津发展到南京、上海，从 1934 年起，杨因业务关系常到上海，一住便是几个月。上海建筑师熟人很多，但我和他作为两个北方人过从最密。……抗战时期，杨和我先后都到重庆，也时常见面，又在兼管建筑事务所以外，先后同在沙坪坝中央大学建筑系教课。抗战胜利后他一度是系主任。这样我们两人开始同时同地工作，直到他逝世为止。
>
> 杨廷宝不特有独到的设计才能，业务上廉洁公正，一丝不苟，为人更是品德高尚、文质彬彬的君子。作为我的知心朋友之一，他的下世对我尤其是进入桑榆晚景的老境，打击是难以用语言形容的。[21]

老先生的话不幸一语成谶，两个月后的3月28日，童寯终因病情恶化不治而在南京军区总医院溘然长逝。中国现代“建坛四杰”中的最后一位巨星也陨落了。中国现代建筑史上的第一代精英、四位彪炳史册的建筑大师，他们以精湛的技艺和崇高的道德风范，为中国现代建筑发展史谱写了一曲美丽而又动人的华

位于东南大学老图书馆前的杨廷宝雕塑（苏克勤摄）

章。

杨廷宝走了，熟知他的人无不为之扼腕悲叹，东南大学建筑系的师生们更是为痛失良师而肝肠寸断。他们深深地知道，尽管杨老生前曾设计过许多著名的建筑方案，但他从未想过要为自己的将来树碑立传；伫立在祖国大江南北的那些不朽的建筑杰作，每一件都让人们睹物思人，使他们回想起他的循循诱导和谆谆教诲。杨廷宝的精神已经在几代中国建筑师的心中深深地扎下了根，给后来的建筑师以不懈的动力。正如东南大学一位中年教师在悼念杨老文章中所写的这样：

> 当我们成熟起来的时候，您已耗尽自己远行了。我们的一切成就都包含着您和其他师长的生命和心血。现在，我们在走着您的路，将生命和热血，一点一滴地消耗在学生身上。这是最崇高的事业。每当我们走过您设计的每一个建筑物，不仅是感慨、怀念，而且也仿佛又见到您的音容笑貌，感到一种永恒的力量……[22]

陈法青在杨廷宝走后，常常忆及丈夫。她90岁那年春天游梅花山后，回到家

中不顾一天的疲劳，伏在案上写了《忆廷宝》一文。在文章的最后，她深情地写道：

> 廷宝离开了我们。但在我的心中，总感到廷宝是出远门去了，像他往常出差一样。我们日夜想念着，盼望着，等他有一天回来。他的理想，他的精神，留在我们家中每一个孩子心里，形成了一种无穷的力量，激励着他们为祖国多作贡献。廷宝有灵，想来是会高兴地笑了。
>
> 旧年同游梅花山，今日只身赏梅单。
>
> 耿耿丹心存英名，留得广厦千万间。[23]

杨廷宝去世时，他的大女儿杨士英正在美国斯坦福大学学习，没能及时赶回来。等她从美国回来后，就一直陪着母亲陈法青居住在“成贤小筑”。陈法青去世后，杨士英与弟妹们商量，将父亲住了三十余年的“成贤小筑”捐献出来，辟建“杨廷宝纪念馆”，同时作为东南大学校史馆的一部分，将这里打造成一处南京市爱国主义教育基地。

1983年，《杨廷宝建筑设计作品集》由中国建筑工业出版社出版，这是我国历史上第一部为个体建筑师出版的专著。

1991年，东南大学举办了杨廷宝90周年诞辰纪念会。

杨士英（左）与杨士莪和母亲陈法青在东南大学杨廷宝雕像前合影

1997年，东南大学建筑系（即原来的南京工学院建筑系）成立七十周年，来自世界各地的系友欢聚一堂，96岁的陈法青应邀出席。在纪念会举行之前，曾在该系任教的齐康、王建国、潘谷西、刘先觉等专家教授主编并出版了《东南大学建筑系成立七十周年纪念专集》和《杨廷宝建筑论述与作品选集》两书，作为对杨廷宝先生的纪念。

2001年10月，杨廷宝百年诞辰之际，为更好地纪念这位中国现代杰出的建筑学家和建筑教育家，中国建筑工业出版社出版了《杨廷宝诞辰一百周年纪念文集》等系列丛书，他的学生、著名建筑学家齐康院士，在《思念》一文中抒写自己对恩师的无限思念与敬仰：“宗师追求的是境界，在建筑上这个境界不但是功能的、艺术的，还是技术的，但更高的境界就是建筑文化的高山……它是永恒的，永远存在我们的心中。”[24]

杨廷宝先生去世后，他的子女将他安葬在南京城南中华门外花神庙的望江矶公墓，遵照他的遗愿，墓碑上镌刻着“南阳杨廷宝之墓”，表达这位远方游子对故乡的深深怀念。

1992年，由于南京城南进行道路改造，位于雨花台南侧花神庙的望江矶公墓拆迁，杨廷宝的骨骸被迁葬到南京城南三十里牛首山支脉的祖堂山南麓，与南京博物院故院长、我国第一个女考古学家、女博物馆学家曾昭燏先生的墓毗邻，墓的西侧二百米外便是闻名中外的南唐二陵，墓的东边则是有着千余年历史的祖堂古寺。后来，杨廷宝的夫人陈法青女士去世后，与他合葬于此。

今天，杨廷宝所设计的许多建筑作品都已列为近代保护建筑，供人们参观学习，他对中国建筑设计和建筑教育事业所做的开创性贡献也将由他的学生们拓展下去。

一代哲人今已矣。如果说建筑是凝固的音乐，那么在20世纪中国建筑的壮丽交响乐中，杨廷宝的建筑实践和他独树一帜的建筑教育思想，就是其中永不消逝的一个华美乐章。今天，那些依然伫立的建筑，让我们每个人驻步静思，静思杨廷宝的那份务实创新，也静思他那份对中国建筑的苦苦探索。

杨老在清华学校和美国宾夕法尼亚大学时的同学陈植，评价杨廷宝时说：“杨老作为建筑大师、画家、建筑教育家所表现的智力和毅力以及所创造的丰硕成果反映着他的高洁、耿直、勤奋、谦逊的品德。他是我的益友，更是我的良师。”[25]

著名建筑历史与理论学者罗小未曾这样客观评价杨廷宝：“杨老和我国其他几位杰出的第一代建筑师一样，其贡献不在于倡导了什么现成的学派，而在于坚持了严谨的现实主义探索精神，努力在洋为中用、古为今用中探索自己的道路。在这个艰巨的历程中，他们尽可能地认识社会、适应社会和工作任务对他们的要求，尽心创作，并不断地充实自己，力图在不同要求和有限的条件下得到较为圆满的解决。这就是他们的贡献。这种精神将激励着后人前进。”[26]

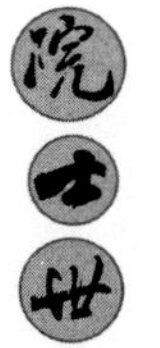

对于杨廷宝在中国建筑事业上的杰出贡献，他的弟子戴念慈院士曾说：“杨老他们这一代建筑师，包括庄俊、罗邦杰、吕彦直，是开辟道路的人，是他们打破了帝国主义国家建筑师在中国的垄断地位。”[27]

杨廷宝的另一位弟子、著名建筑学家戴复东院士说：“我认为我的老师——杨廷宝，他从事建筑设计已整整50年，他代表了老一辈建筑师，代表了一代人……作为建筑界的老前辈来说，杨老是位开荒的人。他们一辈的贡献是不能抹杀的。他们不只是几个人在开荒，而是培养了一批建筑师。杨老他本人参加的建筑设计数量是多的。在教学上他认真负责、踏实。今天我们有那么一批建筑师，都与他们那一辈的成就是分不开的，他们是起了相当的作用。”[28]

杨廷宝虽然已经离开了人世，但他的崇高风范却永远激励着后来者，他生前所精心设计的众多建筑作品还在，他的学生们也将继承他的遗志，为了祖国的建筑事业而奋斗不止。正如《杨廷宝建筑设计作品集·出版者的话》中所说的这样：

建筑家逝世了，而他的作品却永存于世间！

注释：

[1][4].《杨廷宝的建筑学术思想》，齐康著，载《杨廷宝先生诞辰一百周年纪念文集》，12页，中国建筑工业出版社，2001年。

[2].《中国当代杰出的建筑师、建筑教育家——杨廷宝》，54页，刘怡、黎志涛著，中国建筑工业出版社，2006年。

[3][6].《一代宗师——怀念杨廷宝老师》，吴良镛著，载《杨廷宝先生诞辰一百周年纪念文集》，3页，中国建筑工业出版社，2001年。

[5].《在江苏省、市建委座谈会上的讲话》，杨廷宝著，1979年9月，载《城市规划》1979年第5期。

[7].《杨廷宝谈建筑：风景的城市 入画的建筑》，齐康记述，载《建筑师》1980年第1期。

[8].《齐康传》，148页，李伶伶著，江苏人民出版社，2012年。

[9].《修索道是泰山现代化的象征吗？》，曾坚著，《建筑百家回忆录》，75页，杨永生编，中国建筑工业出版社，2000年。

[10].《杨廷宝的建筑学术思想》，齐康著，载《杨廷宝先生诞辰一百周年纪念文集》，9页，

中国建筑工业出版社，2001 年。
[11].《为谁着想？》，杨永生著，载《建筑百家轶事》，55 页，杨永生编，中国建筑工业出版社，2000 年。
[12][14].《杨廷宝的建筑学术思想》，齐康著，载《杨廷宝先生诞辰一百周年纪念文集》，10 页，中国建筑工业出版社，2001 年。
[13][24].《思念》，齐康著，载《杨廷宝先生诞辰一百周年纪念文集》，7 页，中国建筑工业出版社，2001 年。
[15].《一代巨匠，万世师表——纪念杨廷宝教授诞辰 100 周年》，奚树祥著，载《杨廷宝先生诞辰一百周年纪念文集》，74 页，中国建筑工业出版社，2001 年。
[16].《故乡南阳的今昔与展望》，杨廷宝著，载《杨廷宝建筑言论选集》，93 页，学术书刊出版社，1989 年。此文是杨廷宝先生 1982 年 5 月 11 日在河南省南阳市的报告。
[17].《重返故里》，陈法青著，《建筑百家轶事》，23 页，杨永生编，中国建筑工业出版社，2000 年。
[18].《武当山的建设与古建筑保护》，杨廷宝著，载《杨廷宝建筑言论选集》，学术书刊出版社，1989 年。此文是杨廷宝先生 1982 年 5 月在湖北省武当山风景区考察时的讲话。
[19][23].《忆廷宝》，陈法青著，载《广厦魂》，249 页，刘向东、吴友松著，江苏科学技术出版社，1986 年。
[20].《新华日报》，1982 年 12 月 25 日第 1 版。
[21].《一代哲人今已矣，更于何处觅知音——怀念杨廷宝》，童寯著，载《杨廷宝先生诞辰一百周年纪念文集》，1 页，中国建筑工业出版社，2001 年。
[22].《广厦魂》，229 页，刘向东、吴友松著，1986 年。
[25].《陈植谈话录》，齐康、杨永生记述，载《建筑师》第 72 期。
[26].《杨廷宝谈建筑·代序》，罗小未著，见《杨廷宝谈建筑》，6-7 页，齐康记述，中国建筑工业出版社，1991 年。
[27].《戴念慈谈话录》，齐康、杨永生记述，载《建筑师》第 72 期。
[28].《戴复东谈话录》，齐康、杨永生记述，载《建筑师》第 72 期。

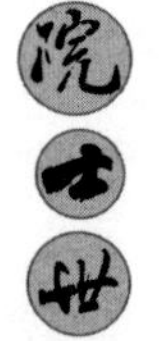

水声先驱——杨士莪

杨士莪是杨廷宝的长子，是我国著名的水声学家。作为中国“水声科学的先驱”和“战略科学家”，他创建了我国第一个理工结合、为国防建设服务的综合性水声工程专业，并培养出了我国第一批水声专业技术骨干；在制定我国水声发展规划、确定水声学科研究方向、指导和促进我国重大水声科研和工程项目中起着“核心作用”。

杨士莪

杨士莪是哈尔滨工程大学教授、博士生导师，由于他为中国水声学科的决策与建设做出了巨大的贡献，于1995年当选为中国工程院院士，现任解放军总装备部科学技术委员会兼职委员、哈尔滨市专家咨询委员会委员、海军装备部海军预研专家组管理科学组成员等职。

在中国，杨士莪率先在国内开展水声定位系统的研制，领导研制并完成了洲际导弹落点测量系统、船载鱼雷轨迹三维测量系统以及一系列具有国际先进水平、用于不同目的的长基线、短基线和超短基线的水声定位系统。作为首席科学家，积极推动并领导完成了中国历次独立大型深海水声综合考察任务，从中获取了大批宝贵的资料，开创了中国独立深海水声考察的先例。作为中国水动力噪声研究的开拓者，他又解决了国际上悬而未决的水洞降噪和测量方法，领导了探雷声呐技术的基础研究，提出了目标识别的新途径等。

1. 菁菁者莪

1931年8月9日，杨士莪出生于天津。

杨士莪出生时，杨廷宝正在天津、北平、南京等地来回奔波忙碌。当时，由基泰事务所承接、杨廷宝主要负责的建筑工程有清华大学规划、北平交通银行、南京中央体育场、南京紫金山天文台、南京中央医院、南京国民政府外交部办公大楼、南京谭延闿墓、中央研究院地质研究所等。作为基泰事务所的首席建筑工程师，杨廷宝正处于建筑设计创作的黄金年代，对于家庭几乎无暇顾及。

陈法青与杨廷宝结婚后，就随着丈夫从北平来到天津，租了几间不大的房子，把北平的家具搬了过来。谁知他们刚把家安下来没过多久，基泰事务所的业务又开始从北方转向南方，到南京、上海等城市发展，基泰事务所总部也随之从天津迁到了南方。由于基泰事务所天津总部的房子空了下来，基泰事务所的几个股东便把家都迁到了总部，杨廷宝和陈法青夫妇跟他们一起也将家迁到了那里。杨士莪就出生于此。

杨家添了长孙，杨鹤汀非常高兴，他以《诗经·小雅》中《菁菁者莪》的篇名，给长孙取名“莪”。“莪”，即“莪蒿”，是一种生在水边的多年生草本植物，其叶似针，开黄绿小花，叶嫩时可食。《毛传》曰：“菁菁者莪，乐育材也。君子能长育人材，则天下喜乐之矣。”由此可见，杨鹤汀对长孙日后成为有用人才的期待心情。

杨鹤汀早年在为其曾祖父辅之公立碑时，曾撰文曰：“士本人中秀，良田贵勤耕，诗书传至训，宏农振家声。”他借此劝勉子孙，并希望子孙们以此为志，弘扬家声。早在长孙女杨士英出生之时，杨鹤汀即将此文抄了一遍送给儿媳陈法青，让她按此给家中的儿孙辈排行，“廷”字辈下面是“士”字辈，“士”字辈下面是“本”字辈，“本”字辈下面是“人”字辈……几个孙女、孙子的名字都是杨鹤汀亲自起的，从杨士英起，名字里都有一个“草”字头：英、華（华）、莪、芹；后来孩子多了，杨家子女就自觉地按着这个约定俗成的习惯，给孩子们

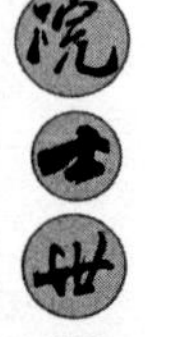

都取名草字头的字：萱、邁（迈）、莊（庄）、菲、葳、萌、莘、萏、苓、茉等。

杨士莪兄弟姐妹几个分别出生于1928年3月（杨士英）、1929年9月（杨士华）、1931年8月（杨士莪）、1932年10月（杨士芹）、1933年10月（杨士萱）。五个孩子连着呱呱坠地，杨士莪的母亲陈法青顾了小的，就顾不了大的，大的只能由保姆带着。

杨士莪一岁多时，二弟士芹出生，母亲将全部精力都放在了士芹身上，杨士莪和姐姐就由保姆带着。有一次，杨士莪看到保姆在吃炸酱面，一时嘴馋，也吵着要吃，保姆不给，他就大哭大闹。保姆拗不过他，只好给他尝尝。谁知，孩子特别喜欢吃，吃了几口还不够，还要再吃，最后竟吃了小半碗，结果吃伤了，当夜就不舒服，恶心、呕吐，没有力气。

隔天，士莪竟然发起了高烧，浑身开始出红色疹子，陈法青带孩子去医院，得知是水痘。等烧退下去后，要一两周才能好。医生叮嘱，因为出水痘，身上奇痒，所以要把孩子的手脚都绑起来，以免孩子挠破水疱，落下疤痕。

孩子小，绑着不舒服，又哭又闹；一旦挣脱，根本没法控制自己，马上乱挠乱抓一气；水疱破了，化脓感染，得了破伤风，这一下可严重了。

晚上，士莪发起了烧，很快越烧越高，保姆用冷毛巾、用冰敷都没有用，赶紧叫陈法青过来。陈法青看到孩子持续高烧，并且全身剧烈痉挛，呼吸困难，心中又急又怕，以为孩子活不成了，吓出了一身冷汗，她扔下士芹，抱着士莪就往医院跑。医生又是急救，又是打针，可是高烧一直不退，孩子几近昏迷。陈法青守在孩子身边，一连三天三夜都未合眼，后来高烧总算退了，士莪又活蹦乱跳起来，她这才松了一口气，但医生说，化脓的水疱要细心照料，不能再让它破了。

因为这次发水痘及后来的破伤风，杨士莪落下了全身的疤。陈法青带他去看西医，吃药、打针，没用，又带他去看中医，药吃下去也没有用，疤痕还不断地发炎、出水，反反复复。陈法青只好给他上上下下裹着纱布带，一直到六七岁，杨士莪还是每天裹着纱布。

陈法青晚年时眼睛一直不是很好，她对士莪说："抚养孩子是件非常辛苦的事，你们不是这个生病就是那个生病，我经常几天几夜合不了眼，现在眼睛看不清东西，就是你们给闹的。"

1932年，杨廷宝接到修缮北平古建筑的任务，考虑到今后几年的工作重心都将在北平，所以杨廷宝与陈法青商量后，又将家搬到了北平。最小的儿子杨士萱就在北平出生。

在北平居住的一段时间，给杨家几个孩子都留下了非常愉快的回忆。那时，杨廷宝的工作主要在北平，不用像以前一样四处奔波，虽然他平时很忙，但孩子们每天总能见到他。在家里，他不是在看书，就是在画画，或者画图。妻子不让孩子们打扰他，但孩子们却总是喜欢踮起脚悄悄跑到他的身边，看他画画，看厌了，就跑来跑去，追追打打。

那时，因为修缮古建，杨廷宝和刘敦桢、梁思成交往非常多，三家经常走动，互相串门。一次，刘敦桢夫妇带着儿子刘叙杰到杨家做客，两家大人在客厅里谈话，孩子们则在一起玩耍，杨士英、杨士华和弟弟杨士莪、杨士芹带着刘叙杰到后面看最小的"小不点"杨士萱。杨士萱那时还不到一岁，仰卧在摇篮里，身上只穿了一件北方典型的兜肚，几个大点的孩子就逗着他玩，玩得非常开心。直到数十年以后，刘叙杰记忆犹新。

很快，孩子们就到了入学的年龄，陈法青把孩子们送到离家不远的一所教会小学——明明小学。这所小学在东单旁的一个小胡同里，1937年，杨士英在这里上三年级，杨士华上二年级，杨士莪上一年级。七七事变发生后，书就念不成了，教员们纷纷离开了学校逃难，学生们也都跟着家长搬的搬，走的走。

杨廷宝在北平修缮古建筑的工作临近尾声时，又将工作重心移到了南京。"七七事变"爆发后，日本侵略者的触角很快伸入到平津地区，杨家历尽艰辛，回到了南阳老家。几个月后，被迫又迁到大山深处的内乡县马山口秦家寨。

到老家以后，杨鹤汀夫妇看到长孙士莪因出水痘而留下的满身疤痕，心痛不已。杨鹤汀一面自己查医书，查找根治药方；一面领着士莪到处找老中医打探，后来听说用艾蒿能治好，老先生就煮艾蒿水给孙子洗澡，并且在孙子住的房间里每天点艾蒿薰香。这样坚持了几个月，这个土方还真把士莪身上的水疱给根治了。

尽管战争迫使孩子们扔下了书本，但陈法青却丝毫不肯放松孩子们的学习。离开北平时，家里能卖的都卖了，不能卖的也都扔了，但孩子们喜爱的童话、小说、历史故事和科普读物，却享受着和杨廷宝的书籍、画作同样珍贵的待遇。在逃难途中，再艰难，行李再重，陈法青都舍不得丢下这些，甚至连孩子们的作业本、生字本都尽可能地带了出来，杨士莪直到80岁时仍然保存着母亲帮他收藏的小学一年级的生字本，也还记得生字本上写着：小猫叫，小狗叫。小猫跑，小狗跳。

从北平带出来的那一大箱重重的书，成为孩子们最宝贵的财富。大的孩子看完了，小的孩子接着看，有时大家还会抢着看。

幼年杨士莪（左一）与祖母、母亲及姐、弟在南阳老家

虽然战乱不安，但杨廷宝和陈法青丝毫不放松孩子们的基础教育。当时内乡乡下十分闭塞，只有旧式的“私塾教育”，因此，陈法青把自己早年在北京女子高等师范学校学习的复式教学法用在孩子们的身上，将孩子们分成不同的年级，照着普通小学的学习科目进行教授。他们制定了严格的作息时间表和课程表，要求孩子们按照时间表和课程表安排一天的功课和活动。杨廷宝和陈法青当“老师”，大点的杨士英和杨士莪当班长，辅导其他几个小点的孩子。孩子们也非常听“老师”和“班长”的话。有一次上课，士芹忽然哭了，一问，原来是尿裤子了。问他为什么不去厕所，他回答说，大哥哥规定几点几分才准尿。在父母一丝不苟的教育下，两年多的逃难生活当中，孩子们不仅没有耽误学习，反而在父母有针对性的“因材施教”下，提前完成了各自的学业，为以后的学习打下了扎实的基础，养成了勤奋好学的习惯。杨士莪完成了小学阶段的大部分课程。

1940年，杨士莪兄弟姐妹随父母来到了战时的陪都重庆。大姐杨士英升入初中，就读于重庆的南开中学。杨士莪读五年级，第二年也升入了南开中学。事实上，由于当地乡绅的重视，重庆地方早在1936年就请天津南开中学的校长张伯苓帮忙，在重庆开办了一所南渝中学，成为天津南开中学的姊妹学校。抗战爆发后，天津的南开中学被迫内迁重庆，张伯苓等人来到重庆后，直接将南渝中学更名为南开中学。

杨士莪在南开中学一上就是五年。从初一开始，一直到高中二年级。他刚进入南开学校时，正巧学校从初中一年级的学生中抽取两个班，组成五年一贯制的实验班，采取不同于普通班的全新教学方式。在此情况下，刚满10岁的杨士莪很幸运地进了实验班。

在实验班，杨士莪年龄最小，虽然聪明，但显得比较贪玩和调皮。平时，他最不爱做的功课就是背单词、背课文，觉得死记硬背没意思，宁可用这些时间去看看课外书籍或做做数学题，或者跟同学们打闹玩耍。结果，英语成绩自然也就给他回应了点颜色：红灯。除了英语课考试不及格外，他还有一门课也不爱上：劳作课。每当上劳作课时，老师都会要求学生做一些手工，杨士莪人小手笨，每次都完不成，这门课最后又给他亮了一个红灯。

当时的南开中学规定，如果三门功课考试不及格，就要被开除出校。读初三时，杨士莪碰巧还有一门功课也未及格，被列在了即将开除的黑名单上。可是他数学特别好，数学教研员唐秀颖觉得这样的孩子被开除出校实在太可惜了，于是就领着他去找校长。唐老师对校长说："这个孩子特别聪明，我不同意开除他！班上他年龄最小，我相信只要他认真学，一定会学好的。南开学校不能动不动就开除学生，对于学生应该全面判断，不能因为一两门功课就全盘否定。"校长一看这孩子的学习成绩除了个别课程外总体还可以，尤其数理化都十分优秀，各方面的综合素质也相当不错，最后也就让他继续留在了南开学校的实验班。

在南开中学，杨士莪最要好的同学是比他年长两岁、跟他一样喜爱数学的周光召。周光召老家在湖南省宁乡县，父亲周凤九曾担任湖南大学教授、湖南省公路总局局长等职。周光召从小受父亲的影响，对揭示大自然的奥秘有着浓厚的兴趣，特别喜欢物理和数学。1942年，周光召进入重庆的南开中学。家庭的熏陶和老师的教育不断开拓着他的视野，养成了他独立思考而又踏实进取的精神。后来，周光召成为世界著名的理论物理、粒子物理学家。因功勋卓著而被任命为中国科学院院长，是中国"两弹一星"功勋奖章的获得者，被誉为"中国科技领军人"，拥有第三世界科学院、美国科学院、苏联科学院、欧洲科学院等多家科学院的院士头衔。

在数学老师唐秀颖先生的影响下，杨士莪特别喜爱数学课，独辟蹊径地解开一个又一个数学难题。但由于受周光召的影响，他对物理学也产生了浓厚的兴趣。1946年初，周光召回老家湖南长沙，准备参加大学升学考试，他在临走之前，动员杨士莪和自己一起去长沙，一起考大学。杨士莪征求父母的意见，陈法青认为杨士莪此时才15岁，考大学年纪太小了，而且她还担心战乱时期孩子独自一人离家到人生地不熟的地方，不知道会发生什么事，就没有同意。

这一年，杨士莪的大姐杨士英也到了考大学的年龄，准备去南京参加大学入学考试。作为对杨士莪补偿，以及锻炼的机会，陈法青让杨士莪陪着姐姐一起去南京。这年春天，两个孩子一同到了南京，杨士英很快考进了金陵女子大学，上了一年后，又转学进了中央大学化学系。

回到南京后，杨士莪插班进了中央大学附属中学。中学没有宿舍，要自己解决住宿问题。正巧，杨廷宝手里有个工程——国民政府交通部大楼正在修缮当中，这里离中央大学附中不远，杨廷宝就安排儿子在工地的活动房住了下来。

1946年9月，陈法青带着另外三个孩子也来到了南京。杨廷宝想办法，在中央大学文昌桥宿舍借到了两间房，每间大约10个平方，陈法青和二女儿杨士华以及二儿子杨士芹就住在这儿，杨廷宝自己则住在基泰建筑事务所。杨士萱到南京后也进入了中央大学附中，所以跟杨士莪一起住在交通部大楼的工地活动房。直到1946年底成贤小筑建好后，一家人这才回到自己的家中团团圆圆地住下来。

然而，杨士莪未住几天，又面临着考学的问题。杨廷宝仍然抱着自己早年学习工科的想法，认为学工科将来能为国家实实在在地做点看得见的事，工作也比较好找，挣钱吃饭都比较容易。于是建议儿子学习土木工程。他还对几个孩子说：家里有条件，就努力供你们都读完大学。大学毕业后，要看你们自己的能耐了，家里不可能管你们一辈子。但杨士莪还是坚持要学物理。这时，他的好友周光召因前一年偏科被一所大学拒之门外后，被录取进了清华大学先修科，杨士莪如果能考进清华大学，两个人还是能够一个班，一起学习，一起玩耍。带着这样的想法，杨士莪对父亲杨廷宝说："我将来毕业了，如果找不到其他工作，混个物理教员，总还能养得活自己的。"杨廷宝见儿子主意已定，也就没再干涉。

1947年秋，杨士莪顺利地考进了清华大学物理系。1948年，杨士华考入北京大学生物系，学习植物保护。1951年，杨廷宝最小的儿子杨士萱也考入了清华大学，他在杨廷宝和梁思成等人的影响下选学建筑，成为几个子女中唯一的同行。

对几个孩子的专业选择，杨廷宝都没有干涉，更没有为其中任何一个人设计，他在中央大学、南京工学院建筑系从教40多年，培养了戴念慈、吴良镛、齐康、钟训正等一批精英，可是他没有强迫自己的孩子学习建筑。杨士英本来想学建筑的，但考分差了几分，最后只好学了化学。杨廷宝也没有去想办法，找关系走后门，他对杨士英说，学化学也不错。后来，杨士英毕业留校当了教师，成为南京大学的教授。杨士萱进入清华大学建筑系，不买父亲的账，有时，会为一些学术问题和父亲发生争论，陈法青就笑说："清华派和老古板吵起来喽！"杨士萱毕业后进入北京市建筑设计研究院工作，后来去了美国，在贝聿铭建筑师事务处从事建筑设计工作。

2. 报国之志

1947年秋，16岁的杨士莪考入清华大学物理系，并如愿以偿地与周光召再次成为同班同学。由于学生可以自由组合选择舍友，两人自然而然地又住进了同一个宿舍。此后，他们两人继中学五年同窗后又开始了大学四年的同窗生活，同进同出，形影不离。

进入大学后，读书是个人的自觉行为，老师会做一定的指导，开一些书单，但具体读什么书，怎么去读，则全由学生个人自己决定。周光召本来对物理学就有浓厚的兴趣，进了大学更是如鱼得水。平时，他对物理科学前沿的各类书籍如饥似渴，图书馆的书他认为不够新，跟不上新的科学发展，可是自己又没那么多钱买书，于是就与杨士莪商量，动员杨士莪把节省下来的生活费和他的放在一起，都用来买书，这样一来，所有的书都只要买一套，合着看就行了。通过这样的方法，杨士莪与周光召一起阅读了大量的物理课外书，为以后的学习以及科研工作打下了坚实的基础，两人的友谊也与日俱增。

1950年6月，朝鲜半岛燃起了内战的战火，9月30日，美国以"联合国军"的名义，越过了北纬38°线，在占领了平壤之后，又企图迅速占领整个朝鲜。同时，美国飞机还多次侵入中国领空，对我国丹东地区狂轰滥炸，造成中国平民数十人死伤，战火燃烧到了中朝边境的鸭绿江边，直接威胁着新中国的安全。在此情况下，朝鲜政府请求中国出兵援助。中国根据朝鲜政府的请求，做出了"抗美援朝，保家卫国"的战略决策，迅速组成了中国人民志愿军赴朝参战。10月25日，志愿军入朝，拉开了伟大的抗美援朝战争的帷幕。

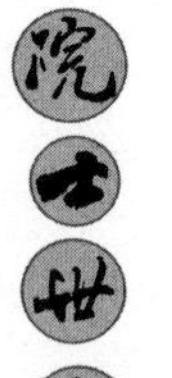

当时，已在清华大学读四年级的杨士莪，正在著名物理学家余瑞璜教授的指导下开始做X光管方面的毕业论文，大四的课程已学得差不多了，除了毕业设计以外，主要是自己看书、学习。当时，杨士莪的同学不少都开始为以后的工作着想，周光召等一批成绩优异的学生则准备着考研究生。

1950年2月，中央军委决定创办新中国第一所海军学校，在周恩来总理的授权下，由张学良的弟弟张学思将军牵头组建，并立即从全国高校中公开招聘教师。当时正在清华大学物理系任教、后来成为中国科学院学部委员的计算机专家慈云桂被选聘到海军学校工作。由于海军学校创设伊始，亟需大批教师，于是海军通过高等教育部到清华大学选调青年教师和高年级学生到海军学校工作。

有一天，杨士莪在参加了全班抗美援朝街头宣传活动后返校，正巧遇到慈云桂老师回系里宣传动员。听完慈老师的动员，杨士莪满腔的热血沸腾了起来。他想：祖国建设需要我们，我还年轻，这正是一个为国家出点力、做点实事的绝好的机会！当时，在朝鲜战场上志愿军战士正为保家卫国而浴血奋战，祖国后方也齐心协力，团结一致，想方设法支援前线。为了拯救抗美援朝负伤战士，俞瑞璜教授也暂时停下手中的研究工作，设计制作了我国第一个永久性医用真空X光管。

作为一个正直爱国的热血青年，在此情况下没有什么好犹豫的，杨士莪当下就决定：立即报名参军，去大连。他只跟好友周光召打了个招呼，甚至未与家里通报一下，就毅然放弃了再有半年就可以拿到的清华大学毕业文凭，报名参了军。是年11月，杨士莪告别了学生时代，告别了清华园，告别了这所著名的培育中国工程师和科学家的摇篮，兴奋地来到了大连中国人民解放军海军部队所属的海军学校一分校。

杨士莪到了海军学校，就算当兵了！他这一“去”，与清华大学的毕业证书也“失之交臂”。

抗美援朝如火如荼的年代，深受战争感染的青年们对保卫祖国以及祖国建设都抱有一腔热情。杨士莪的二弟杨士芹在这一年也放弃了高考，报名参军，加入了空军。

11月底，杨士莪走上了工作岗位，在海军学校物理组担任助教，教的是物理——这正是他在清华大学学的专业。这个没有“毕业证”的“领航员”，面对着蔚蓝色的大海，面对汹涌起伏的波涛，情不自禁地浮想联翩，他暗下决心：培养更多、更优秀的年轻的海军人才，实现报国的梦想。事实上，杨士莪这一年也只有19岁，甚至比他的有些学生年龄还要小。

1952年，为建设强大的现代化国防，经毛泽东主席批准，创办我国第一所综合性高等军事工程技术院校——中国人民解放军军事工程学院。该校因校址设于黑龙江省的哈尔滨，所以后来又简称为“哈军工”。7月11日，中央军委主席毛泽东签发命令，任命刚从朝鲜战场归国的陈赓大将为军事工程学院院长。11月24日，中央军委批准学院请调教授的报告，并向全军下达“为军事工程学院抽调300名助教及1000名学员的指示”。

1953年4月25日，军事工程学院基建工程破土动工；9月1日，军事工程学院举行第一期开学典礼。1955年，经过一年多建设的军事工程学院初具规模，时设五个系和一个预科：一系为空军工程系，二系为炮兵工程系，三系为海军工程系，四系为装甲兵工程系，五系为工兵工程系（1960年又增设防化系）。1959年，中央军委又决定将学院培养目标改为研究、设计、制造方面的军事工程师，实施尖端专业集中，常规专业分散的方针。其后，这所赫赫有名的“哈军工”培养了包括“两弹一星”元勋在内的30多位两院院士、100多位省部级领导、200多位将军、1000多位所（校、厂）长（总工）和10 000多名高级技术骨干，产生了数十项“共和国第一”，为国家建设和国防科技事业做出了卓越的贡献。

军事工程学院创立之初，亟需人才，1953年，杨士莪作为从大连海军学校抽调的人才之一“奉命”北上，来到哈尔滨，在一代名将陈赓的麾下工作。

到军事工程学院报到后，作为一名年轻的教师，杨士莪在哈尔滨的日子是轻松快乐的。当时，抗美援朝战争刚刚取得胜利，军事工程学院大多是从部队下来的年轻人和从全国抽调来的年轻教师，大家都充满了热火朝天的干劲，真心希望早日能把中国建设成一个政治、军事、经济的强国。从部队抽调过来的年轻人还编成了一个助教队，杨士莪被调到助教队的参谋科。后来，他进入海军工程系任教，主要教授海道测量。

当时陈赓将军任军事工程学院的院长兼政委、院党委书记，他为军事工程学院的创建殚精竭虑，每天都在学校里转来转去，看看有什么需要解决。办学需要师资，他就向专家求教，列出教授名单，请周恩来总理批示，想方设法从各地的大学调人；办学不能没有教学科研大楼，为了“建楼”，他经常深入基建工地，与基建办公室的同志一起商谈解决遇到的难题；他还非常重视发挥知识分子的作用，将知识分子称为支撑学院的两根柱子之一（另一根柱子是从部队抽调来的军队干部），在生活上则尽可能地给专家、教授以优厚的待遇；他重视对年轻教师和年轻干部的培养，常找他们促膝谈心，解决他们生活、工作及思想上所遇到的各种问题。当时，很多年轻教师先后结婚，可是夫妻分居，有一些想法，陈赓将军就拿自己当实例，安慰大家说：“我来哈军工，老婆不肯来，我也没办法。

在这儿，我跟你们一样，也是单身。”

有一天，陈赓院长转到了杨士莪的宿舍，他看见杨士莪正在聚精会神地看书，就问他在看什么书，杨士莪说是物理学方面的专业书。陈赓又问杨士莪：“你是哪里人？习不习惯东北的生活？”杨士莪回答说：“河南南阳人，东北挺好。”陈将军高兴地说：“我在河南南阳打过仗，你是哪个县的？”

哈军工首任院长陈赓的铜像

“南阳东关的。”

“噢，我是在南阳的周边郊县打过仗，只是没进过城。”

…………

在军事工程学院还有一件很有意思的事让杨士莪一直记忆犹新：有一天下课后，他夹着书正准备回宿舍时，迎面突然走来一个穿着学员制服的年轻人；杨士莪侧身想让他走过去，谁知这人偏不肯走过去，而是径直走到他的面前，然后站住，带着一脸奇怪的微笑，问杨士莪道：“你还认识我吗？”

杨士莪一下怔住了，只是觉得这人很面熟，但一时却又想不起。他到底是谁呢？是以前的同学，还是自己教过的学生？他绞尽脑汁就是想不起，只得老老实实地回答：“脸熟，不过想不起来。”

谁知年轻人却哈哈大笑起来，一把抱住了他，兴奋地大叫：“大哥，我是二弟呀！”原来这人竟是士芹！

“二弟！你怎么会在这？”杨士莪被弟弟兴奋的笑声感染，也被自己的健忘逗乐了。从1947年离开南京到北京上大学后，杨士莪只是在1949年暑假间回过南京一次，见过士芹、士萱两个弟弟，后来就再没有与家人见过面。工作后，杨士莪因不断地换工作单位，且又在军事院校，与家里的通信本就不多，与两个弟弟更没有写过信。他只知道士芹弟弟也参军当兵去了，其他情况则一无所知，不知道弟弟这些年都在什么地方，做些什么。他做梦也想不到，弟弟会穿着军装出现在哈军工，兄弟俩能在哈军工的校园里见面、相聚，他既感到意外，又开心至极！

原来，杨士芹当兵后，因为出生于天津，就改名为杨津，这次是被部队调到哈军工来学习的。此后，杨士芹在哈军工学习了两年，后被分配到教研室工作了一段时间，之后又被调到北京，后来一直在中国科学院工作。

相聚是短暂的，兄弟见面没过多久，作为年轻的骨干教师，杨士莪的工作又有了新的变动。

20世纪50年代，新中国的海军还非常年轻，需要用先进的科学技术武装得更加强大，国家提出了研究水声科学的计划，这是一门重要的、新兴的国防学科，对海防建设至关重要。但这时中国的水声领域还是一片空白，成立之初的水声设备专业更是一无所有（无人、无物、无教材）。当时，中央军委副主席、国务院副总理兼科学规划委员会主任聂荣臻元帅亲自给中央打报告，由中央总书记邓小平批示后开始筹建水声专业，从教学、科研、生产三个方面设一个摊子。没有人才怎么办？经过周恩来总理批准，从重点高等院校抽调了100名优秀毕业生和即将毕业的在校大学生，分配到中国科学院及相关院校，参加水声学科的研究，通过实践边干边学，这被称为“拔青苗”，这些“青苗”后来也都成为我国水声科研队伍的重要骨干。同时，水声学科被列入1956年制定的《1956—1967年科学技术发展远景规划纲要》，国家决定采取紧急措施，首先派一部分科研人员到苏联去学习，学成回来建立我国自己的水声学，当时决定从海军、科学院、机械工业部、造船局分别抽调一个人去苏联。最后，定下来的名单是：中国科学院的裘莘芳、第一机械工业部的张宝昌、造船局的丁东。海军当时因为没有合适人选，后来让哈军工出一人，杨士莪就是在这种情况下进入了水声科学领域。

1956年秋天，哈军工海军工程系的政委找到正在该系担任海道测量课教学任务的杨士莪，要求他在继续担任本课程教学外，努力学好俄语，准备改行研究水声专业。当时，苏联是世界上水声学专业开展较早、技术较为先进的国家之一。于是，学好俄语去苏联进修就成为杨士莪的当务之急。俗话说隔行如隔山。改行以后，不仅要在新的专业领域一点一滴地学起，还要克服专业语言的障碍以及适应不同文化背景下的异国生活方式。杨士莪从1950年离开清华校园，经过几次改行学习，至此，才算稳定下来，确定了日后无怨无悔为之奋斗终生的水声学专业，并与之结下一世情缘。

1956年，是杨士莪学术上新的起点，也是他生活上一个全新的起点。这一年，他和女友谢爱梅结婚，建立了自己的小家庭。谢爱梅比杨士莪小三岁，1934年出生，父亲谢振文是杨廷宝在基泰建筑事务所的第一个学徒，谢振文后来离开基泰建筑事务所，在上海自己当起了营造商。1947年，杨士莪去上海参加清华大学的入学考试时，经杨廷宝介绍住在谢家，认识了还是中学生的谢爱梅。杨士莪考上清华大学后，两人一直有通信往来。在杨士莪的影响下，谢爱梅也选择了物理作为自己以后的专业方向。1954年秋，谢爱梅考入北京师范大学物理系读书。1956年，两人喜结连理，谢爱梅办了休学手续，因为杨士莪很快去了苏联进修，于是她一个人回到南京成贤小筑，不久生下了大儿子杨本贤。

谢爱梅在南京时，发生了一个小故事。杨廷宝一生最大的爱好是画画，他的水彩画画得非常出色，作为设计师，他还有很多的设计稿，但他随画随丢，从来没有好好地整理过。陈法青是学画的，知道丈夫作品的价值，所以每次都把画收集起来，裱好，归类，最后再精心收藏，她还请铁匠铺的师傅特地打了两只大铁皮箱子，把画藏在箱子里。七七事变爆发后，她想方设法，把两只大铁皮箱子随身带到南阳，存放于乡下。此后，由于战争频仍，一家人颠沛流离，进马山，到重庆，迁南京，画一直放在南阳乡下的老屋内。看到谢爱梅在家闲得无聊，想到处转转，陈法青就让她到老家南阳去玩一趟，借机把杨廷宝早年的两箱子画从老家南阳带到南京。等到谢爱梅带着两个重重的大箱子回到南京时，却发现画带错了，她带回的并不是杨廷宝的画作，而是杨廷宝的弟弟杨廷宾的画！1959年秋，陈法青只好一个人再千里迢迢地回南阳取画。后来，这些画被中国建筑工业出版社整理为《杨廷宝水彩画选》出版。

杨廷宝的水彩画——《南京鼓楼公园西南角》

1957年夏天，杨士莪被抽调到中国科学院沈阳分院去学习俄语。几个月后，他与裘莘芳、张宝昌、丁东一道登上了驶往莫斯科的列车。杨士莪由物理学和海道测量转而学习水声，用杨士莪自己的话“我是半道上插队的”。这次插队、改行，成为他一生中的一次重大转折。从学生到物理教员，又转教海道测量，再到去苏联进修水声，杨士莪的职业角色在一次又一次的国家需要和组织安排中转换。

同一年的春天，正在北京大学物理系担任讲师的周光召，也被国家遴选派往莫斯科郊区的杜布纳联合原子能研究所从事高能物理、粒子物理等方面的基础研究工作，任中级研究员。

1957年10月，杨士莪走进水声专业开展较早、技术较先进的苏联科学院声学研究所，开始了为期两年的水声专业进修学习。所谓进修，就是按照访问者国家所需要的专业和意愿，以及苏联科学院声学研究所的课题安排，完成相关进修课程。

在苏联，杨士莪就像干海绵被投入了水中，以全部精力吸纳着水声学科这一领域的先进技术、知识与信息。这次学习不仅使他学到了国外的先进技术，了解了世界上这一领域的最新成果，更为重要的是使他开阔了眼界，具备了独立从事高科技研究的能力。

在两年的进修中，杨士莪认为自己还有一大收获：学习方法的转变。他说："过去我学某项知识，要去图书馆找一本关于这项知识最完整、最全面的书，完完全全地把它'啃'下来。而现在，我是先找一本讲得比较精练的书，了解知识框架，然后自己研究着往里面添东西。"这可能也正是科学家与年轻学子学习观念的不同之处。

同时，在莫斯科的进修也重新燃起了杨士莪的报国之梦。杨士莪发现苏联科学院声学研究所共有四个实验室，其中两个是允许中国学生进去的，另外两个实验室，对他以及中国学生永远是紧紧关闭的，是保密的。那里是什么？他感到非常好奇，一直找机会想要打探一下。后来他才知道，那里面研究的项目是任何国家都要保密的军事科学里"最要命的东西"——舰船水下噪声研究工程。研究的是潜艇水下噪声，属于国防科技方面的最高机密。

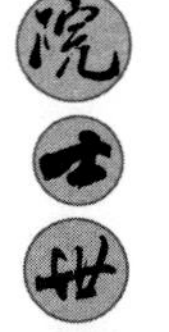

因为见不到实际的东西，杨士莪希望通过一些文字来找到答案，他到图书馆去查阅资料，却失望地发现：这一领域的学术论文非常少，偶尔能在一些国际会议的论文交流目录中出现，但即使出现，也仅是写一个题目，没有具体的文章内容。虽然题目中能看到些蛛丝马迹，但对于他这样才入门不久的研究者，还无法探寻其中的奥秘和精髓。此时，杨士莪意识到：凡是涉及国防的，不管国家和国家之间的关系有多好，都相互保密。任何国家在这方面的技术都只能靠自己摸索、自己提高！这无疑对杨士莪是一种震撼，他越发感到自己肩上使命的分量。他暗暗地下定决心：我们要干，自己干！自己干出点成绩！

3. 开辟鸿蒙

在哈军工的校园里，在世昌路和文庙街的交会处，一座半身铜像傲然挺立，威风凛凛，这是民族英雄邓世昌的雕像。望着邓世昌那坚毅的目光，不禁让人肃然起敬，在他那忧国忧民的目光里，一代代哈军工人以国家领海为自己事业的基点，把海洋事业当作自己精神世界的归宿。杨士莪也是其中的一个。

1959年10月，杨士莪结束了为期两年在苏联科学院水声研究所的进修学习，回到了军事工程学院海军工程系。回国以后，他首先遇到的一件对他一生影响巨大的事是：中苏联合南海水声考察。1960年1月至4月，中苏两国在榆林海区进行了联合预备水声考察，中方负责人为汪德昭，苏方负责人为马捷波夫。年仅28岁的杨士莪出任考察队中方副队长。中国的水声研究该怎么干，在他心里还只是一个模模糊糊的影子。这次以水声物理为主的考察，在我国历史上属首次，两艘船都由苏联提供，船上的设备也完全依赖苏联，设备的关键部位控制者也是苏联的科学家。中方不仅没有这方面的设备，也几乎没这方面的人才。参加考察的，近80名中方科技工作者都是从物理学或相关领域转行过来的，对于水声研究绝大多数还停留在概念上。1959年初，中国才开始水声工作的规划布局，中国的水声研究才刚刚迈出稚嫩的双腿！这次考察虽然名为中苏联合考察，实际上是我国水声学科的一次启蒙教学。

当时，发展国防水声学科，建立起中国的水下万里长城——反潜探测系统，对我国是极其重要和具有国防战略意义的一件大事。

在此次考察中，只有担任中方队长的中国科学院电子学研究所副所长汪德昭先生之前接触过水声科学，做过相关实验。汪德昭出生于1905年，江苏省灌云县人，他的父亲汪寿序（号雁秋）曾任北洋政府农林部主事，他的长兄汪德耀是著名的生物细胞学家，曾担任厦门大学的教授、校长；他的三弟汪德熙是著名的核化学家、中国科学院学部委员。汪德昭早年就读于法国巴黎大学郎之万实验室，与郎之万共同推导出大离子合成系数理论，并应用于低空大气层中，解决了国际上争论多年的问题。汪德昭在郎之万教授的介绍下，曾参加法国加大海军声呐的发射功率的研究工作，因此接触了水声技术，并做出过一定的成绩。汪德昭毕业后在法国国家科学研究中心工作，1956年回国，次年被增选为中国科学院学部委员，曾任中国科学院原子能研究所室主任、科学院器材局局长。1958年初夏，汪德昭被派往苏联进行水声学考察，拟开展我国国防水声学研究。回国后，他主要致力于水声人才的培养，并在我国先后建立起南海、东海和北海三个水声科学研究站，并于1964年7月1日建立了以水声学为重点，包含声学各分支学科的综合性声学研究所——中国科学院声学研究所。对于促成此次考察，汪德昭起到了非常关键性的作用。

但是，由于在考察之前汪德昭的腿摔断了，上船时只能拄着拐杖，行走极其不便，所以担任副队长的杨士莪便成了实际的联络员，由他来统一协调各方面的关系。在与苏方接触交流过程中，杨士莪看到苏方科学家名为帮助中方，却带着十足的傲慢与不屑。

考察队按照事先与苏方共同商定的考察计划执行研究工作，各研究组每天认真填写"科学考察活动日志"，摘记每天执行的实验项目、内容、情况和参加人员等。通过日志的积累和统计，为这次考察活动提供了宝贵的记录。

由于中苏关系破裂，1960年3月，参加考察的苏方科技人员按照其政府的要求毁约回国，并要把上万米的水声考察数据记录（电影胶片）带回苏联。汪德昭沉着冷静先想办法将资料加以复制，尔后把原片按协议交给了苏方。考察结束后，参与考察的青年科技人员花了半年时间，整理考察相关资料，编写成八本水声学的考察报告——这是我国第一批水声学研究报告。

南海，碧波万顷，起伏错落的珊瑚礁，丰富的海底资源，这是中国的领土！现在却要由别的国家来帮助进行研究。海疆需要自己来守卫！杨士莪激动的心中增添了几分沉重。他期盼着我国自己的水声科研队伍尽快成长起来，渴望着将来由我们自己的考察船航行于中国海域。

中国的海洋，一定要由中国人自己来掌握！杨士莪暗暗下定了决心。

考察回来后，杨士莪提议：在军事工程学院创建水声专业！在他的积极倡导下，学院很快创建了中国第一个理工结合的综合性水声工程专业，开辟了水声专业新的专业化领域，揭开了中国水声专业培养高级人才的新篇章。

对于此举，杨士莪在回忆时曾激动地说："国家派我们去苏联学习的时候，国内也在拉队伍。那时候找了个纺织厂，改造成水声厂，又抽调了一些年轻人成立了研究所，大学里也尝试着设立了水声设备专业。工厂、研究所，再加上学校

的小班子，就组成了我国最早的一批搞水声的队伍。”在国家水声工作规划布局的指引下，杨士莪和众多的“拔青苗”组织起来的年轻人一起，克服诸多困难，摸索前进。对于自己所做的贡献，他却非常谦虚：“其实就是照着书本学点，学着国外干点，一点一点积累。”

我国是沿海大国之一。大陆海岸线北起与朝鲜之间的鸭绿江口，南至与越南之间的北仑河口，全长18 000多公里；同时，海况又比较特殊，无论是南海、黄海、东海还是渤海，沿岸水深一般不超过200米，大陆架一般宽达几十公里。根据我国海洋的实际情况，为了真正建立起反潜预警体系，国家于1958年提出了我国国防水声研究的指导思想应当是“由近及远，由浅入深”，即先开展近海、浅海的水声特征的研究，尔后再研究远海、深海的水声特征。

水声学是研究水中声波的产生、传播、接收和计量等问题及其应用的一门学科。水中声波的速度依传播介质的性质和状态（如温度、盐度、压力）的不同而不同。人们可以通过设置在水下的声波传感器——被动式声呐探测到潜艇航行时发出的声音，并辨别其所在的方向和距离，也可以用声呐探测鱼群或其他水下发声物体。水声学对于一个国家的国防有着重要的意义，属于军事机密，中国想要创办这样的专业不可能指望国外科学家的帮助，一切都要从零起步，自己摸索。

培养人才和开设课程，都需要有教材和讲义。留学经历让杨士莪深深地知道：自力更生，在高科技领域从来就不只是一句口号，而是无可选择的必由之路。就在中国最艰难困苦的1959~1961年，他根据自己在苏联时的学习笔记，边学边教，边摸索边总结，一边教学，一边编讲义，在十分艰苦的生活条件下，他啃着玉米面窝窝头，就着白水和咸菜，开始著书立说，编著出版了国际上最早集中论述水下噪声机理的专著《水下噪声学》，并且与同道合作编著了新中国最早的声学理论著作《声学原理》，这本书为我国现代化的声学和水声理论做出了开拓性的贡献。此外，他还讲授和指导了《水声学》《水声传播原理》《统计传播》等教材与讲义的编写，为新中国的水声专业奠定了学科基础，培养了该专业的第一批专业骨干和年轻教师队伍。

根据水声学的特性，杨士莪将原来的水声设备专业扩展为包括水声物理、水声换能和水声设备三个方向的综合性水声工程专业，使其更符合国防建设和学科发展的需要。杨士莪对此曾说：“水声专业的国防特点决定了在引进国外技术时要受很多限制，面对着国际上对中国的信息封锁，很多时候只知道技术的名称，而不知道具体内容，于是就需要自己重新去做，从这个角度来说，基本上等同于原始创新，类似水声定位系统、测量技术等都是自己摸索的。”随着国家的规划部署，杨士莪及水声专业全体同志逐步开展了各项有关教学、科研工作，到1965年时专业已基本覆盖了水声学各主要领域，揭开了我国水声事业全面发展的序幕。

“开辟鸿蒙，功不可没！”我国水声界至今都奉杨士莪为“引路人”，他在这方面的建树与贡献，大家都有目共睹，服膺备至。

在杨士莪的领导参与下，军事工程学院的水声学稳步成长，科研教学队伍迅速扩大。军事工程学院的水声团队建立得比较早，也比较完整，涵盖了水声领域的各个方面，因此它在建立之初就有能力承担有一定规模的项目，而这些项目也促使团队更快成长。作为本专业学术带头人的杨士莪和团队其他同志一起，克服各种困难、战胜不同挫折，在教学、科研第一线的奋斗中，通过长期磨炼，形成了一个坚韧顽强，团结协作的团体，这种优良的风气一直延续至今。杨士莪说：“中国有句俗话：在战斗里成长，在实际锻炼中不断地凝固与提高。任何专业的成长都是这样的。”

科学家的头脑中总是有一个个的瑰丽之梦，他们又是在艰辛而执着的科研探索中才终于将梦想变成了现实。

然而，在梦想成为现实的旅途中又有着太多的挫折。杨士莪的科研探索在“史无前例”的年月里遭遇到了灭顶之灾。1966年，“文化大革命”爆发；是年5月，根据黑龙江省委的部署，军事工程学院召开“文化大革命”誓师动员大会，成立“文化大革命”领导小组。1967年1月31日，“军工红色造反者联合接管委员会”夺取院、系两级党政大权。2月，“军工红色造反者革命委员会”成立，学院一大批学者、专家都被冠以“反动学术权威”，成了造反派斗争的对象，时年36岁的副教授杨士莪在这场运动中自然也未能幸免！他被造反派宣布停止一切活动，向造反派交代他的“罪行”。最后，造反派还将他的“罪行”定为三条：一是“只专不红”；二是“苏修特务”；三是“反动学术权威”。因为有了这莫须有的三条，杨士莪遭到了严酷的批判……

早在1957年“反右”之时，与杨士莪一同参军进入大连海军学校的战友就被打成了“右派”。当时由于国家水声科学发展的需要，杨士莪被军事工程学院派到了中国科学院沈阳分院学习俄语，其后因很快出国而与这场运动擦肩而过。战

友多年后还跟他开玩笑说："你不走，我这个右派的帽子铁定可就是你的！"杨士莪回答说："那只是在海校，但在哈军工还轮不上我！"而事实上，哈军工由于有陈赓院长的保护，右派的比例远低于全国。陈赓对前来"反右"的人说："当兵都是要政审的，我们是军队编制，政审都是合格的！政审不合格的，进不了哈军工！"

这一次，杨士莪未能幸免。曾担任军事工程学院院长兼党委书记的陈赓大将，已于1961年3月因心脏病突发而猝然逝世。面对三顶"帽子"，杨士莪的同事帮他分析说，"当反动学术权威也好，只专不红的副教授也好，你总能被揪出几句曾经说错过的话，打倒你没商量；而当苏修特务，等一阵风吹过，帽子也就摘掉了"。杨士莪想想，自己确实去过苏联，苏修特务的名号自然是无法避免的，就认吧！

那时，黑龙江省革命委员会主任潘复生给哈军工定了个框，说军工有一个营的阶级敌人！欲加之罪，何患无辞！杨士莪就和这一个营的"阶级敌人"一起，被清理出了阶级队伍。从此，杨士莪被扣上了"苏修特务"的帽子，关进了"牛棚"八个多月。

但是，清白的终究是清白的，杨士莪的"罪名"很快不攻自破，他被从牛棚里放出来。

1969年8月根据黑龙江省革委会的通知，军事工程学院736名干部参加"赴边疆毛泽东思想宣传队"，杨士莪又作为宣传队队员之一，赴富锦县富来大队做宣传，并在那里一待就是八个多月。杨士莪心里觉得十分好笑，自己前一天还是牛鬼蛇神，怎么一转身，第二天就变成了宣传毛泽东思想的知识分子？怎么完成这个转变的，包括当局者杨士莪本人，可能谁也说不清楚。

在此期间，杨士莪的爱人谢爱梅于1960年从北京师范大学毕业后，分配到了东北林学院教物理，之后因运动而下放到哈尔滨第一女中任教。直到"文革"结束，她才调回高校。

解放军军事工程学院在"文革"的几年中也发生了巨大的变化。1966年，学院被迫转业改制，改名为哈尔滨工程学院，院系进行调整。1969年根据林彪关于战备的"一号命令"，学院被迫内迁，1970年正式分迁，学院主体（院直领导机关、电子工程系、导弹工程系、计算机工程系、基础课部等）内迁到长沙，成立长沙工学院（现为国防科学技术大学）；航空工程系迁往西安，并入西北工业大学；原子工程系迁往重庆，与哈尔滨工业大学有关专业，组建重庆工业大学；原子工程系后又回到哈尔滨与海军工程系组成哈尔滨船舶工程学院（现为哈尔滨工程大学）；风洞实验室，改名为风洞研究所。

在扔掉自己的专业，不能继续搞科研和教学的日子里，有一点是杨士莪所坚信的：“文革”不论怎么搞，中国还是需要国防的，大海可以作证！正是这种信念和动力，使他在艰难的日子里，始终没有放弃自己的梦想，并以此激励着自己！1970年，待气氛稍稍有点儿和缓，杨士莪就和他身边科研人员心有灵犀地又开始搞起科研来，并且很快迎来了科研的第一个巨大成果！

20世纪70年代初，中国开展了第一颗洲际导弹的研制，需要专家对海上深水靶场的水声落点进行测量。当时，国家找了一些单位，但这些单位都不能承担这一科研项目。后来，国家派人专程到哈尔滨船舶工程学院人事处去将水声专业科研团队的教师档案全都翻了出来，对他们的科研能力、研究项目以及政治情况也都进行了全面的调查，结果发现：这群教师队伍总体上政治可靠，科研有创新。于是，就放心地把重任交给了哈尔滨船舶工程学院。

终于能展开手脚大干一场了！杨士莪心花怒放：国家多年的培养，自己多年的积累，团队多年的努力，现在终于可以显显身手了。这是一场事关国家大局的无声的战争，重担压在他和他的团队的身上，他们深知自己肩上的重任，集体约定：研究只许成功，不许失败！一定要为国家的海防事业做出自己最大的努力！

落点测量系统的用途是洲际导弹向海上试射时，测定弹头在海上的落点和落水时刻，而这两项是考核导弹射击精度的关键指标，因此这一系统是整个洲际导弹射击大系统中一个重要的子系统。研究团队所要做的事情，就是怎样在茫茫的大海之中，建立一个标尺，能准确地测出弹头到底落在什么位置，在哪一时刻，几点几分几秒。当时，有的国家在这方面已取得一定的成就，但中国的情况与国外的条件不太一样，像美国，它所控制的岛屿非常之多，因此是采用在岛屿附近、在海底布下一个声呐阵，然后利用这个声呐阵去进行导弹落水点和落水时刻的测量。但是这些靶场技术中国没办法照搬，得想办法开发自己的、便于使用的系统。

事实上，研制落点测量系统是在十年动乱期间开始进行的。当时，我国电子技术水平不高，整个国内的生产秩序也比较紊乱，电子元器件质量不稳定，而系统指标要求又相当高。因此，首先要在国内进行加工制造，生产元器件，并且要

保证一定的、必需的性能指标，这真有点像用泥巴和稻草盖大楼，是当时一个很大的技术难点。“我们花了20年的时间，基本跟上了国际水声研究的进展，也得到了国际水声界的认可。但因为我们国家的工业基础还相对薄弱，生产条件和材料性能比较弱，所以设备差些。好比是人家用钢材玻璃，我们却用泥巴稻草来盖楼，但性能上并没有差多少。”每当说到这些，杨士莪的声音中总是透着欢快与自豪。

另外还有一个技术难点，我国当时水声界对深海情况都不熟悉，同时对高速运动物体击水声信号的特点也不了解。你要测它，但又不能准确地知道它到底是个什么样的信号，所以只能通过一些模拟试验，试图去揣测、估计将来可能的信号，因此系统设计时就很难做得准确。

对于此次重大活动，2006年初杨士莪在接受《舰船知识》记者访谈时对当时的研制情况做了如下回忆：

> 通过这项工作，我们还是获得了锻炼，而且通过与工厂的合作，也学到了不少东西。开始的时候，我们有的同志到工厂去，就觉得工厂有些做法的思路不好理解。譬如说一个器件，如果性能是1，为了保险起见，用到6分、7分总该是可以的，但是工厂只用到3分、4分。这就是上面说的，当时的电子元器件的性能是很不稳定的，虽然做了老化、筛选等，有一系列的技术措施，但是也很难保证。所以为了使得做出来的东西的性能比较稳定可靠，保险系数就必须留得相当大。又比如我们初次出海也遇到这样的情况，要往水下吊设备，想吊1吨的东西，钢丝绳的拉断应力取个3吨、4吨，保险系数够大了吧？实际到海上去，人家艇员一看我们的东西就说：“你这个钢丝绳能管1吨？1吨的东西，你要安全地吊放回收，钢丝绳的拉力至少得保证10吨。”实际情况也确实是这样，吊放时特别是出入水的时候，因为船在摇摆，会产生附加重量，因此钢丝绳的承重力会很大。类似这些东西，我们开始干的时候，都是没有经验，虽然自己觉得做了安全考虑，但和实际情况相差得还是比较大。通过这些工作，我们的同志学到了不少东西，得到了很好的锻炼和提高，在以后承担各项科研任务时，这些经验是十分宝贵的。[1]

当时，作为此次活动的水声测量系统的负责人，杨士莪带领六厂一校的数百名水声科技人员，一方面排除“文革”余波的干扰，一方面克服器材不足等种种困难，多年努力奋战，经过一次又一次的实验，终于圆满地完成了海上深水靶场水声落点测量系统的研制工作。

1980年5月18日上午10时，由中国西北部的酒泉发射场向太平洋中部吉尔伯特群岛以南（即以南纬7° 0′、东经171° 33′为中心，半径70海里圆形海域范围）的公海上发射全射程洲际弹道导弹“东风五号”，导弹飞行约30分钟，弹道最高点1 000多公里，射程超过9 000公里。中国首次全程发射洲际导弹一举成功，成为继美、苏之后第三个拥有洲际导弹的国家。

杨士莪和他的团队为我国洲际导弹海上靶场设计并完成了一个水声测量定位系统，准确测定了东风五号洲际导弹在南太平洋的落点位置，“就像在大海上贴了一张靶纸”，为我国首次洲际导弹南太平洋发射试验取得圆满成功建立了殊勋。杨士莪在该系统中提出的主要技术方案，包括测阵方法、声线修正和定位精度等，填补了国家科研的空白，达到当时的国际先进水平，并于1980年被评为国防科工委科技进步奖三等奖。

自此之后，杨士莪又一鼓作气，在哈尔滨船舶工程学院大力倡导和推动我国舰船和鱼雷噪声治理工程，与水声科研人员以及协作单位一起设计并建造了首个低噪声水洞。因为舰船噪声越大，意味着死亡系数越大；噪声小、安静型舰船才是海上神出鬼没的幽灵杀手。

用水洞做噪声测量，可以让人联想起风洞之于飞行器，但背景的噪声很大，怎么克服、解决呢？杨士莪提出了一系列关于声学测量和消声方面的想法，正是这些方法解决了低噪声水声的测量问题。这是我国的第一个重力式低噪声水洞，首创了水洞噪声测量和混响箱法，拓展了工作频段。这一研究成果，使得研究人员可以在实验室的有限空间里，测得在实际海域开阔环境条件下的结果，测量结果可归一化到自由场测量，精度达到1分贝，解决了国际上悬而未决的水洞降噪和测量方法，被著名的美国泰勒研究所原所长赞誉为“国际级成就”。

在杨士莪的领导下，中国水声工作者通过脚踏实地的工作，从无到有，从有到精，也才不过20年的时间，就在国际上树立了中国水声学的威望。[2]

4. 海上亮剑

“文革”结束，全国科学大会召开，给祖国的科技教育事业发展带来了第二

个春天。在教育事业方面，国家恢复了本科生的招生工作，并且开展了对硕士、博士研究生的培养工作。1978年，已是哈尔滨船舶工程学院水声工程系教授的杨士莪也陆续开展了招收、培养硕士和博士研究生的工作。1981年，在杨士莪和本专业全体同志的努力奋斗下，哈尔滨船舶工程学院水声工程专业获得了中国的第一批博士学位授予权；1987年，水声工程专业成为全国高等学校第一批重点学科，并建立了博士后科研流动站；1993年，建成国家级国防科技水声技术重点实验室；1994年，哈尔滨船舶工程学院改名哈尔滨工程大学。到2010年为止，在杨士莪指导下已有3名博士后出站、20余名博士生毕业，另外还有20余位硕士研究生毕业。这些高层次的水声专业人才现在已是国内及国外各个单位的科研及学术带头人或骨干力量，为祖国的水声事业的发展做出了重大贡献。在此期间，杨士莪一直担任哈尔滨船舶工程学院、哈尔滨工程大学水声工程系教授、博士生导师、系主任及水声研究所所长；1982年至1987年，杨士莪担任了哈尔滨船舶工程学院副院长；1994年，杨士莪被授予国家优秀教师荣誉称号。他所创建的中国第一个水声专业已成长为国内著名的水声科研基地和最大的水声人才培养基地。

从20世纪80年代起，杨士莪又高瞻远瞩，把目光扩展到了国防探雷技术领域。他在流体界面附近物体声散射特性与分析方法、有限长弹性圆柱高频谐振分析、水雷和随机目标衍射特性辨识、极近场目标散射理论和实验研究等方面均取得了重要成果，多次获得部级科技进步奖，为设计新原理探雷声呐开辟了新途径。他还指导开展了高分辨力声呐技术、声呐图像信息识别、条带多波束测深技术等高新技术项目和课题研究并取得了积极成果。他倡导并组织国内有关单位参加的“掩埋水雷探测的基础研究”自然科学基金课题部分成果达到了国际领先水平。在他的带领下，水声研究所尝试用高科技手段为祖国的万里海疆，铸就一条看不见的攻防兼备的海下长城。

在杨士莪的引领和带动下，水声技术国防重点实验室取得了许多自主的创新成果，填补了多项国内空白，在水声专业的许多方面都体现着国家级的发展水平，并在某些方面与国际水平相当。世界知名的水声专家、英国人格瑞夫斯在20世纪80年代来到学院，看到他们研究的课题也正是英国水声界研究的内容，赞叹说，“天下英雄所见略同”。80年代，该实验室有许多水声技术研究，与英、美等海军大国处在同一水平线上，有的甚至超过了他们，处于国际领先水平，得到国际、国内的普遍认可。

杨士莪主持组建哈尔滨船舶工程学院水声研究所，亲任所长并作为项目负责人和技术顾问，率领一批优秀科学家相继完成了一系列具有国际先进水平、应用于不同对象的水声定位系统。其中“水声高速目标跟踪定位与导引系统”荣获1992年国家科技进步一等奖。该系统及其后研制的“船载鱼雷三维轨迹测量系统”为1993年我国新型鱼雷海试定型起到了关键作用。他在研究课题中解决了单基元异步信号测漂、超短基线多途信号相位修正、高数据率远程距离模糊、提高定位精度的混合式模型等关键技术，为中国水声导航定位技术的发展奠定了基础，为我国新型水中兵器定型起到了关键作用。目前，水声研究所在水声定位技术领域稳居国内头把交椅，多项技术已跻身世界先进行列。

此后，杨士莪又担任船载式鱼雷轨迹跟踪测量系统研制组组长，该系统无论是技术方案还是设计思想，在当时都处于国际先进水平，做到了精度高、实时测量，而且是船载式，为中国填补了空白，研制经费仅是国外的十分之一。该项研究成果于1996年被中国船舶工业总公司评为科技进步奖一等奖，1997年被评为国家科技进步奖二等奖。

同时，杨士莪作为国防科委水声专业组组长，在制定我国水声发展规划、确定水声学科研究方向、指导和促进我国重大水声科研和工程项目中，都起了核心作用。

在不断的锤炼和积累中，我国的水声技术获得了不断的发展，队伍也在不断壮大。20世纪80年代初，杨士莪与有关专家又向国家提议：进行大规模的独立深海考察。而在这之前，我国的水声研究工作多限于浅海，真正的深海考察仅限于1960年的中苏联合南海水声考察。在提议得到批准后，杨士莪和团队成员在做好本职工作的同时，开始了长达十年的筹备工作。十年间，杨士莪作为技术组长，频繁奔波于北京、广州、湛江等地考察调研，亲自起草编写了《南海重点海域水声综合考察论证报告》《实验大纲》《实施计划》等重要文件。国家为这次考察准备了整整十年，国防科工委、海军、中国船舶工业总公司投入近百台套大型设备，全国几十个单位的众多科研人员参加考察。

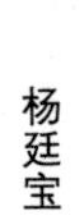

“十年磨一剑”。距杨士莪第一次和苏联的同行在南海联合考察34年之后，“亮剑”的时刻终于到来，这一年，杨士莪63岁。

1994年4月，广东湛江港，两艘考察船载着全国十几家水声科研单位近百人组成的考察队驶离了码头，杨士莪被任命为考察队长和首席科学家。对于中国和杨士莪来说，为这一天的到来等待得太久了。当飘扬着五星红旗的水声科学考察船队驶入中国南海时，站在甲板上的杨士莪，心中洋溢着圆梦的欣慰。这次大型深海水声考察完全由我国科学家指挥和实施。

南中国海一望无际。我们的祖先最早踏上了这里的每一块岛礁。后来随着这里丰富的海底资源被陆续发现，各种势力染指南海、蚕食岛礁、掠夺资源的情况愈演愈烈。浩瀚的大海，为科学家们展示了内涵丰富的等待深入研究的课题。

从琼州海峡到南沙群岛，考察队的航迹深入南中国海。深海区域作业时，赤道附近的太阳几乎垂直挂在头上，水声科学家们冒着高温，抱着一百多斤的线轴在电缆里钻来钻去，一干就是十几个小时。南海的酷热，使考察人员备尝海上作业的辛苦滋味。杨士莪身先士卒，和大家一起忍受着高温酷热、缺少淡水、没有蔬菜的艰难。在长时间海上试验、淡水告罄的情况下，他和同志们把压载水仓飘着油污的水烧开了喝。

这次考察是我国第一次有战略意义的水声科学考察，也是新中国成立以来我国水声工作者首次独立出航考察。在杨士莪主持下，考察取得了圆满成功，掌握了南海典型海域的水声环境特点及主要参数规律，积累了宝贵的第一手材料，提高了海洋水声条件预测和重点海区建模能力，为祖国领土完整和国防事业做出了重要贡献。同时，培养锻炼了一大批水声事业接班人，培养了新的水声力量。对这次远航，现已是哈尔滨工程大学副校长、当时担任指挥助理的杨德森感慨不已："我们还有300万平方公里的海洋国土不能忘。南海资源太丰富了，这么大的海疆过去没有好好关心利用，太可惜。这种局面不该再继续下去了。"

考察结束后，考察队员登上了祖国南疆的永暑礁，当一边听着守岛战士介绍他们的生活、工作，一边眺望着浩瀚无边的大海时，杨士莪更深切地感受到保卫祖国海疆、开发海洋资源的意义。他想起当年，望着水碧沙明、富饶美丽的南海如处子般沉睡，他深深地忧虑过：何时我们能凭自己的力量来这里考察开发？现在，这个梦终于圆了。

1994年中国工程院成立，这是我国工程技术界的最高荣誉性、咨询性学术机构。次年7月，杨士莪以在中国水声学科方面的重大建树当选为中国工程院院士。与他同时当选的还有：环境工程学家顾夏声、光学专家薛鸣球、探矿工程专家刘广志、大地测量学家宁津生、矿产勘查专家汤中立等186位专家。

1995年8月中旬，杨士莪出席中国工程院朱高峰副院长召开的黑龙江省院士座谈会，与他一同参加的还有林尚杨、刘永坦、谢礼立、沈荣显院士。

当选为院士对于杨士莪来说，除了更多的会议和事务外并没有太大的变化，他还是原来的他，他依然保持着谦虚、严谨的教学、科研态度。他说：“目前来看，我国的大多数工作还是在借鉴、模仿，适当改进和修正。拥有真正属于我们自己的开创性的成果，是我们要努力的方向。现在我国也更强调一些基础性、理论性的研究，但真正实践力度不够，有些急功近利。我们应该利用我国社会制度的优越性，组织优秀力量进行攻关，推动相关工作更快进步和完善。”

在科研领域中摸爬滚打了60余年的杨士莪，深深地懂得科研和教学工作中严谨的重要性。“搞科研成长起来的人都知道，在科研上头玩不了花招，你糊弄它，它就糊弄你。只有你老老实实、规规矩矩，干成的东西才能是实实在在的。对学生要求也是这样，可能别人觉得我比较严格，实际上就是严谨吧，我觉得这是搞科研应该有的态度。”

杨士莪认为，作为水声工作者，应该非常重视实际的海上实验和测量。在哈尔滨的60年中，他出差在外的时间合计起来就近30年，每年他都有大半时间在全国各地度过——海上实验、课题论证、决策咨询，以至于有人问及他的家乡时，他便会幽默地说：“我是一个四海为家的人。”如今，虽然上了年纪，但他仍然身体力行，亲自到海上实际参加海试。黑龙江，离大海很远。自1953年来到哈军工，杨士莪倾尽一生的心血，60个春秋，在这个远离大海的城市里从事着关于海洋科学的研究，与“海洋”打了一辈子的交道。大海的澎湃从来传不到这里，却时刻能传进他的心里，涛声如魅，成就了他一生的事业，成就了他大格局、大气度的人生。

作为杨士莪带出的第一个博士毕业生，担任哈尔滨工程大学水声工程学院院长、水声技术国防科技重点实验室主任的李琪，对老师杨士莪的一句话刻骨铭心——“要啃硬骨头，别人不愿干的活，我们来干！”

杨士莪始终处在水声领域“国家队”领导者的位置。他的同事和学生都说：他对学科发展方向、研究方向的把握令人叹服，他提出的一些开拓性的研究，当初都是很冷清、无人关注，但总是在若干年后，人们才看出其分量。矢量水听器的研究就是其中一例：杨士莪当时提出这个方向时，国内同行都不以为然，只有俄罗斯专家表现出关注。几年后，当水听器使声呐水平跨越式提高以后，人们才意识到：“这个东西就是好！”

“敢啃硬骨头才能练就一口好牙！”在杨士莪始终坚持的这个思想指导下，哈尔滨工程大学水声创新团队格外地有战斗力，承担了国家大量的科研课题，虽然该院的科研人员只占到全校的1/10，承担的科研课题数量却占到全校的1/5，人均科研经费50万元。

现在，身为中国声学学会第七届理事会名誉理事长的杨士莪院士仍然担任国务院学位委员会学科评议组船舶与海洋工程学科召集人、中国船舶工业总公司水声及水声对抗专业组组长、《声学学报》编委、校学位评定委员会副主任、校水声研究所所长、博士生指导教师等职务，并兼任着许多研究所的顾问、学术委员。他认真履行着导师的职责，悉心培育着一棵棵水声新苗，承担着多门研究生课程，并指导着博士后的研究工作，从他手中曾产出了一项项优秀的甚至是“国际级”科研成果。目前，杨士莪仍参加一些重大国防科技预研课题的研究工作，并亲自担任着三个大型科研任务的项目负责人。他正奋笔挥毫，为中国水声事业的发展与辉煌谱写新的篇章！

5. 帅老小伙

2011年8月1日，哈尔滨工程大学为杨士莪举行了八十寿辰庆典活动，其中包括五场精彩的水声学科的学术报告。这也是一次高规格的水声学科及相关领域的盛大聚会。

庆典活动上，哈尔滨工程大学水声学院“高朋满座”。杨士莪的学生、水声学专家、中国工程院院士宫先仪、徐玉如，中国声学学会副理事长宗建，中科院声学所所长王小民，哈尔滨工业大学纪委书记王玉辉，以及来自水声领域、船舶工业领域的科研院所、高校、相关企事业单位的专家、学

在杨士莪八十寿辰上，校长刘志刚与杨士莪在水声楼前共同为水声教育基金揭牌

学生为杨士莪院士过八十寿辰

者、负责人等，都纷纷赶来为杨士莪院士祝寿。但此次祝寿的形式也很特别，大家纷纷响应他的号召，现场成立了水声教育基金，算作送给他的生日贺礼。杨士莪倡导发起水声教育基金，旨在为推动水声教育事业发展筹措水声技术人才培养资金、定向培养水声技术高素质人才，可是他坚决拒绝以他的名字命名。在他八十寿辰这个特别的时刻该基金正式成立，具有非常重要的意义，这是他以自己的声望，为祖国的水声事业的发展、人才培养所做的一件实事。进入耄耋之年的杨士莪，仍然不忘为中国的水声事业推波助澜、鼓劲加油。[3]

然而，走出祝寿晚宴的大厅，除去学界泰斗的身份，杨士莪不过只是一个普通的教授、普通的丈夫、普通的父亲，还是一个真实的帅老小伙子。

杨士莪的一天，从准备上课开始。每逢有课的这一天，他都会起个大早：八十岁的“帅老小伙”，骑在靓丽的小坤车上，车筐里放着一个老式的公文包，赶到教室给学生上课。多年来，由他给水声工程学院的学生讲第一门专业课的绪论已经成了传统，他希望学生深入地了解声学涉及的相关知识，为后续课程和声学方面的研究打下良好的基础。身为院士，耄耋之年仍亲自为本科生上课，这恐怕在全国也不多见。

几百人的大课堂，杨士莪不开麦克风就开始讲课，他声音洪亮，语速稍慢，思路清晰。他语重心长地对台下的学生们说：“学习专业知识切忌死记硬背，水声学里头那么多公式，背是背不过来的，比如要学好“声与振动基础”，记住一个波动方程就可以了，别的都可以推出来。”他幽默地告诫学生们：“该记住的波动方程一定要记住啊，要是专业课没学好，可别怪‘姓杨那小子’忽悠你们！”此话一出，台下的学生都乐得开怀大笑起来。[4]

每逢给学生上课时，杨士莪总是心情平静，态度平和淡定，语调平缓，一如他平时说话的风格，一堂课下来，内容信息量很大，而且通俗易懂。更让人钦佩的是，他虽然已年过八十，站在讲台上却似乎从不知道累，每次都是滔滔不绝，

一个上午的课，他中间只休息一次，一次性讲一个半小时，休息二十分钟，还能再讲一个半小时，而且板书写得整整齐齐，一上午写好几黑板。这样的精神头，可能一些年轻老师都做不到。学生们心疼地请他坐下讲，还常在上课之前，给他搬把椅子放在讲台上。每次，杨士莪走进课堂后，都先把椅子挪开，并微笑着对台下的学子们说："从我开始做教员起，就习惯站着讲课了。"

杨士莪为水声工程学院2009级本科生讲授"振动与声基础"专业课

课堂之上，杨士莪用一贯的亲切而幽默的授课风格向学生讲解声学的基本概念、涉及的领域及其在各个领域的应用。他会引用生动的比拟，让学生更形象地理解所学知识，他将两个身材不同的人打架形象地应用在波长和物体之间的关系中，进而探讨声学干涉方面的知识。这样深入浅出的讲述让学生听得津津有味。通过他精彩的讲述，学生了解到原本不曾注意的生活细节：原来超声除了探测之外，还可以用来钻孔、选矿、混融和粉碎；原来轻音乐可以提高粮食的产量、促使奶牛增加奶产量；原来声学还与心理学和建筑学有关。绪论课是学生们喜欢上的课，从这一节课开始，他们对这门课程，对这个领域充满了浓厚兴趣，对各种纷杂声波的神秘世界充满了无限的期待和好奇。

作为院士，杨士莪是很忙的，虽然八十多了，仍然忙碌于教学科研第一线，忙碌于教学、科研合作的最前沿，忙着做学问，忙着教书育人，忙着出差公务，忙着做实验，忙着做顾问……忙归忙，可他对待教学、对待学生，却从不含糊，从不敷衍应付，从来都勤勤恳恳，总是认认真真地搞好教学工作。至今，杨士莪还担任着从本科生到博士生的课程教学工作，每学期的课时量都不少。对待几十上百人的学生，他一丝不苟；对待只有一个人上课的硕士生或博士生时，他同样也一丝不苟，在黑板上认真地板书，认真地讲课。作为导师，他教给学生的不仅是学识，更有严谨的治学态度和大局为重的为人准则。有人认为他很忙，见他一面肯定比登天还难，其实不然。尽管他经常出差、出国交流甚至出海做实验，但他回学校的第一件事就是找学生确定上课时间。有时候他上午刚回学校，下午就赶过来给学生上课，占用节假日上课也是常事，他从不会因为占用自己的休息时间而不高兴，反而频频因为不得不在周末或者节假日上课而向学生道歉。

学生们的事，在杨士莪看来永远都是最重要的。学生请他审阅修改论文，他通常是只隔一天，第二天就会反馈回去。有一次，一个学生到他家里请教问题，适逢有人电话找他，他以正给研究生进行现场指导予以推辞，让学生真切地感觉到他是把学生放在最重要的位置上。

杨士莪知识渊博、思维敏捷、视野宽阔，解决问题的思路常常能够独辟蹊径，能很快很准确地找到问题的创新点，这让他的学生十分钦佩，也十分受益。他在指导学生时更是非常耐心，不管多基础、多简单的问题，他都会耐心地予以解答。有的学生说，每次从杨院士家里请教出来，都感觉豁然开朗，周身轻松，一扫来前的“沉重”之感。还有的学生说，平时与杨院士聊天，他从没有院士和大教授的架子，不给人以“压迫”之感。有时，杨士莪也会主动找学生感兴趣的话题“闲聊”，聊一些生活上的事。闲聊的时候，他显得特别悠闲，语速也会更慢一些；但如果是讲课，或者是问他技术上的问题，他顿时“腾”一下眼睛就亮起来，同时语速也会加快，让人感觉他的思维一下被“激活”了。

杨士莪总是尽心尽力地指导和帮助学生，全心全意为学生考虑，经常为学生考虑实际的就业问题和将来的发展方向。中科院声学研究所水声换能器与测试技术实验室主任莫喜平，上世纪九十年代曾在杨士莪门下学习，他所从事的研究方向是杨士莪指导选定的，在杨士莪的指导帮助下，后来成为国内该领域的知名专家。学生非常佩服杨士莪老师宽广的专业素养，他们曾问杨士莪：“杨教授，换能器方面的学生你也都带，这硬件、软件、理论你怎么都做呀？”他很谦和地说：“换能器前些年没有人愿意做，总得有人做呀。我就是充个名，带一带而已。”他还时常对学生们说：“做人要谦和一点。任何事情都有你会的，也有你不会的，不能太张扬。‘满瓶不响，半瓶咣当。’真正有学问的人是不需要站出来说的。”

一个人的学问，靠的是不懈的努力和长期的积累。对于杨士莪来说，最重要的一点，是他在知识的求索路上一直保持着一颗年轻的心，永不停息。他从不认为年龄是继续学习、成长的障碍，70岁时他跟自己的小孙女学会了拼音，解决了

使用电脑时输入法带来的问题，之后他写东西都在电脑上而且不假手于学生、助手；2009年他用英文撰写完成了《声传播理论》一书，这是他自己亲自一个字母一个字母敲进电脑的，包括理论、公式的推导；在科研上，他还在继续不舍昼夜地向学术前沿迈进，他的思想与情感在那片遥远的蔚蓝色里伸展着、生长着，呈现出芊芊莽莽富于生命力的迷人景象。他的学生们由衷地说："院士绝对是天才级的！毫无疑问。"

学生们还羡慕杨先生的一点是，他虽已耄耋却精力旺盛，体力超群，有着"超人般的精力"，好像从来不知疲倦。学生们说："杨先生比我们都抗折腾。"每次出海做实验，杨士莪都要亲自参加，而且从来不晕船。做实验时，杨士莪跟年轻人一起"互相帮助"，在颠簸的船与船之间爬来爬去，爬上爬下，从不退缩。有时船舱特别脏乱和窄小，学生们都感觉很苦，他却总是跟学生们讲现在比过去好多了，好让学生们放松心情。在小渔船上做实验时，很多人一上去就吐，杨士莪便幽默地对他们说："看看，'交公粮'了吧！"语言之中透出关切之情，让学生们备受感动。有的学生由于晕船，什么也吃不下。杨士莪却说："哎呀，这个小地方好吃的东西很多嘛！有麻花，有咸菜，还有面包哦！"他在小船上吃饭喝水，一点问题都没有。由于做实验，有时要在岛上住，很多学生和老师都会水土不服，拉肚子、打吊针甚至还要吸氧，但杨士莪却从没有出现过这些状况。杨士莪常年出差，出国乘十多小时飞机也没事，别人一般都有时差，他不需要倒时差。他教给学生们当"超人"的秘诀："抓紧时间多休息。我上了飞机就什么也不做赶紧睡觉，到了下飞机时，睡了十多个小时，哪还需要倒时差呀！睡足了，人有了精神，晕车晕船的概率自然也就低了。"他的这些经验，让身边的人也大为受用。

杨士莪与学生相处，从不摆老师的架子，经常站在学生的角度考虑问题，可是一遇到自己的事，就不那么上心了，总是把自己放在很低的位置。小到他亲自指导、亲自检查的学生论文，大到一些他亲自抓管理、抓技术的项目评奖，他都要把自己的名字勾到最后一位甚至轻轻抹去。担任研究所所长时，岗位津贴只给一半，他提出自己拿一半的一半。每次讨论奖金、评奖时他都把青年教师和教学一线的同志向前推。许多科研项目他从头至尾参加，但在向上报奖时，他一心想着别人，根本不报自己。大家看在眼里记在心里，便没有了为报奖排名次而钩心斗角的是是非非："人家教授连自己的名字都不署，咱们还好意思争什么？"

与谦和的态度一致的，还有杨士莪对人、对事特别认真，对待学生及学生的事特别认真，对待工作及工作上的事也特别认真。一次，国务院学位委员会开会前夕，已买好机票的杨士莪突发高烧，尿血住进了医院。医生要求务必取消此行，抓紧时间住院治疗。可三天之后，杨士莪待病情稍有好转，便带着一大包药如期抵京参加会议去了。杨士莪是中共党员，在他众多的头衔中曾经有一个小官他干得很起劲，那就是党支部书记。出差前他为不能参加组织活动认真请假；有时出差刚到家，恰逢政治学习或党的活动日，他都会打电话询问内容，有时还要匆忙赶去参加。

在学校，杨士莪还是大家宝贵的公共资源，做管理工作的、做教学工作或科研工作的同事都把他当成了高参，遇到事情去商量，遇到难题去请教，上级部门在重大项目论证时也会专门到学校听取他的意见，而他总能在静静听完之后用很简单的话就让人茅塞顿开。他的敏锐性与洞察力让人折服，“有若无”，是他给予大家的共同收获。

风趣幽默、乐观向上，这是他给所有人的印象。一个七八十岁的老人，拥有着“80后”的心态。在哈尔滨工程大学，他有几大招牌形象。

一是身为院士的大牌教授杨士莪却始终骑着靓丽的小坤车，车筐里放着一个老式公文包。这样的形象，在学子的眼中显得“非常地帅”。原来，杨士莪有辆陪伴了他四五十年的旧自行车，外表看来破钢烂铁，锈迹斑斑，有人笑说“可以推进历史博物馆了”，但谁知却意外地丢失了。他于是只好换了一辆新车。有一年夏季，气温高达三十六七度，杨士莪还是骑着自行车来上课，一位老师问他：“你怎么回去啊？”杨士莪打趣说：“我骑‘风火轮’回去。”真是风火轮呢，自行车的踏脚都晒得烫脚了。雨天的时候，杨士莪穿着一件很大的雨衣，还是照旧骑着自行车。前些年，一位学生劝他，年纪大了，不要再骑自行车了，说自己的爷爷过了70岁，家里人就让他不再骑车子了。杨士莪反问道：“你爷爷现在多大了？”学生说：“80了。”杨士莪说：“你爷爷80岁了，不能骑了；我不到80岁，我还年轻着呢！”

二是一件旧皮夹克、旧羽绒服是他的专有名片。他平时衣着俭朴、平易和蔼，一件衣服常常一穿就是多年。据说哈尔滨工程大学有这样一个段子：如果有谁的衣服穿得不太讲究，大家便会开玩笑说：“这风格你也敢穿？你以为你是杨士莪教授呢！”言外之意，在杨士莪使得，别人则使不得，因为服装有时是身份

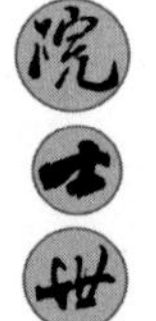

的标志，而杨院士已不需要这种标志，也不需要任何的高级装饰了。但在需要的场合，杨士莪绝对是西装革履，一丝不苟。关于这一点，杨士莪曾说：这是我家的传统，对生活的要求不高，只要能吃饱穿暖就行，没有其他的要求。南京的冬天特别冷，父亲杨廷宝一直穿着老式的棉衣、棉裤。母亲开玩笑说，堂堂教授，穿成这样，让人笑话。父亲说，自己穿暖就行了，随人家怎么说。

三是推轮椅的好司机。杨士莪的夫人谢爱梅晚年身体不好，出现过三次脑血栓、一次脑溢血。杨士莪只要在家，总是亲自操持家务，给妻子拿药端水，对多病的老伴悉心照顾，侍候备至。他的夫人不得不靠轮椅代步，他就亲自为夫人推轮椅。有一次，他的学生想帮他把夫人推进电梯，杨士莪却幽默地问："你有驾照吗？"学生没听懂，一下愣住了。杨士莪自己推着夫人走出电梯时，对夫人说："看，还是老司机好吧。"夫人生病时，常需住院输液，往往都是杨士莪在家用自行车将老伴儿带到医院。他手里有上千万的经费，他的身份可以直接向学校要求派车，但他们就如同最普通的老夫妻那样相伴去医院，从不给学校找麻烦。学校的师生们经常看到这个动人的场景：杨院士使劲踩着自行车，身后老伴儿紧靠着他。由于工作性质，杨士莪会经常出差在外，或是到海上做测试，或是到外地讲学，但不管到了什么地方，他都会马上给家里打电话，他开玩笑说："先跟老婆大人汇报一下行程。"在外地做实验，晚饭之前必定先跟家里通完电话再吃饭。由于子女不在身边，他出差有时为了既照顾老伴儿又不麻烦系里同志，便带上老伴儿一起去。但不幸的是，老伴谢爱梅于2011年2月因病去世，这使杨士莪先生大为伤感。

在家里，杨士莪既是丈夫，又是父亲，还是祖父。由于他经常忙于事业，又常年出差，所以无暇顾及子女的教育。他认为："如果孩子的实力就是做个工人或者木匠，那就让他好好做木匠。不必要求别的。"当年父亲跟他说的话，他又跟自己的儿子说了一遍："我供养你们成人，但以后工作、娶媳妇，都看你们自己的本事。"他有三个儿子，秉承家训，也算是学有所成，长子杨本贤，因为"文革"动乱，没有书读，很小就下乡插队了，后来参军在部队考入了太原工学院（今山西工业大学），目前自己开公司搞技术开发；老二杨本坚，东南大学自动化专业毕业，曾参与过大秦线的研究与设计，现居美国供职GE公司；老三杨本昭，西北工业大学毕业后留校任教，目前在国外做访问学者。

如今，年过八十的杨士莪，一年中仍有三分之一的时间在外奔波，不是讲学，就是到外地开会，或是出差做试验，在承担专业课题研究的同时还要带研究生。他还兼着西北工业大学的教授和博士生导师的工作，要在哈尔滨和西安两个城市间忙碌。日常的状态是："白天工作，晚上看报纸，抽空骑自行车出去溜达一圈。"作为一个"80后"，他还在不懈地努力着、不倦地探索着。他身上这种不减的干劲让人领会到：

与科学为伴的人是不会老的，因为这是一项永远年轻的智慧游戏。

正是这项年轻的智慧游戏，让他永远充满好奇心，在深邃的大海里，最终留下一个清晰的声音。

正是这项年轻的智慧游戏，伴随着这个家族，走过百年，在风云激荡的历史长河中，留下一串美丽的浪花。

也正是这项年轻的智慧游戏，伴随着一个民族，屹立在世界的东方，述说着永恒的未来![5]

6. 诗书传家

苏联著名教育学家苏霍姆林斯基曾把儿童比作一块大理石，他认为把这块大理石塑造成一座雕像需要六位雕塑家：家庭、学校、儿童所在的集体、儿童本人、书籍、偶然出现的因素。他把家庭列在所有对孩子起到塑造作用的各种因素的首位，可以说家庭在塑造儿童的过程中起到很重要的作用。如果人的教育是一项系统的教育工程的话，家庭教育是这项系统工程的基础。

杨家，从杨鹤汀开始，到杨廷宝，再到杨士莪，以及再下一辈，在百年的跨度里，出现一个又一个在中国科学、教育和文化艺术等方面取得不凡成就的学者专家，被人们称为"满门科教才"，这与几代人对于教育的重视及良好的家庭教育是分不开的。

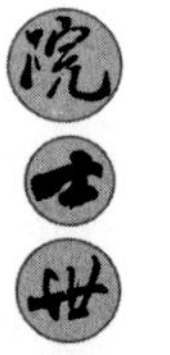

杨家上几代主要以农商为主。自1902年，25岁的杨鹤汀跨入北京法政学堂开始，杨家历史重新书写，成为"书香门第""教育世家"。杨鹤汀重视教育，非常有远见地认识到教育是开启民智、救国兴邦的重要途径。因此，他将自己的主要精力放在了办新式学堂上，先办南阳公学，后又顶住种种压力办女子中学，让家乡的男孩、女孩都享有读书的权利。他在家庭经济并不宽裕的情况下，把六个孩子都送进了当时较好的大学，接受高等教育。他没有任何"男尊女卑"的封建思想，把女儿们也都培养成为医生、教师。这在100多年前，是非常难能可贵的。

杨鹤汀懂得教育，并且在家庭教育上，善于根据孩子的具体情况，进行适当的引导和帮助。杨廷宝在私塾里由于背不出书被先生赶回家，他不是劈头盖脸地批评指责，而是鼓励孩子，宽慰孩子，让孩子放下心理包袱，给予孩子喘息和自由选择的机会；河南省留学欧美预备学校招生，他担心孩子没有正正规规上过学，考不上，又能根据孩子的弱点，有针对性地请人辅导孩子的功课；杨廷宝刚进河南留学欧美预备学校，贪玩不爱学习，他郑重地找孩子谈话，适时地给予引导，让孩子学会珍惜时间，把更多的精力放在学业上。杨廷宝在他的引导下，最后成为一个对学习有着浓厚兴趣，对生活有满腔热情，对于工作认真投入的人。

杨鹤汀明辨是非善恶，审时度势，一直站在进步势力一面，早期参加同盟会，参加反清革命；革命胜利后，反对袁世凯称帝；抗战时期，他目睹国民党的黑暗统治，当被要求登记国民党党员情况，又义正词严地申明自己早已退党；他支持两个儿子投身学生运动，帮助杨廷宾为鲁迅先生搜集南阳画像石拓片。“染于苍则苍，染于黄则黄。”人生熏陶染化是从家庭的开始，从父母身上开始的，正因为有这样的父亲，才会有杨家几个子女的耿直与正义。

到杨廷宝这一代，当他的孩子们相继出世，他与夫人陈法青同样又把教育放在了整个家庭除生存以外的第一位。陈法青几次搬家，除了战争的原因外，首先想到的都是为了孩子们上学的便利，希望找到好的教育资源。去北京，是因为孩子到了入学的年龄，考虑到北平的学校条件相对要好一些；去重庆，是因为国民政府在那里，教育相对比较正规，这时，长女杨士英该升初中了，陈法青希望女儿进正规学校接受正规的教育；去南京，是因为战争结束了，几个孩子陆续考入了中学，大女儿杨士英和大儿子杨士莪面临着大学入学考试，陈法青希望早日结束颠沛流离的异乡生活，让孩子们安下心来读书。

在战争年代，杨家从北京到天津，再到南阳直至重庆，一路颠沛流离，但是，对孩子的教育，杨家从来就没有放松过。陈法青不希望因为战争而耽误孩子们的教育，不论走到哪里，她都会为孩子们带上书，把书当成孩子们最好的伙伴。一本普普通通的故事书，在沉甸甸的包袱里，享受的是与杨廷宝画作相同的待遇；由于不断搬家，加上战乱，几个孩子读书被迫时断时续，但她只要有机会，就会随时随地教孩子们，使孩子们不仅没有耽误学习，反而都能提前完成各自的学业，为以后的学习打下扎实的基础。从书香门第走出来的父母，送给孩子们最好的礼物就是让他们学会和书结下不解之缘，以良好的家庭环境、耳濡目染

2002年春节，杨士莪夫妇率子孙从西安、太原赶赴郑州看望叔婶

的熏陶，使孩子们从小就养成渴求知识、刻苦自学的好习惯。文化知识的营养丝丝缕缕地流进了几个孩子的心田。

在几个孩子的教育上，陈法青花的时间和精力远比杨廷宝多，作为父亲，杨廷宝对孩子们的教育不是陪伴、不是说教，而是通过自己的为人处事、自己的言行举止来影响孩子们。

早在民国时期，杨廷宝就是一个名扬全国的建筑名家；新中国成立后，他被评为一级教授，当选全国人大代表、江苏省政协副主席，是南京工学院建筑系主任、南京工学院副院长、江苏省副省长，1955年还被评为中国科学院首批学部委员，此外还担任全国建筑学会理事长和国际建筑师协会副主席。他虽居高位，但平时待人接物时却不失本色，丝毫没有大学者、大专家的架子，细微之处，足见风范，更显其平易近人，谦逊平和。杨廷宝的这种高风亮节，一直为熟知他的人所称道。

他的弟弟杨廷寘回忆说：大哥杨廷宝一生勤劳俭朴，他留学美国时，母亲为他做的紫花棉布被褥，回国时已经快破了，仍洗得干干净净地带回。晚年他戴的手表是南京钟山牌的，30多元，他说能计个时间就行了。杨廷寘还回忆说：大哥每次回南阳老家，总是换上便衣，扫地抹桌什么都干。他烟酒不沾，饭食更是简单，有次到杨廷寘家，给他烧了一条鱼，他说：这太麻烦了，给我煮一碗面就可以了。他孝敬父母，关怀弟妹们；他严于律己，宽以待人，不谋私利，与人相处总是从别人角度看问题，为人们所敬仰。因此，杨姓家族长辈教育子女时常以他为榜样来勉励。[6]

好的父母，给孩子在家庭中好的影响与习染，才能形成好的家风。教育是终身性的，也是延续性的，家风的好坏往往会延续几代人，甚至于十几代几十代。家风同时也影响、反映着一个家庭的学风，学风同样会一代代地延续，因此才会出现“杏林世家”“梨园之家”“教育世家”，等等。

在杨廷宝的影响下，杨家兄弟姐妹均读到大学毕业，大都做着教书育人的工作。子侄、孙辈也以读书为荣。在杨家第二代中，杨廷宝、杨廷宾、杨廷寊均成为专门性的高级人才，是党和国家相关部门的领导干部，杨廷宜、杨廷寓大学毕业后均在教育部门工作。杨廷宁是六兄妹中唯一一个没有参加工作的，在家相夫教子。其夫刘灼夫早年毕业于北京师范大学数学系，是一位有名的数学教师，曾做过省立内乡中学校长、国立联中校长，新中国成立后在华中师范大学任教。其长子刘驹是武钢职工大学教授，孙子刘溟从南京工学院毕业后赴美国学习，后就职于美国西雅图比尔•盖茨的微软公司。

堂兄弟中，杨廷寀是黄埔军校早期毕业生，曾任国民党的旅长、师长、副军长，后在台湾卸职休养，子女均在美国从事科学技术工作；杨廷寀的弟弟杨廷宏，曾作过国民党的下级军官，新中国成立后在开封一个工厂工作，他曾在军校学过测量；此外，还有杨廷昭，毕业于河南农学院，原服务于台湾糖业公司，后定居厄瓜多尔；杨廷献，在南阳地区担任高级畜牧师。

第三代大多数也都为高级知识分子，除杨士莪之外，杨廷宝长女杨士英为南京大学化学系教授；次女杨士华为农业部环境保护科研监测所研究员兼情报中心副主任、《国外农业环境保护》杂志主编、全国环境保护科技情报网农业环境专业组组长；二子杨士芹为中科院计算技术研究所设备处处长；三子杨士萱为美国贝聿铭建筑师事务所建筑设计师。杨廷寊的长女杨萌是儿童医院的医生，次女杨苹是护士，儿子杨荀毕业于河南大学外语系，后一直在高校任外语教师，三女杨士苓毕业于河南医学院，现在澳大利亚从事医护工作，四女杨茉毕业于郑州大学外语系，后移民澳大利亚。此外，“士”字辈中还有：杨士杰，河南农学院毕业，在成都科

杨廷寊与女儿杨苹向本书作者展示长兄的水彩画选

委担任研究员；杨士宽，毕业于复旦大学新闻系，后任《工人日报》记者，上世纪50年代随中苏混合登山队登山，返回时壮烈牺牲，被追认烈士；杨士衡，曾任新疆维吾尔自治区社会主义学院党委书记；杨士静，曾任上海第二医学院生物教研室任主任。

第四代中，杨士莪的三个儿子的情况上节已讲述。杨廷寘的孙辈中，司越彤北京大学毕业后又以双学位考入复旦大学，杨青霞北京林业大学毕业后赴澳大利亚读研究生，杨柳毕业于奥克兰大学护理系，刘洋毕业于澳大利亚斯文本大学计算机专业，刘澳考入奥克兰一所医学院。此外，还有杨本铨，在武汉一所中学任校长，等等。这一代延续着前几代人热爱读书、努力成才的良好家风，正在逐渐地成长为不逊于父辈、祖辈的有用之才。

可以说，杨家立足于中原文化这个坚实的基础，由读书起家，一代代子孙勤学好读，遂成为书香门第。特别是杨廷宝、杨士莪、杨士英、杨士萱都在海外留过学，在基于传统、诗礼传家、注重家教的基础上，又善于吸收西方的新观念、新思想和新知识，家教、中国教育和西式教育相结合，才使他们走出家门，走向全国，走向世界。

注释:

[1][2].《声波在大洋下纵横——杨士莪院士访谈》，蒋辉著，载《舰船知识》，第10页，2006年第1期。

[3].《杨士莪院士八秩寿辰庆典举行》，霍萍著，《工学新闻》，http://www.gongxue.cn/xinwenkuaibao/ShowArticle.asp?ArticleID=84885。

[4].《我的导师很"特别"——记哈工程杨士莪院士》，李丽著，《中国大学生在线》.http://www.univs.cn/newweb/channels/campus2009/2011-05-07/1304737981d977711.html。

[5].《杨士莪：大海会记得，我们来过》，朱伟光著，《光明日报》，2010年11月12日。

[6].《八十忆往》，85页，杨廷寘著，未刊稿。

主要参考文献

1.《中国当代杰出的建筑师、建筑教育家——杨廷宝》，刘怡、黎志涛著，中国建筑工业出版社，2006年。

2.《广厦魂》，刘向东、吴友松著，江苏科学技术出版社，1986年。

3.《杨廷宝建筑设计作品集》，南京工学院建筑研究所编，中国建筑工业出版社，1983年。

4.《杨廷宾评传》，杨廷寘、田达治著，中国水利水电出版社，2010年。

5.《杨廷宝谈建筑》，齐康记述，杨永生主编，中国建筑工业出版社，1991年。

6.《杨廷宝先生诞辰一百周年纪念文集》，东南大学建筑系、东南大学建筑研究所编，刘先觉主编，中国建筑工业出版社，2001年。

7.《杨廷宝素描选集》，南京工学院建筑研究所编，中国建筑工业出版社，1981年。

8.《杨廷宝美术作品集》，李剑晨名誉主编，赵思毅主编，中国建筑工业出版社，2001年。

9.《杨廷宝建筑设计作品选》，刘先觉主编，中国建筑工业出版社，2001年。

10.《建筑四杰——刘敦桢、童寯、梁思成、杨廷宝》，杨永生、明连生编，中国建筑工业出版社，1998年。

11.《建筑五宗师——吕彦直、刘敦桢、童寯、梁思成、杨廷宝》，杨永生、刘叙杰、林洙著，百花文艺出版社，2005年。

12.《老上海营造业及建筑师》，娄承浩、薛顺生编，同济大学出版社，2004年。

13.《杨廷宝建筑言论选集》，东南大学建筑研究所编，学术书刊出版社，1989年。

14.《杨廷宝建筑论述与作品选集》，王建国主编，中国建筑工业出版社，1997年。

15.《东南大学建筑系成立七十周年纪念专集》，潘谷西主编，中国建筑工业出版社，1997年。

16.《齐康传》，李伶伶著，江苏人民出版社，2012年。

17.《杨廷宝》，黎志涛著，中国建筑工业出版社，2012年。

18.《建筑百家书信集》，杨永生主编，中国建筑工业出版社，2003年。

19.《建筑百家评论集》，杨永生编，中国建筑工业出版社，2003年。

20.《建筑百家轶事》，杨永生编，中国建筑工业出版社，2003年。

21.《建筑百家回忆录》，杨永生编，中国建筑工业出版社，2000年。

22.《梁思成传》，窦忠如著，百花文艺出版社，2007年。

23.《梁思成的前世今生》，李喜所、胡志刚著，东方出版社，2010年。

24.《杨廷宝与人民大会堂》，本文参考刘建民著，载《集邮博览》2009年第8期。

25.《八十忆往》，杨廷寘著，未刊稿。

26.《从清华学堂到清华大学1911—1929》，苏云峰著，生活·读书·新知三联书店，2001年。

27.《清华大学九十年》，清华大学校史研究室编，2001年。

28.《中国近代建筑史话》，杨秉德、蔡萌著，机械工业出版社，2004年。

后　记

记得十五年前我还在南京大学读书，初夏的一个傍晚，与同学一起越过中山路、丹凤街和进香河路，第一次走进东南大学的校园。路上，同学向我讲述了两江优级师范学堂、中央大学、东南大学和南京工学院的一些历史掌故，其中我听到了曾在南京工学院任教并担任过副院长的杨廷宝先生的故事。杨廷宝先生的名字就是这样第一次印入了我的脑海。

岁月不居，时光如流。转眼之间，十多年过去了，杨廷宝的故事至今仍记忆犹新。后来，我对南阳的杨氏家族也有所关注，并进一步了解到更多关于杨氏家族的其他成员，如杨鹤汀、杨士莪等，当然还有南京大学的杨士英教授。

与南阳的冯友兰家族（老家在南阳市唐河县祁仪镇）一样，杨氏家族在当地颇负声望。特别是自杨鹤汀之后，许多杨家子弟都致力于求知报国，从豫西南小城走向全国乃至海外，从国内的北京、南京、上海、哈尔滨、广州、乌鲁木齐、西安、成都等，到美国、南美、澳大利亚、新西兰等，在这些地方留下了他们的足迹，并且在各自领域业有专攻，学有所成，所作所为更是可圈可点，备受称评。

谈到南阳的杨氏家族，杨鹤汀老先生自然是不能绕过的重要人物。他自幼熟读经史，成年后致力于推翻清王朝的腐朽统治，提倡革命救国、实业救国和教育救国，还被推举为中华民国第一任南阳知府，并将子、孙辈都培养成了国家有用之才，其长子杨廷宝、长孙杨士莪便是其中最杰出的人物。

杨鹤汀的长子杨廷宝，是我国著名的建筑大师、建筑教育家和画家，与梁思成并誉为“北梁南杨”，又与梁思成、刘敦桢、童寯等并称为中国现代建筑史上的“四杰”。在执业的近60年和执教的40年中，杨廷宝先生一方面亲自设计和参与指导规划建设工作，另一方面为我国培养了第二代、第三代优秀建筑师，甚至影响着第四代、第五代建筑师的成长，其中杰出的就有戴念慈、吴良镛、齐康、钟训正、郑孝燮、潘谷西……

受家教影响，杨廷宝先生性情温和，待人宽厚，质朴中又透出刚健。可以说，在他身上集中地体现了中原人所固有的宽厚博大的胸怀。作为我国建筑学界的一代宗师，他对事业孜孜以求；作为一个教育家，他诲人不倦。熟知的人不仅对他的作品和画品称评甚高，对他的人品更是景仰备至。弟子潘谷西曾以“勤于思，慎于言，敏于行”来概括和评价他；另一位弟子齐康说：“杨先生为什么这么厉害，就是因为他曾造过一百多幢房子。”

杨廷宝的长子杨士莪，是我国著名的水声科学家，他牵头组建了我国的水声研究所，带领一批科学家完成了一系列具有国际先进水平的水声定位系统。无论是在学术上，还是在思想上，他的敏锐性和洞察力都让人折服，是业界公认的战略科学家。此外，杨家的许多后人都是高级知识分子，他们在各自领域里也都有突出的成就。

杨鹤汀、杨廷宝、杨士莪祖孙三代，在百年跨度里成就了一个家族的理想与传奇。这样的书香世家，对人生理想的追求薪火相传，堪称大家气象，为人典范，为世楷模。

虽然我对杨廷宝父子的研究领域所知不多，但对杨氏家族却充满了景仰之情。也许正是这个缘故，所以在出版社向我约请撰写这部书稿时，我虽有一些犹豫，但最后还是不揣浅陋地接了下来。

其实，写这部书的过程，对我来说也是一个很好的学习和再学习的过程。在写作及修改的近两年当中，虽然工作繁忙，家务缠身，但我仍抓紧点滴时间，从材料的搜集，到构思与撰写，再到采访与修改，我都严格要求自己，从来不敢稍存马虎。

在撰写过程中，我收集了大量的关于杨鹤汀、杨廷宝、杨士莪祖孙三代人的相关资料，诸如传记、作品集、画集、回忆录及论文等。每当阅读之时，我都备受感动，特别是像杨廷宝这样一位建筑宗师、学部委员、省部级干部，却始终谦虚地保持做人低调、做事认真的风格，令人钦佩。

在责编冯俊杰先生的引荐下，我同他于2013年1月下旬先后赴西安对杨士莪先生、赴郑州对杨廷寅先生进行了现场采访，并受到了他们的热情接待。

在采访过程中，最令我感动的是，杨士莪先生在百忙中抽出一个上午的时间接待我们，并以一个谦逊的长者之态耐心地回答我们的问题，而且始终保持着旺盛的精力，丝毫没有一个大专家、大学校长的架子；已是82岁高龄的杨士莪先生，仍耳聪目明，思维敏捷，他向我回忆了自儿时起的一些故事及趣事，并用浅显的语言给我们讲述了水声学的基础知识。一个上午的采访，我们意犹未尽，获益良多。这既是一次对杨家近距离的了解，更是一次很好的学习机会。杨夫人魏少芬阿姨更是热情地邀我们共进午餐，充分地体现出了一个书香世家的朴实与厚道。

采访当中，杨士莪先生说，他的父亲由于平时工作繁忙，对子女们的教育很少，他们的教育主要是由母亲负责。但一个家族的文化，一个家庭的教养，一个学者的为人处世，却在杨家子孙身上淋漓尽致地反映了出来。

而在郑州的杨廷寊先生家中，我们同样感受到了中原人所固有的质朴、热情和厚道。年近90的杨廷寊先生和二女儿杨莘热情地接待了我们。杨老身体很好，精神也不错，对我们的到来感到十分高兴，只是他的耳朵略有些背，有些问话需要女儿杨莘重复和解释。很多事情由于年代已经久远，杨老记不确切，一时不能答出，但马上就让女儿给我们拿出他写的《八十忆往》一书，然后又翻出由他与杨家子弟整理的《杨氏家谱》，并领着我们观看家中书画和照片。

而本书另一作者苏克勤先生，也先后赴郑州对杨廷寊、赴南京对杨廷宝的长女杨士英教授进行采访，并两次到杨廷宝的故乡南阳赵营村对杨家族人进行实地采访；在写作过程中，遇到了问题我们还多次向杨士英教授咨询，得到了她极大的支持与帮助。

在我们对杨家的采访过程中，杨家上下的温和与热情，令人感动难忘。从他们身上，我们不但了解了杨氏家族成员成长的历程，同时也与杨氏家族的成员更加亲密起来。现在，每当忆及在杨家采访的点滴，仍然立刻会有一种温暖洋溢在周围。在此，谨对在百忙之中曾接受我们采访的杨廷寊老先生和他的女儿杨莘阿姨，杨士莪院士和魏少芬阿姨，杨士英阿姨以及南阳杨氏族人杨士霖等，表示最诚挚的谢意！

本书草稿初成后，与出版社编辑多次沟通，交换意见，几经修改，始成此作。由于作者才疏学浅，现在呈现出来的内容，肯定还会有这样或那样的不足，诚望方家和其他读者不吝指正，以便今后修正。

最后需要特别说明的是，这本书在撰写和出版时，河南科学技术出版社编辑冯俊杰先生给予了大力协助和支持，在此也一并表示感谢！

作 者

二〇一四年元月